문답으로 알아가는 경제

문답으로 알아가는 경제

인 쇄 2022년 8월 5일
발 행 2022년 8월 10일

저 자 김영용
발행인 정성택
발행처 전남대학교출판문화원

등 록 1981. 5. 21. 제53호
주 소 61186 광주광역시 북구 용봉로 77
전 화 (062) 530-0571~2 마케팅 530-0573
팩 스 (062) 530-0579
홈페이지 http://www.cnup.co.kr
이메일 cnup0571@hanmail.net

값 18,000원

ISBN 978-89-6849-905-0 (93320)

인간은 자기애가 강한 존재로서 남에게 설득당하는 것을 마땅찮아 한다. 어느 누구도 한 개인의 머릿속 이해와 가슴속 공감을 일치시키는 주체가 되기 어렵다. 그래서 자신을 설득하는 주체는 오직 자신일 뿐이다. 인간 세상의 운행 이치와 경제 현상을 이해하고 그에 따라 행동하는 것은 자신의 생존과 사회 존속을 위한 필수 요건이다. 저자는 이 책을 사람들이 자기 자신을 설득하는 자료로 사용하기를 희망한다.

◆ECONOMICS◆

문답으로 알아가는 경제

김영용 지음

전남대학교출판문화원

머리말

1

인간의 일상생활은 대부분 경제 활동이며, 어느 누구나 물적 풍요를 바탕으로 정신적 번영을 누리기를 원한다. 개인마다 추구하는 주관적 행복은 서로 다르지만 물적 뒷받침이 그러한 행복 추구를 가능하게 한다. 물적 토대를 중시하는 행동을 낮춰 보는 심리를 표현하는 고매한 목소리도, 실은 이미 구축된 물적 토대 위에서나 가능한 것이다.

경제학은 기본적으로 물질적인 것들을 둘러싼 사회 현상을 탐구하는 학문이다. 그런데 빈곤의 자연 환경에서 함께 살았던 자기중심적 인간들은 기나긴 세월 동안 희소한 자원을 서로 더 많이 차지하기 위한 다툼을 경험하면서, 서로의 파멸을 피하고 공존을 위해 도덕과 법을 발전시켜 현대의 문명사회를 열었다. 따라서 우리가 사회 현상을 이해하기 위해서는 자연 환경과 인간의 속성, 이를 바탕으로 형성되는 사회 질서에 대한 지식을 가져야 한다. 이는 곧 경제 현상에 대한 탐구도 자연 환경과 인간의 속성, 이를 바탕으로 형성되는 자유와 평등, 도덕과 법, 정의, 소유 등의 사회과학적 개념과 사회 질서에 대한 탐구 위에서 이뤄질 수 있음을 의미한다.

대부분의 사람들은 하루의 대부분을 경제 활동으로 보내지만, 정작 경제 문제를 둘러싼 세상의 운행 이치에 대한 그들의 이해는 부족한 편이다. 많은 사람들의 뇌리에는 경제 논리는 어렵다는 생각이 자리 잡고 있다. 실제로 현대 경제학은 어렵게 만들어져 있다. 인간 세상에는 수학적 함수 관계가 없음에도 불구하고 현대 경제학의 많은 부분이 수리 모형에 바탕을 둔 공학이 되었기 때문이다. 사람들이 잘 알고 싶은 경제에의 접근에 높은 벽이 있는 것이다. 고등학교에서 경제를 선택하는 학생들의 비율은 10% 미만이다. 더욱 심각한 문제는 그런 현대 경제학의 상당 부분이 실제로 경제가 돌아가는 원리와는 어긋나는 정부 정책을 만들어내는 데 기여하고 있다는 것이다. 개인의 재산 소유를 보호한다는 이름 아래 행해지는 정부 정책이 그 의도와는 달리 오히려 소유를 침해함으로써 자유를 억압하는 결과를 초래하는 경우가 많기 때문이다. 일반인들은 물론 실제로 정책을 만들고 집행하는 관료와 정치인들의 인간 세상과 경제 현상에 대한 이해가 깊지 못한 탓이다. 그래서 역설적으로 21세기 문명사회의 사람들이 경제 지식의 문맹에 시달리고 있다고 해도 과언이 아니다.

2

이 책은 김영용 경제학 교수, 기업을 운영하고 있는 박기업 사장, 그리고 경제 사안에 큰 관심을 가진 일반 시민인 오명민이 동네의 한 시장을 둘러본 후 사람들이 매일매일 당면하는 경제 관련 일상사에 대해 주고받은 의견과 질문에 대한 답변 등을 방담 식으로 엮은 것이다. 자원의 희소성이라는 제약 아래 자기중심적이며 함께 모여 사는 인간의 행동을 세상의 운행 이치에 입각해 논의함으로써 사람들의 경제 현상에 대한 이해를 높이고자 했다. 특히 사람들이 커다란 관심을 가지지만 관련 사항들을 서로 연결하여 종합적 견해를 가지기 어려운 자유와 평등, 도덕 규칙과 법 규율, 정의, 그리고 소유를 중심으로 한 경제 현상에 대한 이해를, 인간 세상에서 자연스럽게 형성되는 질서를 바탕으로 높이고자 했다. 자유 민주 사회에서 개인의 안녕과 사회의 존속을 위한 지식을 자기 설득을 통해 습득함으로써 경제 사안들에 대한 단견과 감정적 대응을 억제하고 논리적이며 장기적 비전에 입각한 견해를 가진 개인으로 성장하는 데 도움을 주기 위해서다. 경제 현상에 대한 논리적 이해가 부족하고 왜곡되면 개인의 생명과 자유와 재산을 보호하기 위한 민주정은 인기 영합주의로 타락하고, 종국적으로 사회 붕괴를 초래하기 때문이다.

3

책은 방담 식으로 기술되어 있으나 주제별로 장을 설정하여 독자들이 내용을 식별하고 이해하는 데 도움을 주고자 하였다. 제1장~제3장에서는 경제생활의 기본인 교환의 본질, 목적과 결과 및 그 바탕이 되는 사유재산(권)에 대해 폭넓게 논의한다.

특히 사유 재산권이 없는 사회주의 몰락의 필연성을 자본재 및 자본과 관련하여 논의한다. 제4장~제6장에서는 인간 세상의 질서 형성을 이해하기 위한 기초로서 자연과 인간의 속성, 그 속성에 바탕을 둔 자유, 평등, 도덕 규칙과 법 규율 및 법치, 정의와 소유 개념들 간의 연계성에 대해 논의한다. 소유 없는 곳에 정의는 없으므로 소유의 안정성 파괴는 사회 붕괴의 시작임을 강조한다. 제7장~제10장에서는 경쟁과 복지 시스템, 복지 정책에 영향을 미치는 가격의 의미, 기능, 결정 원리, 그리고 사람들이 자주 사용하는 비용의 의미에 대해 고찰한다. 또한 제11장~제13장에서는 투자와 투기, 특히 주택 투기, 그리고 사람들이 운運으로 얻는다고 생각하는 횡재에 대해 논의한다. 한편 제14장~제16장에서는 주식회사를 비롯한 회사 형태의 발전, 회사를 설립하고 운영하는 자본가-기업가 및 경영자의 본질과 기능 및 그들이 얻는 소득의 속성, 그리고 생산주체로서의 기업에 대해 논의한다. 제17장에서는 부富의 증가를 의미하는 경제성장은 누가 어떻게 주도할 수 있는지를 고찰하며 제18장에서는 경기부양을 위한 저금리 정책의 결과인 금융위기의 내용과 진행, 결과 및 탈출 방안에 대해 논의한다. 마지막으로 제19장에서는 정부의 기능과 역할에 대해 고찰한다. 주제에 따라서는 이해하기 어려운 장들도 있는데, 특히 제10장의 비용과 제18장의 금융위기가 그러하다. 일반 독자들은 이런 내용은 그냥 넘겨도 좋을 것이다.

4

인간은 자기애가 강한 존재로서 남에게 설득당하는 것을 마땅찮아 한다. 어느 누구도 한 개인의 머릿속 이해와 가슴속 공감을 일치시키는 주체가 되기 어렵다. 그래서 자신을 설득하는 주체는 오직 자신일 뿐이다. 인간 세상의 운행 이치와 경제 현상을 이해하고 그에 따라 행동하는 것은 자신의 생존과 사회 존속을 위한 필수 요건이다. 저자는 이 책을 사람들이 자기 자신을 설득하는 자료로 사용하기를 희망한다.

끝으로 이 책을 펴내는 데 재정적 도움을 준 전남대학교와 출판을 맡아 준 전남대학교출판문화원 여러분께 깊은 감사를 드린다.

2022년 8월

지은이 김 영 용

목차

1

자유로운 교환으로 얻는 이익

김 교수 시장을 둘러 본 느낌이 어떻습니까? 시장에는 분주하게 움직이는 사람들이 참으로 많지요? 사람들은 채소, 고기, 생선, 옷, 과자, 공구 등의 물건을 팔고 다른 사람들은 이런 물건을 사고 있는데, 앞으로 우리는 물건을 사는 사람을 소비자, 파는 사람을 공급자 또는 생산자라고 부르겠습니다. 그런데 우선 이들은 이 장소에 왜 모였을까요? 어느 누가 그렇게 하도록 시켰을까요?

박 사장 이 많은 사람들이 어느 누구의 명령으로 시장에 나온 것이 아니라는 사실은 분명해 보입니다. 자신의 이익을 위해 자발적으로 시장에 나온 것이지요. 그러니까 공급자는 자신의 물건을 팔아 돈을 벌고 그 돈의 일부로 자신이 원하는 식품, 옷, 주거 등을 위한 물건을 사서 일상생활을 유지하고, 나머지는 저축하여 미래에 대비하기 위해서 그리 하겠지요. 이들은 다른 사람들은 구체적으로 잘 알지 못하며 또 알 필요도 없는 자신만의 목적을 위해 그렇게 한다고 생각합니다.

오명민 소비자도 마찬가지겠지요. 소비자 역시 노동이나 투자 등으로 번 돈으로 식품, 옷, 주거 등을 위한 물건을 사서 소비하면서 일상생활을 유지하고, 나머지는 저축하여 미래에 대비하기 위해서 그렇게 할 것입니다. 이들 역시 남은 구체적으로 잘 알지 못하며 또 알 필요도 없는 자신만의 목적을 위해 그렇게 할 것입니다.

박 사장 그렇게 보니 모든 사람들은 한편으로는 소비자가 되고 다른 한편으로는 공급자가 되는 것이네요.

김 교수 맞는 말입니다. 모든 사람들은 생산에 참여하여 임금, 이자, 지대, 이윤의 형태로 소득을 얻고, 이 소득의 일부는 오늘 소비하고 나머지는 미래를 위해 저축하지요. 임금, 이자, 지대, 이윤에 대해서는 나중에 다시 논의할 기회가 있을 것입니다. 그러니까 물건을 살 때는 소비자가 되고 물건을 생산하여 판매할 때는 공급자가 되는 것입니다. 따라서 시장에서는 물건을 사고파는 행위가 이뤄지지요. 즉 교환이 이뤄지지요. 그렇다면 교환이란 무엇일까요?

오명민 교환은 각자 가지고 있는 물건을 서로 바꾸는 행위 아닌가요?

박 사장 그렇습니다. 중요한 사실은 교환은 내가 원하는 물건을 남으로부터 받기 위한 행위라는 것입니다. 즉 교환은 내게 없는 물건을 내가 만들어 쓰려면 매우 큰 비용이 들거나 아예 만들 수 없는 물건을 받기 위한 행위라는 것입니다.

김 교수 그렇습니다. 교환의 목적은 내가 원하는 물건을 남으로부터 받기 위한 것입니다. 그런데 내가 남으로부터 특정 물건을 받기 위해서는 남에게도 뭔가를 주어야 하겠지요?

오명민 물론입니다. 공짜로 받을 수는 없을 테니까요.

박 사장 그래서 내가 원하는 물건을 남으로부터 받기 위해 남이 원하는 물건을 주는 것, 즉 서로 주고받는 것이 교환입니다. 받으려면 주어야 한다는 말이지요.

김 교수 그렇습니다. 그것이 바로 교환입니다. 강조할 사항은 교환의 목적은 박 사장이 설명한 바와 같이 받기 위한 것이라는 점입니다. 그런데 받기 위해서는 뭔가를 주어야 합니다. 그래서 받기 위해 주는 것, 결국 서로 주고받는 것이 교환입니다.

오명민 교환의 목적이 자신에게 없거나 부족한 것을 받기 위한 것이라는 점을 미처 생각하지 못했습니다. 그런데 대부분의 사람들이 그렇게 생각하지 않은 것 같습니다.

김 교수 아마도 그럴 것입니다. 그것은 팔기만 하고 사지는 않는 것이 부를 늘려가는 방법이라고 생각해서 그럴 것입니다. 그런데 물질적 만족은 결국 소비에서 얻을 수 있습니다. 오늘의 절약도 더 풍요한 미래의 소비를 위한 것입니다.

오명민 그러니까 교환으로 자신에게 없는 것을 받는다는 것은, 그로 인해 이익을 본다는 말과 같은 말이 되겠습니다.

김 교수 당연하지요. 자신이 원하는 물건을 받는다는 것은 이전에는 없던 것이 생겨 소비할 수 있는 기회가 확대되므로 이익이 되지요. 그럼 사람들은 교환을 통해 어떻게 이익을 얻을 수 있을까요?

박 사장 제가 설명해 보겠습니다. 갑은 야구공을 가지고 있고 을은 농구공을 가지고 있는데, 갑과 을이 자발적으로 야구공과 농구공을 서로 교환했다면 갑과 을이 모두 이익을 보기 때문일 것입니다. 손해를 본다면 교환을 하지 않을 테니까요. 즉 갑은 자기가 가지고 있는 야구공보다 을이 가지고 있는 농구공을 더 좋아하고, 반면에 을은 자기가 가지고 있는 농구공보다 갑이 가지고 있는 야구공을 더 좋아하기 때문에 서로 교환을 합니다. 시장에서 일어나는 모든 교환이 그런 이유에서 생깁니다. 물론 요즈음같이 화폐가 통용되는 화폐 경제에서는 교환에 화폐가 사용되고 있지만 말입니다.

김 교수 아주 훌륭한 설명입니다. 박 사장의 말을 바꿔서 표현한다면 이렇게 되겠지요. 갑은 자기가 가지고 있는 야구공보다 을이 가지고 있는 농구공에 더 높은 가치를 부여하고, 반면에 을은 자기가 가지고 있는 농구공보다 갑이 가지고 있는 야구공에 더 높은 가치를 부여하므로 서로 교환하는 것입니다. 즉 상대방에게는 낮은 가치를 주지만 자신에게는 높은 가치를 주는 물건은 받고, 자신에게는 낮은 가치를 주지만 상대방에게는 높은 가치를 주는 물건은 주는 것이 교환입니다. 따라서 교환 전에 각자가 가진 가치보다 교환 후에 가진 가치가 더 크게 되지요. 우리는 이를 교환으로 부富가 증가한다고 하는데, 증가한 부가 바로 교환의 이익이 됩니다.

박 사장 그렇다면 갑이 농구공에 부여하는 가치보다 을이 농구공에 부여하는 가치가 더 낮고, 을이 야구공에 부여하는 가치보다 갑이 야구공에 부여하는 가치가 더 낮다는 뜻인가요?

김 교수 아닙니다. 야구공이나 농구공에 대한 갑과 을 간의 가치 비교를 말하는 것이 아니라, 갑과 을이라는 개인별로 야구공과 농구공에 대해 내적으로 매기는 가치 비교를 말하는 것입니다.

박 사장 그러니까 갑은 갑대로 을은 을대로 자신의 가치 체계 내에서 야구공과 농구공을 비교했을 때, 갑은 야구공보다 농구공에, 을은 농구공보다 야구공에 더 높은 가치를 부여한다는 말이군요.

김 교수 그렇습니다. 가치 비교를 말할 때는 이 점을 유의해야 합니다.

오명민 그럼 내가 물건을 팔기만 하고 사지는 않는다면 나의 부는 어떻게 되는 것입니까?

김 교수 내가 물건을 팔면 그 대가로 금이나 화폐를 받겠지요? 그런데 물건을 팔고 받은 금이나 화폐를 저장만 하고 소비에 사용하지 않는다면 소비로부터 얻을 수 있는 가치 증가 기회를 잃어버리게 되겠지요. 금이나 화폐 자체를 많이 저장하면 심리적으로는 부가 늘었다고 느낄 수도 있지만, 궁극적으로 이를 소비에 사용하지 않는다면 누릴 수 있는 가치의 증가는 없겠지요.

오명민 돈을 많이 가진 구두쇠의 삶이 궁핍한 이유가 바로 그런 것인가요?

김 교수 그렇습니다. 인간의 물질적 삶의 향상은 궁극적으로 소비 증가에 있으니까요. 다음에 논의하겠지만 저축을 바탕으로 자본재를 획득하여 생산에 투입하는 것도 미래에 더 많은 소비를 하기 위한 것입니다.

박 사장 18세기 아담 스미스Adam Smith 이전에는 사람들은 물건을 팔고 받은 금을 많이 보유하는 것이 부를 증가시키는 것이라고 생각했지만, 아담 스미스는 잘 먹고 잘 사는 것이 곧 부의 증가라는 점을 설파했습니다. 금덩이를 먹거나 금덩이로

옷을 만들거나 집을 지을 수는 없으니까요.

오명민 그렇겠습니다. 그런데 가치란 사람마다 각각 다르게 생각할 수 있는 주관적인 것인데, 부가 가치를 반영하는 것이라면 부도 주관적인 것인가요?

김 교수 당연히 그렇습니다. 사람들은 흔히 부가 객관적인 것이라고 생각하는 경향이 있는데 그렇지 않습니다. 간단한 예를 하나 들어볼까요? 어떤 가정에서 새 냉장고를 사서 설치하고 나면 냉장고를 포장했던 상자가 나오겠지요? 주부는 이 상자를 재활용품으로 버리겠지요? 그런데 이 상자는 어린 아이들이 들락날락하며 숨바꼭질할 수 있는 아주 좋은 장남감이 됩니다. 즉 어른에게는 쓸모없는 것이지만 어린 아이들에게는 소중한 장난감이 된다는 것입니다. 주부와 어린이가 그에 대해 각각 다른 가치를 부여하니까요. 그래서 부는 주관적이라는 것입니다.

오명민 그럼 에스키모 사람들에게 냉장고는 부가 되지 않겠네요?

김 교수 당연하지요. 주변이 온통 눈이고 얼음인데 냉장고는 그들에게 부가 될 수 없겠지요. 냉장고가 주는 가치가 없으니까요. 반면에 온장고는 부가 되겠지요.

오명민 그럼 요즈음 우리가 종량제 봉투에 넣어 버리는 쓰레기는 어떻습니까?

김 교수 돈으로 산 종량제 봉투에 쓰레기를 넣어 버린다는 것은 쓰레기가 음陰의 가치를 준다는 의미입니다. 양陽의 가치를 주는 물건은 살 때 돈을 지불하지만 음의 가치를 주는 물건은 버릴 때 돈을 지불하지요.

오명민 그렇군요.

박 사장 그런데 대부분의 사람들은, 예를 들면 자동차에는 비록 그 정도는 다르더라도 공통의 가치를 부여하는데, 이는 사람들이 공유하는 가치라고 할 수 있을까요?

김 교수 그렇습니다. 많은 물건에 대해 사람들이 부여하는 가치는 공통적입니다. 그 가치의 정도는 다르지만 말입니다. 물론 가치를 구체적인 양으로 표현할 수는 없습니다.

박 사장 그러니까 사람마다 특정 물건에 부여하는 가치가 서로 다르므로 교환이 이뤄지겠습니다. 모두에게 똑 같은 가치를 준다면 교환할 이유가 없겠습니다.

오명민 그렇겠습니다. 갑에게 자신의 야구공과 을의 농구공이 같은 가치를 준다면 갑은 교환하지 않겠습니다. 그렇다면 교환은 기본적으로 부등가不等價 교환이 되는데, 사람들은 흔히 부등가 교환은 어느 한편이 다른 한 편을 착취한다고 비난하지 않습니까?

김 교수 흔히 그렇게 오해하는 경우가 많습니다. 그런데 오명민의 말씀대로 만일 갑이 자신의 야구공과 을의 농구공에 같은 가치를 부여한다면 교환을 할 이유가 없겠지요? 교환으로 얻을 수 있는 이익이 없으니까요. 갑과 을은 각각 야구공과 농구공이 주는 가치를 다르게 평가하므로 교환을 하는 것입니다. 여기에서 부등가라는 것은 한 개인이 평가하는 두 물건의 가치가 다르다는 것을 의미할 뿐, 상호 간의 착취와는 아무런 관련이 없습니다.

오명민 그렇겠습니다. 갑과 을의 예에서는 교환 전에나 교환 후에 우리 경제에 존재하는 야구공 한 개와 농구공 한 개가 있다는 사실에는 변화가 없지만, 서로가 더 좋아하는 공을 가짐으로써 부가 높아지는 것이군요. 그렇지 않다면 강제가 아닌 한, 교환을 하지 않겠습니다.

김 교수 맞습니다.

박 사장 그럼 국제무역의 경우에도 마찬가지 논리가 적용될 것 같습니다. 사람들은 국제무역에서도 수출은 많이 하고 수입은 적게 하는 것이 이익이라고 생각하는 경향이 있습니다만.

김 교수 물론 그런 생각은 틀린 것입니다. 국제무역은 국가 간, 정확하게는 서로 다른 국가의 사람들 간의 교환일 뿐입니다.

그럼 오명민이 설명해 보실까요?

오명민 우선 무역이 국가 간 교환인 만큼, 그 목적은 자국에는 없거나 스스로 생산해 쓰기에는 큰 비용이 들어가는 물건을 받기 위한 것이겠지요. 즉 수입하기 위해 무역을 하겠지요. 그런데 자국민이 원하는 물건을 받기 위해서는 타국민이 원하는 물건을 주어야겠지요. 자국민이 원하는 것을 타국민이 공짜로 주지는 않을 테니까요.

김 교수 그렇습니다. 자국민이 받기 위해 타국민에게 주는 것이 바로 수출입니다. 그래서 무역은 수입과 수출로 이뤄집니다. 그럼 한국과 미국의 예를 들어 오명민이 계속해서 설명해 보실까요?

오명민 어떤 이유에서든 미국 사람들이 낮은 가치를 부여하지만 한국 사람들은 높은 가치를 부여하는 물건은 받고, 한국 사람들이 낮은 가치를 부여하지만 미국 사람들은 높은 가치를 부여하는 물건을 미국으로 보내면, 그것이 교환이겠지요? 국가 간 교환이므로 국제무역이라고 하는 것이지요. 이로 인해 양국 사람들이 무역 후에 소유하는 물건에 부여하는 가치가 증가하므로 무역 이전보다 모두의 부가 증가합니다. 그래서 자유무역은 무역에 참여하는 당사국 사람들에게 이익이 되겠습니다. 그런데 한국 사람들은 어떤 물건에 높은 가치를 부여하고 또 어떤 물건에 낮은 가치를 부여할까요? 미국 사람들의 경우에는 어떻습니까?

김 교수 쉽게 말해서 한국 사람들은 한국에서 낮은 비용으로 많이 생산할 수 있는 물건(예를 들어 텔레비전)에 상대적으로 낮은 가치를 부여하고 한국에서는 아예 생산할 수 없거나 생산하려면 높은 비용을 지불해야 하므로 적게 생산되는 물건(예를 들어 쇠고기)에는 상대적으로 높은 가치를 부여하겠지요.[1] 미국의 경우에는 반대가 될 것입니다.

오명민 그러니까 한국은 미국에 비해 상대적으로 더 낮은 비용으로 생산할 수 있는 텔레비전 생산에 집중하여 미국에 수출하고, 미국은 한국에 비해 상대적으로 더 낮은 비용으로 생산할 수 있는 쇠고기 생산에 집중하여 한국에 수출하면 서로가 더 많이 소비할 수 있어 이익이 된다는 말씀이군요.

김 교수 그렇습니다. 한국과 미국은 상대적으로 더 낮은 비용으로 생산할 수 있는 물건에 특화하여 생산해서 교환하면 양국이 모두 이익을 볼 수 있습니다. 그러니까 한국의 입장에서는 쇠고기를 얻는 방법에는 두 가지가 있는데, 첫째는 스스로 생산하여 얻는 방법이고, 둘째는 텔레비전을 수출하여 쇠고기를 얻는 방법입니다. 그 중에서 두 번째 방법을 이용하면 더 낮은 비용으로 더 많은 쇠고기를 얻을 수 있다는 것입니다. 미국의 경우에도 마찬가지입니다. 이와 같이 국가 간에 자유무역을 하면 서로 이익을 얻으므로 서로에게 손해가 되는 전쟁이 억제되기도 합니다.

오명민 그렇다면 이른바 무역 분쟁에 대해서는 어떻게 생각해야 할까요? 이를테면 미국이 자국의 텔레비전 생산자를 위해서 한국의 텔레비전 수입을 금지하는 보호무역을 한다면 말입니다. 미국이 보호무역으로 한국의 텔레비전 수입을 금지하므로 한국도 보호무역으로 미국 쇠고기의 수입을 금지함으로써 보복해야 하지 않을까요? 2019년에 한국과 일본이 무역을 둘러싸고 다툼을 벌인 것처럼 말입니다.

박 사장 과연 그럴까요? 만일 그렇다면 자유무역의 이익이 사라지지 않을까요? 미국이 보호무역을 하면 감정적으로는 한국도 보복하고 싶겠지만 자유무역으로 얻을 수 있는 이익을 포기해야 하니까 말입니다.

김 교수 그렇습니다. 보호무역은 흔히 자국민을 위한다는 명목으로 시행되지만 실제로는 자국민을 해치는 결과를 가져옵니다. 미국이 한국의 텔레비전 수입을 금지하면 우선 미국 내의 텔레비전 가격이 올라가므로 미국 소비자는 손해를 볼 것입니다. 반면에 미국 생산자에게는 이익이 되는 부분이 있을 것입니다. 그렇다면 미국 전체적으로는 이익일까요? 손해일까요?

오명민 판별 가능할까요?

박 사장 보호무역 후 미국 텔레비전 시장에서 일어나는 거래 규모의 변화를 바탕으로 판별해 볼 수 있지 않을까요?

오명민 어떻게요?

박 사장 우선 텔레비전의 소비자 측면을 살펴보지요. 미국이 한국의 텔레비전 수입을 금지하면 미국 내의 텔레비전 가격이 올라가므로 판매 대수도 감소하겠지요? 즉 거래 규모가 감소하겠지요? 따라서 미국 사람들이 텔레비전 소비로 얻을 수 있는 이익이 줄어들 것입니다.

오명민 그럼 생산자의 경우에는 어떻게 될까요?

박 사장 생산자의 경우에는 텔레비전 가격이 올라가므로 얻는 이익이 분명히 있습니다. 그런데 이는 자유무역 당시에 소비자가 얻고 있었던 이익의 일부가 생산자에게 넘어간 것입니다. 문제는 가격 상승에 따른 거래 규모 감소로 보호무역 이전에 생산자가 얻었던 이익의 일부를 잃어버릴 수밖에 없다는 것입니다. 이렇게 잃어버린 이익이 소비자로부터 이전된 이익보다 작다면 생산자는 이익을 볼 수 있을 것입니다. 그러나 분명한 것은 보호무역을 하면 거래 규모의 감소에 따라 소비자와 생산자의 이익을 합한 것이 자유무역을 할 때보다 더 작아진다는 것입니다. 그래서 보호무역으로 미국은 전체적으로 손해를 보게 됩니다.

오명민 그렇다면 한국의 경우에는 어떻게 될까요?

박 사장 한국의 경우에도 마찬가지겠지요. 한국이 미국의 쇠고기 수입을 금지하면 쇠고기 가격 상승으로 한국 소비자들은 손해를 보지만 생산자들은 이익을 볼 수 있겠지요. 그러나 쇠고기 거래 규모가 줄어들어 한국도 전체적으로는 손해를 봅니다.

오명민 그러니까 타국이 보호무역을 할 때 자국도 보호무역을 하면 손해를 보고, 자유무역을 하면 이익을 본다는 말이 되겠습니다. 결국 교환을 하지 않고 폐쇄된 경제의 사람들이 누리는 부의 수준은 개방된 경제의 사람들이 누리는 부의 수준보다 더 낮을 수밖에 없겠군요. 주민 통제를 위해 국경을 걸어 잠그는 사회주의 국가에서처럼 말이죠.

김 교수 그렇습니다. 아주 중요한 사항입니다. 자유무역을 하지 않으면 우리가 소비할 수 있는 물건이 없거나 그 양이 줄어들지요. 즉 소비 기회가 줄어듭니다. 지금은 한국에서도 바나나가 조금 생산되기도 합니다만, 예전에 바나나가 전혀 생산되지 않았던 시절을 돌아볼까요?

박 사장 아, 그건 제가 잘 기억하고 있습니다. 1970년대 초·중반만 해도 바나나는 매우 비싼 과일이었습니다. 병원에 문병 갈 때나 몇 개 사가는 정도였지요. 그러다가 1980년대 후반에 바나나 수입이 본격화되면서 가격이 크게 내려갔습니다. 지금은 어떻습니까?

오명민 그런 적이 있었나요? 지금이야 아주 저렴한 가격에 바나나를 사먹을 수 있지 않습니까?

김 교수 그렇습니다. 이것이 바로 자유무역의 이익입니다. 이와 관련하여 바나나에 얽힌 일화 하나를 소개할까요?

오명민 재미있을 것 같습니다.

김 교수 1980년대 초에 어떤 사람이 가족을 동반하고 미국으로 유학을 갔습니다. 그런데 그 유학생의 부인은 식품점의 한 편에 쌓인 바나나를 보고 크게 놀랐습니다. 그 비싼 바나나가 산처럼 쌓여 있으니 말입니다. 그런데 그 부인은 바나나 근처에는 가보지도 않았습니다. 한국에서처럼 바나나는 아주 비싼 과일이라고 생각했기 때문이지요. 그러다가 얼마 후 그 부인은 호기심에 바나나 근처로 다가가서 가격표를 보았습니다. 그리고 또 놀랐습니다. 1파운드에 겨우 몇 센트에 불과한 가격이었기 때문입니다. 그래서 바나나를 많이 사들고 와서 3일 동안 바나나만 먹었다는 것입니다. 물론 한국에 바나나 수입이 대량으로 이뤄지지 않았을 때 일이지만 말입니다.

2

사유 재산이 있어야 교환이 가능

김 교수 지금까지의 논의에서 자발적으로 교환을 하면 모든 참여자들의 부가 증가한다는 사실이 명확해졌습니다. 그럼 이제 교환이 일어날 수 있는 전제 조건에 대해 논의해볼까요?

오명민 교환에 무슨 전제 조건이 필요한가요? 각자 자기의 물건을 서로의 이익을 위해 바꾸는 것이 교환인데 어떤 전제 조건이 있어야 합니까?

박 사장 채소를 파는 상인의 채소는 누구의 것이며, 채소를 사는 사람의 돈은 누구의 것인가라는 질문일까요?

김 교수 그렇습니다.

오명민 그거야 채소는 그 상인이 길렀거나 어떤 농부가 기른 것을 사서 되파는 것이겠지요. 어쨌든 자기 것이라는 말입니다. 그래야 주고받을 수 있으니까요. 아주 당연한 얘기 아닙니까?

박 사장 물론 아주 당연한 얘기이지요. 아까 둘러본 시장에서도 알 수 있는 바와 같이, 상인들은 자기가 길렀거나 도매상에서 구입한 채소를 팔고 있었는데, 이들 채소는 모두 자기 소유라는 사실이 중요합니다. 즉 사유 재산이라는 것이지요.

오명민 그럼 소비자는 어떤 재산을 소유하고 있지요?

김 교수 앞에서 말한 대로 사람들은 생산에 참여하여 임금, 이자, 지대, 이윤 등의 형태로 그 대가를 받습니다. 보통 화폐로 받지요. 화폐가 없어 물건과 물건을 직접 바꾸는 경제를 물물교환 경제, 화폐가 유통되는 경제를 화폐 경제라고 하는데 화폐 경제에서 소비자는 화폐로 물건을 사지요. 물론 물물교환을 할 수도 있지만, 이는 양측이 서로 원하는 거래 상대방을 만나기도 어렵고 원하는 양을 교환하기도 어려워 아주 불편하므로 거래의 편의를 위해 화폐가 자연스럽게 생겨난 것입니다. 그래서 시장에서의 교환은 보통 물건과 화폐를 바꾸는 것인데, 그 전제 조건은 바로 그 물건이나 화폐가 각자의 소유라는 것입니다. 즉 교환은 사유 재산이 있어야 이뤄질 수 있다는 것입니다.

오명민 시장에서 교환을 할 수 있으려면 기본적으로 사유 재산 제도를 전제로 해야 한다는 말씀이군요. 아주 당연한데, 그것이 그렇게 중요한가요?

박 사장 우리가 사는 자본주의 국가에서는 아주 당연한 것이지요. 그런데 그것이 아주 당연해서 그런지 사람들은 그 중요성을 잘 알지 못하는 것 같습니다.

김 교수 그렇습니다. 우리는 소유가 보장되는 자본주의 국가에서 살고 있기 때문에 평소에 그런 제도의 소중함을 느끼지 못하고 당연하게 생각하는 것이지요.

오명민 그런데 사람들은 흔히 사유 재산권은 부자들이 자신들의 재산을 보호하기 위한 수단으로 만든 제도라고 생각하는 경향이 있는 것 같습니다만.

김 교수 물론 그건 오해입니다. 사유 재산권은 모든 사람들의 재산을 보호함은 물론, 사회를 정의롭고 평화롭게 유지하는 기초가 됩니다.

오명민 사유 재산권이 그렇게 중요한 기능을 하는 것인가요? 그런데 사유 재산과 사유 재산권을 구분해야 합니까?

김 교수 물론 구분하여 쓸 필요가 있습니다. 사유 재산이란 개인들이 자신의 것으로 소유하는 유·무형의 재산을 말합니다. 즉 여러 사람들이 공동으로 소유하거나 국가가 소유하지 않고 각 개인들이 소유하는 재산을 말하는 것이지요. 물론 개인들이 소유하는 재산의 양과 질 간에는 차이가 있지요. 그래서 부자도 있고 가난한 사람도 있습니다. 그리고 사유 재산권이란 개인들이 유·무형의 재산을 소유하고 운영하며 자신의 뜻대로 처분할 수 있는 권리를 말합니다. 즉 개인들이 재산을 소유하고 이 재산을 남의 강제에 의하지 않고 자신의 뜻대로 운영하며 처분할 수 있는 배타적 권리가 곧 사유 재산권입니다.

박 사장 그렇다면 재산권은 국가가 설정한 것입니까, 아니면 사람들이 장구한 세월을 살아오는 과정에서 자연스럽게 생긴 것입니까?

김 교수 우선 국가 이전에 사람들이 함께 사는 사회가 있었다는 사실을 알 필요가 있습니다. 그러니까 재산권도 자연스럽게 생긴 제도라는 것입니다. 즉 재산권은 도덕과 법을 두 기둥으로 하는 사회 질서의 근간으로서 사람들 간의 분쟁을 막고 사회를 정의롭고 평화롭게 유지하는 기틀이 된다는 것입니다.

박 사장 그런데 모든 물건에 재산권이 설정되는 것 같지는 않습니다. 이를테면 한국에서 산삼이 자라는 산에 울타리를 쳐서 산삼에 대한 재산권을 행사하는 것 같지는 않습니다.

김 교수 그렇습니다. 재산권은 그것을 설정할 때의 이익이 그것을 설정하고 행사하는 데 들어가는 비용보다 클 때 설정됩니다. 산삼은 발견하면 큰 이익을 얻을 수 있지만, 발견 확률은 아주 낮지요. 그래서 산삼을 발견하여 얻을 수 있는 기대 이익이 낮습니다. 반면에 산삼이 발견될지도 모를 산에 울타리를 치고 재산권을 행사하려면 큰 비용이 들어갈 것입니다. 그래서 산삼에 대한 재산권은 보통 설정되지 않습니다.

오명민 원양어선들이 고기잡이를 하는 공해公海도 마찬가지 이유로 재산권이 설정되기 어렵겠군요. 물론 특정 물고기의 치어를 길러 바다로 내 보내는 국가들이 어획량을 제한하는 협정으로 이들 국가들 간에 재산권이 설정되는 경우도 있긴 합니다만.

김 교수 그렇습니다.

오명민 다시 돌아가서 사유 재산권이 자연스럽게 생기고 국가가 이를 보호하는 것이라면, 국가가 모든 물건을 소유하는 사회주의 국가에서는 국가가 사유 재산을 탈취해 간 것이라고 해야 할 것 같습니다. 그런데 모든 물건을 국가가 소유하면 개인의 사유 재산이 없는 세상이 되는데, 사회주의 국가는 사유 재산권을 아예 인정하지 않은가요?

자본주의와 사회주의 간의 차이는 사유 재산 유무

김 교수 그렇습니다. 자본주의와 사회주의 간의 차이에 대해서는 조금 뒤에 더 논의할 기회가 있겠습니다만, 지금은 자본주의와 사회주의를 가르는 핵심 요소가 바로 사유 재산권의 유무라는 사실, 즉 사회주의 국가는 사유 재산권을 인정하지 않는다는 사실을 염두에 둘 필요가 있겠습니다. 따라서 당연히 사유 재산도 없고 교환도 없습니다. 특히 생산요소는 사유될 수 없습니다. 이제 우리의 논의 주제인 사유 재산권의 광범위한 사회적 기능으로 돌아가서 사유 재산권이 없으면 개인의 자유가 없고 사회 정의와 평화도 있을 수 없다는 사실에 대해 논의해볼까 합니다. 좀 어려운 주제이기는 하지만, 매우 중요하므로 꼭 알 필요가 있습니다.

오명민 그보다는 사회주의에 대해 먼저 알고 싶은데, 논의의 순서를 좀 바꾸면 어떻겠습니까?

김 교수 그럴까요? 그럼 사유 재산권과 자유, 정의 등과의 관계는 우리 인간들이 사는 자연 환경, 인간의 속성 등과 관련하여 제4장에서 자유와 평등을 논의할 때로 잠시 미루고 사회주의에 대해 논의해 보지요.

오명민 감사합니다. 사회주의 국가에 사유 재산권이 없다는 사실은 잘 알았습니다. 그렇다면 사회주의 국가에 사유 재산권이 없는 이유는 무엇입니까? 또 그로 인해 야기되는 문제는 무엇입니까?

박 사장 사회주의 국가에 사유 재산권이 없는 이유는 물론 국가가 이를 인정하지 않기 때문입니다. 아마도 모든 사람들이 빈부의 차이 없이 평등해야 한다는 신념 때문이 아닐까요? 그래서 능력에 따라 일하고 필요에 따라 받으며 경쟁의 피곤함에서도 해방되어 모두가 안락한 삶을 영위해야 한다는 믿음 때문이 아닐까요?

김 교수 그런 이유도 있지만, 인간이 아직도 수렵·채취 시대에 형성된 문화적 DNA에서 벗어나지 못하고 있는 것도 하나의 이유일 것입니다. 가부장의 지휘 아래 사냥하고 골고루 나누는 전통에서 편안함을 느끼는 감정 같은 것 말입니다.

박 사장 그 이유가 무엇이든 70여 년의 사회주의 실험은 수많은 사람들이 굶어죽은 지옥 같은 국가를 만든 결과를 낳았을 뿐입니다. 왜 그랬을까요?

오명민 자본주의와 사회주의 간의 차이의 핵심은 사유 재산권의 유무이므로, 거기에서 원인을 찾아야 할 것 같습니다.

김 교수 그렇습니다. 그런데 방금 오명민이 한 잔의 물을 마셨다면, 제가 그 물을 마실 수는 없겠지요? 즉 그 물이 공유共有될 수는 없다는 말이지요. 그래서 동일한 물을 복수複數의 사람들이 동시에 마실 수는 없습니다. 달리 표현하자면, 마시는 물과 같은 소비재는 궁극적으로 분할될 수밖에 없다는 것입니다. 즉 소비재는 공유될 수 없습니다.

오명민 그렇겠습니다. 휴대폰 한 개로 동시에 두 사람이 전화를 걸 수 없으며 하나의 옷을 두 사람이 동시에 입을 수 없는 것과 같은 이치로 말입니다. 그럼 사회주의 국가에서 사유되지 않고 공유되는 것에는 무엇이 있습니까?

박 사장 생산요소(생산재)가 되겠지요. 즉 토지, 노동, 자본입니다. 사회주의 국가에서도 소비재는 공유할 수 없으므로 생산요소를 공유합니다. 그런데 일단 이를 머리에 두고 사회주의에서의 소비재에 대한 논의를 일단락한 후에 생산요소에 대한 논의로 넘어가는 것이 좋을 것 같습니다.

김 교수 우선 소비재의 분배 측면을 살펴보겠습니다. 자본주의 경제에서는 개인이 생산에 기여한 만큼 몫을 받으므로 생산과 분배가 밀접하게 연관되어 있습니다. 여기에서 기여한 만큼의 몫이란 개인이 소유한 토지, 노동, 자본 등의 생산요소가 기여한 만큼의 몫을 의미하는데, 이는 곧 그런 생산요소가 사유라는 사실을 의미합니다. 그러나 사회주의 국가에서는 생산과 분배가 연관되지 않고 독립적입니다.

오명민 그렇다면 사회주의 국가에서는 소비재를 어떤 방식으로 분배하나요?

김 교수 여러 가지 방법이 있을 수 있습니다. 이를테면 개인의 필요에 따라 나누든지, 똑같이 나누든지, 아니면 국가에 기여한 정도에 따라 나누는 방법 등이 있을 수 있지요. 중요한 사실은 그 방법이 어떠하든 국가가 소비재를 분배한다는 것입니다.

박 사장 그렇다면, 예를 들어 모든 사람들을 똑같이 취급하여 일정한 상품 묶음을 표시하는 쿠폰을 나눠준다면 어떤 일이 생길까요?

김 교수 사람들은 나이, 성별, 직업, 건강, 부의 수준 등에 따라 선호選好가 각각 다를 것이므로 각 개인들이 각각의 물건에 부여하는 가치가 다르겠지요? 즉 소비재에 대한 개인들의 가치 평가가 다르다는 것입니다. 따라서 똑같은 쿠폰을 나눠준다면 서로 자기가 선호하는 물건을 살 수 있는 쿠폰으로 교환하는 일이 생기겠지요. 물론 쿠폰 교환을 금지하지 않는다면 말입니다.

박 사장 그렇겠습니다. 사회주의 국가에서도 소비재는 교환될 수 있고, 또 실제로 교환됩니다. 화폐도 있으므로 보통 물물교환이 아닌 화폐를 통한 간접 교환으로 이뤄지지요. 소비재의 교환에 관한 한, 화폐의 교환 수단 기능은 자본주의 국가에서와 별반 다를 바가 없겠습니다.

오명민 그렇다고 하더라도 사회주의 국가에서는 교환되는 소비재의 종류가 아주 제한될 것 같습니다.

김 교수 그렇습니다. 중앙 계획자들이 생산할 물건을 결정할 텐데 그들은 사람들이 어떤 물건을 원하는지를 잘 알 수 없지요. 사람들이 원하는 소비재가 무엇인지를 잘 알 수 없다는 것입니다.

오명민 배급받은 소비재들을 교환할 수 있다면 사람들이 무엇을 더 원하며 무엇을 덜 원하는지 또는 원하지 않는지를 알 수 있지 않습니까?

김 교수 그런 점도 있습니다. 그런데 아까 말한 대로 생산되는 물건의 종류와 양을 모두 중앙 계획자들이 결정하므로 그런 물건들에 국한하여 더 원하거나 덜 원하는 소비재를 식별할 수는 있겠지요. 그러나 사람들의 소비재에 대한 광범위한 선호가 반영될 수 없으므로 무엇이 얼마나 생산되어야 하는지를 중앙 계획자들은 잘 알 수 없습니다. 따라서 어떤 물건은 과다 생산되고 또 다른 어떤 물건은 과소 생산되는 일이 생기게 됩니다. 사람들이 원하는 물건이 전혀 생산되지 않는 경우도 많겠지요.

박 사장 사회주의 국가에서 중앙 계획자들이 소비자들이 원하는 것이 무엇인지를 잘 알지 못하여 생기는 사례를 하나 들어 보겠습니다. 유리 공장에 관한 얘기인데요, 위에서 논의한 바와 같이 사회주의 국가에서 중앙 계획자들은 사람들이 어떤 유리를 원하는지를 잘 알 수 없습니다. 그래서 그들이 유리 공장에 하루 생산량을 무게로 할당하면 유리의 두께가 두꺼워지고, 개수로 할당하면 두께가 얇아졌다고 합니다. 그 할당량만 채우면 임무 완성이기 때문이지요. 사람들의 유리에 대한 선호를 알 수 없고, 생산 할당량만 채우면 되기 때문에 생기는 우스꽝스런 일이지요.

오명민 그럼 자본주의 경제에서는 그런 문제가 어떻게 조정됩니까?

김 교수 자본주의 경제에서는 이윤을 목적으로 하는 기업가들이 시장에서 반복적인 경험을 통해 사람들의 선호를 알 수 있는 지식과 정보를 수집하여 그들을 만족시키기 위해 총력을 기울입니다. 즉 기업가들의 본업은 미래의 불확실한 상황에 대해 예측하는 것입니다. 물론 모든 기업가들이 이런 일에 성공하는 것은 아닙니다. 지식과 정보를 잘못 파악하거나 효율적으로 생산하지 못하여 망하는 기업들도 있으니까요. 예측에 성공하는 기업들은 돈을 벌지만 실패하는 기업들은 퇴출되지요. 이에 대해서는 우리가 자본가-기업가를 논의할 때 자세하게 다룰 예정입니다.

오명민 그러니까 공유될 수 없는 소비재에 관한 중요한 결론은, 사회주의 국가에서는 중앙의 계획자들이 생산될 물건의 종류와 양을 결정하므로 애초에 소비자들의 선호가 반영될 수 없다는 것이군요. 물론 교환이 허용될 때, 생산된 물건들이 국가에 의해 분배되면 각자의 선호에 따라 그런 물건들의 범위 내에서 교환이 일어나 소비자들의 가치 평가가 일부 나타날 수 있지만 말입니다.

김 교수 그렇습니다. 소비자들이 원하는 물건들이 광범위하게 생산되는 자본주의 경제와는 판이하지요.

오명민 그럼 이제 생산에 대해 말씀해 주시지요. 우선 중앙 계획자들이 생산을 결정한다고 했는데, 그들은 이를 어떻게 결정하나요? 물론 중앙 계획자들도 소비자들이 원하는 바를 최대한 알아내서 생산하도록 노력하겠지요? 물론 그들이 생각할 수 있는 범위 내에서 말입니다.

김 교수 그렇겠지요. 이미 논의한 대로, 문제는 그것을 잘 알 수 없다는 것이지요. 설령 안다고 해도 효율적 생산은 이뤄질 수 없습니다.

오명민 왜 그렇습니까?

김 교수 앞에서 우리는 시장에서 교환이 이뤄지기 위해서는 사유 재산이 있어야 한다고 했는데, 사회주의 국가에서는 생산요소가 공유되므로, 즉 모든 생산요소가 국가 소유이므로 생산요소가 사고 팔리는 시장이 없습니다. 생산요소의 거래가 없다는 말입니다.

오명민 생산요소의 거래가 없다면 그 가격이 매겨질 수가 없는데, 그럼 뭐가 어떻게 되는 거죠? 머리가 아주 복잡해집니다.

김 교수 사회주의의 치명적 문제가 바로 그것입니다. 생산요소를 모두 국가가 소유하므로 생산요소의 거래가 있을 수 없고, 따라서 생산요소 가격이 없다는 것입니다. 즉 노동의 임금, 토지 서비스의 임대료(지대), 생산된 자본재(노동, 토지(원자재 포함), 그리고 시간이 더해져 만들어진 자본재)의 가격이 없지요.

오명민 생산요소의 가격이 없으면 어떤 문제가 생기죠?

김 교수 집짓기의 예를 들어 설명해볼까요? 특정 목적의 집을 지으려면 목재, 철재, 시멘트, 자갈, 모래, 전기 장치, 유리, 잔디, 톱, 망치, 못, 용접기구 등 여러 가지 원자재와 공구가 필요하겠지요? 또 설계사, 목수, 미장공, 그리고 이들을 지휘할 감독자 등의 인력도 필요하겠지요? 그런데 이들은 모두 생산요소입니다.

오명민 사람은 노동을 제공하는 생산요소입니까?

김 교수 그렇습니다. 앞의 교환에서 논의한 것처럼, 사람은 최종 소비의 주체이기도 하지만 노동이라는 생산요소의 소유자이기도 합니다. 그러니까 사람이 노동을 제공하고 그 대가로 임금이나 봉급을 받는 것이지요.

박 사장 아, 그러니까 사회주의 국가에서는 이들 생산요소가 모두 국가 소유이므로 시장에서 거래되지 않아 그 가격이 없고, 가격이 없으므로 집을 짓는 데 어느 정도의 비용이 들어갈지 추산할 수가 없겠군요. 집을 짓는 방법에도 여러 가지가 있으니까 말입니다. 그러니까 원하는 집을 짓는 데 가장 효과적인 방법을 찾을 수 없겠군요.

김 교수 그렇습니다. 이것을 우리는 사회주의 경제계산 불가능성The Impossibility of Socialist Economic Calculation이라고 합니다. 집을 짓는 등의 일을 어떤 방법으로 해야 할지, 서로 다른 대안들을 비교할 수 없다는 것입니다. 이를 알려주는 안내자인 생산요소의 가격 정보가 없기 때문이죠. 사람들의 이해를 돕기 위해 다른 예를 하나 들어볼까요?

오명민 예, 발전소 예를 들어보면 더 확실해질 것 같습니다. 수력, 화력, 원자력발전소 등의 비교할 수 있는 대안을 쉽게 떠올릴 수 있으니까요.

박 사장 좋은 생각입니다. 그럼 제가 설명해 보겠습니다. 어떤 사회주의 국가에서 최대 2천 메가와트 규모의 발전소를 건설한다고 합시다. 그럼 문제는 어떻게 최소의 비용으로 그런 발전소를 건설하느냐는 것이 되겠지요? 동일한 생산량의 발전소라면 건설과 향후 유지 등에 들어가는 비용이 가장 적을 것으로 예상되는 발전소가 효율적이니까 말입니다. 따라서 이를 알기 위해서는 여러 가지 대안적 발전소 건설과 유지 등에 따른 비용을 추정해야겠지요? 물론 추정 비용이 실제로 소요되는 비용과 달라지는 경우가 생기지만 말입니다.

오명민 그렇습니다. 어쨌든 서로 다른 대안들을 비교할 수 있다는 사실이 중요하겠습니다.

박 사장 그런데 사회주의 국가에서는 비용 추정이 불가능하다는 것입니다. 발전소 건설에 소요되는 여러 가지 원자재, 토지 서비스, 장비, 인력 등의 가격이 없기 때문입니다. 그래서 수력, 화력, 원자력 발전소 건설에 각각 얼마의 비용이 소요될지 알 수 없지요. 3개의 대안적 발전소 중에서 어느 발전소를 건설할지를 판단할 수 있는 방법이 없다는 말입니다. 즉 발전소별로 기대할 수 있는 편익과 기대 비용을 견주어 보는 경제계산이 불가능하다는 것이지요.

오명민 그럼 누군가가 결정해야겠군요. 아마도 최고 권력자가 말입니다. 그도 물론 아무런 합리적 근거 없이 말입니다.

김 교수 그렇습니다. 아무 근거 없이 그냥 직관적으로 결정하는 것이지요. 그렇다고 문제가 끝난 것이 아닙니다. 이를테면 원자력 발전소를 건설하기로 결정했다면, 어떤 원자력 발전소를 건설할 것인가의 문제가 또 남습니다. 원자력 발전소를 건설하는 방법에도 여러 가지가 있으니까요.

오명민 중수 원자로를 건설할 것인지 아니면 경수 원자로를 건설할 것인지 등의 문제가 있겠습니다.

박 사장 그 뿐만 아니라 사용하는 자재, 자동화 정도에 따른 여러 가지 대안적 방법 중에서 선택하는 문제도 있을 것 같습니다.

김 교수 그렇습니다. 한 마디로 무엇을 어떻게 선택해야 할지 알 수가 없습니다. 그냥 횃불 하나 들고 칠흑같이 어두운 밤길을 찾아 나서는 셈이지요. 그래서 자원을 효율적으로 이용하는 일은 불가능합니다. 이런 일이 각 분야에서 오랫동안 반복되다 보면 자원은 비효율적으로 사용될 수밖에 없겠지요. 그래서 경제는 결국 파탄에 이르지 않을 수 없습니다. 과거 구소련과 동구권 국가들, 그리고 지금 북한의 경제 사정이 이를 잘 보여주고 있습니다.

박 사장 그 외에도 심각한 문제가 또 있습니다.

오명민 그 외에 무슨 문제가 더 있을까요?

박 사장 유인誘因 왜곡의 문제입니다.

오명민 무슨 말씀이신지요?

박 사장 사람들은 자신이 생산에 기여한 몫은 자신의 것이 될 것을 기대하며 생산에 참여하지요?

오명민 그야 사람 사는 세상에서는 다 그렇지요.

박 사장 그런데 사회주의 국가에서는 그렇지 않습니다. 사회주의 국가에서는 공동으로 생산한 물건을 정해 놓은 분배 방식에 의해 나누기 때문에 열심히 일한다고 해서 그로 인해 생산이 증가한 물건이 자신의 몫이 되는 것도 아니고, 열심히 하지 않는다고 해서 자신의 몫이 그만큼 줄어드는 것도 아닙니다. 그러니 열심히 일할 유인을 가질 수 없겠지요? 유인이 왜곡된다는 말입니다.

김 교수 그렇습니다. 그런데 이 문제도 사유 재산권이 없다는 사실에서 발생합니다. 자신의 노동으로 생산한 몫을 자기가 소유할 수 없고 정해진 분배 방식에 의해 나누게 되니 열심히 일할 유인이 생길 수 없다는 것입니다.

오명민 이와 관련하여 제가 프리드먼Milton Friedman의 『선택할 자유Free to Choose』에서 읽은 내용을 소개하면 사회주의의 유인 문제에 대한 이해가 쉬울 것 같습니다. 구소련의 농장은 모두 국영이었는데, 집 주변의 텃밭 수확물은 경작한 사람이 자신의 것으로 가져갈 수 있도록 허용했습니다. 그런데 텃밭에서 나온 수확량이 국영 농장에서 나온 것보다 더 많았다는 것입니다. 물론 국영 농장의 규모는 텃밭에 비해 비교할 수 없을 정도로 컸지요. 과장이 섞였을지 모르지만, 일할 유인의 중요성을 알 수 있는 대목입니다.

김 교수 선택할 자유를 읽으셨다니 참으로 대단합니다. 자유 시장경제의 중요성을 잘 깨달을 수 있는 책이지요.

박 사장 그러니까 사유 재산권이 없다는 하나의 사실로부터 경제계산 불가능성과 유인 왜곡이라는 문제가 동시에 발생하게 되는 것입니다. 이런 문제로 말미암아 사회주의 국가는 붕괴될 수밖에 없고, 또 실제로 붕괴되었습니다.

김 교수 그렇습니다. 따라서 사회주의는 자본주의의 대안적 경제 체제가 될 수 없습니다. 사실 사회주의는 경제 체제라고 말할 수조차 없습니다. 미제스Ludwig von Mises의 지적대로 "사회주의는 합리적 경제의 철폐다Socialism is the abolition of rational economy."라는 표현이 아주 적절합니다.

오명민 혹시 유인 왜곡 문제가 해결된다면 사회주의 국가도 그런대로 돌아갈 수 있지 않을까요? 사람들이 대오 각성하여 열심히 일한다면 말입니다.

김 교수 그렇지 않습니다. 물론 사람들이 대오 각성하여 열심히 일할 유인이 생길 수도 없지만, 설령 그렇다는 엉뚱한 가정을 하더라도 사회주의 국가는 붕괴될 수밖에 없습니다.

오명민 왜 그러하지요?

김 교수 경제계산 문제가 해결될 수 없어서 그렇습니다. 그래서 사유재산이 없기 때문에 발생하는 경제계산 불가능성 문제가 사회주의 붕괴의 제1primary 요인이라면 유인 왜곡 문제는 제2secondary 요인이라고 할 수 있습니다. 경제계산 불가능성 문제가 훨씬 더 심각하다는 말입니다. 한 마디로 사회주의 국가는 소비나 공급 측면에서 모두 깜깜할 뿐입니다. 사람들이 무엇을 원하고 또 어떻게 생산해야 할지를 알 수 없습니다. 그래서 이 지상에 천국을 만들겠다고 야심차게 출발한 사회주의는 결국 수많은 사람들을 굶겨 죽이는 지옥을 만들고 붕괴되었습니다.

박 사장 그래서 구소련을 비롯한 동구권의 사회주의 국가들이 모두 몰락하고 지금은 시장경제 체제로 바뀌었습니다. 물론 아직도 국가 통제가 많지만 말입니다.

오명민 그런데 그런 나라들도 70여 년 정도는 유지되지 않았나요?

김 교수 맞습니다. 그 이유는 주변의 자본주의 국가들에서 얻은 가격 등의 정보를 이용할 수 있었기 때문입니다. 그러나 각 나라의 사정이 다르므로 그 나라에 적합한 가격 정보가 아니었겠지요. 따라서 그 정도 지속되고 마감한 것이지요.

공유 경제

오명민 이제 사회주의가 몰락할 수밖에 없는 이유를 확실하게 알겠습니다. 그런데 요즈음에 공유 경제sharing economy가 발달하여 각 개인들이 재산을 소유할 필요 없이 함께 나눠 쓰면 된다는 얘기가 있습니다. 과연 그렇습니까?

박 사장 흥미로운 주제입니다. 특히 사회주의와 관련해서 어떻게 생각해야 할까요?

김 교수 공유 경제란 이미 생산된 유휴 자원을 나눠 쓰는 사회경제적 시스템을 말합니다. 물론 자원의 공유가 최근에야 생긴 일은 아니지요. 오래 전부터 있어 왔던 주택의 전세와 월세, 자동차 렌트, 도서관 책 대출 등도 공유 경제의 사례이며, 유니클로 기업과 같이 다른 기업의 소유 시설을 이용하여 옷을 생산하는 것도 공유 경제의 사례입니다. 그 이름도 협력적 소비collaborative consumption 경제, 접근 기반 소비access-based consumption 경제, 기그gig 경제, 플랫폼platform 경제 등으로 다양하게 불리고 있습니다.

오명민 그렇다면 요즈음 사용되고 있는 공유 경제는 어떤 의미로 쓰이고 있는 것인지요?

김 교수 공유 경제를 연구하는 다수 학자들의 공통된 의견은 이렇습니다. 즉 '정보통신 기술의 발전에 힘입어 저低활용되고 있는 물건을 소유권의 이전 없이 개인들이 중개 수단을 통해 상업적 또는 비상업적으로 나눠 쓰는 모델'이라는 것입니다.

박 사장 좀 더 풀어서 설명해 주시지요.

김 교수 그러니까 첫째, 정보통신 기술의 발전이 공유 경제를 촉진하는 인프라스트럭처이며, 둘째, 공유 대상을 공급하고 소비하는 주체가 주로 개인들이라는 것이며, 셋째, 공유 경제가 상업적 영역에는 물론 비상업적 영역에도 존재하며, 넷째, 공유 대상은 주로 이미 생산된 것들 중에서 유휴 상태에 있는 것들이며, 다섯째, 공유 대상에 대한 정보를 수집하여 공급자와 소비자에게 제공하는 중개인이 있으며, 마지막으로 공유 대상에 대한 소유권은 이전되지 않는 일시적 대차 거래라는 것입니다.

박 사장 그렇다면 우선 누군가 공유 대상을 확실히 소유해야만 공유 경제가 성립할 수 있겠습니다. 개인들 간에 거래가 이뤄져야 하니까요.

김 교수 그렇습니다. 얼핏 공유라는 단어만 생각하면 자원을 아무도 소유하지 않은 경제로 오해할 수 있으나, 누군가가 공유 대상이 되는 물건을 확실하게 소유하지 않으면 거래가 이뤄질 수 없습니다. 즉 공유 경제가 성립할 수 없는 것이지요. 따라서 자원의 사유에 기반을 둔 자본주의 체제에서만 공유 경제가 가능합니다. 자원(특히 자본재)이 사유되지 않고 국가가 소유하는 사회주의 체제에서는 공유 경제가 존재할 수 없습니다.

오명민 그런데 공유 대상의 특징으로서는 어떤 점을 들 수 있을까요?

김 교수 예를 들어 자동차를 내가 사용하거나 누군가에게 임대한다면, 나 또는 임차인이 항상 사용하지 않더라도 다른 사람들은 사용할 수 없겠지요? 즉 이런 자원은 덩어리로 존재하는 특성lumpiness and chunkiness을 가집니다. 따라서 유휴 상태에 있는 경우가 많습니다. 실제로 북아메리카-서유럽의 자동차는 평균 8% 정도 사용되고, 전동 드릴은 평생 6~13분 정도 사용된다는 조사 결과도 있습니다. 사람들이 이런 공유 대상 자원의 활용 여력, 활용 시간, 가격 등의 정보를 알 수 없거나 아는 데 큰 비용이 들어가는 경우에는 이를 분할 판매하거나 분할 구매하는 것이 불가능합니다.

오명민 공유 대상의 덩어리 특성이 해소되면, 각 개인들이 그것을 굳이 소유하지 않더라도 소비할 수 있게 되는데, 정보통신 기술의 발달로 그것이 가능해졌다는 말씀이군요. 그러니까 공유 경제를 가능하게 한 것은 무엇보다도 정보통신 기술의 발전이라고 할 수 있겠습니다.

박 사장 그렇습니다. 에어비앤비, 사무용 오피스, 우버 택시 등이 대표적인 사례가 되겠습니다. 공급자가 공유 대상의 종류,

이용 가능 시간, 가격 등의 정보를 중개인에게 제공하면 소비자는 이 정보에 기초하여 소유권의 이전 없이 공유 대상을 일시적으로 소비할 수 있게 되는 것이지요. 즉 인터넷을 이용한 각종 정보통신 기술의 발달로 공유 대상에 대한 정보의 생산, 전파, 소비 등에 따른 거래비용이 대폭 감소함으로써 이전에는 가능하지 않았던 거래 기회가 폭넓게 열렸지요. 따라서 공유 경제가 하나의 모형으로 자리 잡은 것은 전적으로 정보통신 기술의 발전 덕분이라고 할 수 있겠습니다.

김 교수 그렇습니다. 정보통신 기술의 발전으로 예전에는 생각하지도 못했던 공유 대상의 탐색·계약·소비와 관련된 거래비용이 획기적으로 감소하여 활용 여력을 가진 공유 대상을 분할 판매 및 분할 구매함으로써 개인들이 나눠 쓰는 것이 가능해진 것이지요. 이와 관련하여 공유 경제가 개인의 자유에 어떤 영향을 미치는지에 대해서는 자유에 대한 논의에서 보충하도록 하겠습니다.

박 사장 그런데 공유의 비극tragedy of the commons이라는 것이 있는데, 이는 공유 경제에서 말하는 공유와는 다른 것이라는 점을 명확히 하고 넘어가는 것이 좋겠습니다.

김 교수 공유의 비극은 자원에 대한 소유권이 없거나 공동 소유인 경우 자신만의 이익을 위해 자원을 최대한 소비함으로써 생기는 자원의 고갈 현상을 말합니다. 그러니까 공유 경제에서 말하는 공유와 공유의 비극에서 말하는 공유는 판이한 의미를 가집니다. 공유의 비극에 대해 일부 학자는 정부가 개입하여 사용권 규제 등, 제도적 장치를 만들어야 한다고 주장하지만, 그 원인은 사유 재산권의 부재이므로 사유 재산권을 명확히 하면 자발적 거래에 의해 가장 효율적으로 해결될 수 있습니다.

오명민 이제 사유 재산 제도가 사회의 형성과 유지에 참으로 중요한 기틀이 된다는 사실을 알 수 있겠습니다. 특히 자본주의의 기초가 된다는 것을 잘 알았습니다. 그런데 한 가지 질문이 있습니다. 사회주의 국가에는 주식시장과 채권시장, 즉 자본시장이 없는 것 같은데, 그 이유가 무엇입니까?

3

자본재와 자본

김 교수 맞습니다. 북한과 같은 사회주의 국가에는 자본시장이 없습니다. 생산요소를 국가가 소유하므로 자본재를 포함한 생산요소의 거래가 없으며, 생산요소의 거래가 없으므로 주식이나 채권이 거래되는 자본시장이 생길 수 없지요. 그래서 어떤 국가가 자본주의 국가인지 아니면 사회주의 국가인지를 알기 위해서는 주식시장과 채권시장이 있는지 없는지를 보면 됩니다.

오명민 중국은 사회주의를 표방하지만 주식시장이 있는데요?

박 사장 그러니까 중국은 무늬만 사회주의이지 경제 체제는 사실상 자본주의입니다. 간섭이 아주 심한 자본주의 체제지요. 중국 당국이 사회주의 체제 하에서도 경제가 그렇게 발전했다고 생각한다면, 그것은 커다란 오해입니다.

김 교수 마오쩌둥 치하에서 매우 많은 중국 사람들이 굶어 죽었습니다. 1억 5천만 명이 굶어 죽었다는 추산이 있을 정도니까요. 그런 중국에 1978년 12월 덩샤오핑의 개혁·개방 정책에 힘입어 토지 사용권이 허용됨으로써 아사자餓死者가 나오지 않게 되었습니다. 토지의 소유권은 국가가 가지고 있지만 사람들은 사용권을 얻어 장기간 자신의 토지처럼 운영할 수 있게 된 것이지요. 이것이 바로 사유 재산권을 바탕으로 하는 자본주의 경제 체제의 위력입니다.

오명민 사유 재산권의 위력을 다시 한 번 실감합니다. 그런데 자본과 자본재는 같은 개념인가요? 흔히 혼동해서 사용하는 경향이 있습니다만.

김 교수 흔히 같은 개념으로 사용하기도 하지만 다릅니다. 먼저 자본재capital goods를 보지요. 우선 생산에는 여러 가지 단계가 있다는 사실을 알 필요가 있습니다. 예를 들어, 빵을 만들기 위해서는 우선 밀을 경작해야 하고 수확한 밀을 빻아 밀가루를 만든 다음 빵을 만들겠지요? 그런데 밀을 경작하는 데는 사람들의 노동, 밀을 경작할 토지, 그리고 트랙터 등의 장비가 필요하겠지요? 이들 생산요소를 이용하여 밀을 경작하여 수확한 다음에는 밀을 빻기 위해 사람들의 노동, 제분소를 설치하기 위한 토지, 그리고 제분기 등이 필요하겠지요? 그 다음에 또 빵을 만들기 위해서도 사람들의 노동과 빵 공장을 설립하기 위한 토지, 그리고 제빵기 등이 필요하겠지요? 이와 같이 대부분의 생산 단계에서 원자재는 물론 노동, 토지, 그리고 장비 등이 들어갑니다. 물론 트랙터, 제분기, 제빵기와 같은 자본재들은 원자재에 노동과 토지, 그리고 시간이 더해져 만들어진 자본재입니다.

오명민 그렇겠습니다. 그래서 노동과 토지를 본원적original 또는 자연적nature-given 생산요소라고 부르고 트랙터, 제분기, 제빵기 등을 생산된 자본재produced capital goods라고 부르는군요. 그렇다면 이렇게 생산된 자본재를 보통 자본재라고 부릅니까?

김 교수 그렇게 불러도 무난합니다만, 한 가지 주의를 요합니다. 위에서 예를 든 트랙터, 제분기, 제빵기라는 자본재를 생산하기 위해서는 원자재, 노동, 토지에 더하여 시간이 투입돼야 합니다. 즉 자본재를 생산하는 데는 시간이 걸립니다. 제빵기를 만드는 빵 회사를 예로 들어보지요. 제빵기를 만드는 동안에는 빵을 생산할 수 없거나 생산량이 줄겠지요? 그래서 그 동안 빵 공장 주인이 굶주리지 않고 버틸 수 있는 소비재와, 제빵기 제작에 투입되는 노동자와 토지 소유자들에게 임금과 임대료로 줄 수 있는 소비재가 필요합니다. 그 소비재가 빵이라고 한다면 그 빵은 자본재로 투입된 것입니다. 물론 여기에 투입된 빵은 제빵기라는 자본재 생산을 위해 사용되어 없어지지요. 그런데 그 빵은 사라지지만 제빵기라는 자본재로 다시 태어납니다. 따라서 제빵기와 같이 생산된 자본재뿐만 아니라 이의 생산을 위해 투입된 빵도 자본재로 사용되었다는 것입니다.

오명민 그런데 빵은 지금 당장 소비할 수 있는 소비재가 아닌가요?

박 사장 그러니까 물리적으로는 똑같은 빵이 소비재로도 사용될 수 있고 자본재로도 사용될 수 있다는 것이지요.

김 교수 그렇습니다. 그리고 빵을 소비재로 사용했는지 아니면 자본재로 사용했는지는, 그것을 사용하는 자본가만이 알 수 있습니다. 박 사장, 그렇지 아니한가요?

박 사장 그렇습니다. 그런 점을 염두에 둔다면 생산된 자본재만을 자본재라고 부르는 것은 엄밀하지는 않지만 무난하다고 생각합니다.

김 교수 그렇습니다. 이런 사실을 잘 알고 염두에 둔다면 생산된 자본재만을 자본재라고 부르는 것은 무방합니다. 더구나 이전 단계에서 생산된 자본재에 노동, 토지 서비스, 시간을 더해 소비재 생산에 더 가까운 단계에서 이용될 수 있는 자본재를 만드는데, 그 노동과 토지 서비스와 시간은 바로 그 자본재에 융합되니까요.

오명민 그렇다면 자본재와 자본은 어떻게 다릅니까?

김 교수 자본capital은 자본재가 시장에서 평가된 가치입니다. 그래서 자본은 언제나 자본재의 형태로 존재합니다.

박 사장 그렇다면 우선 자본주의 시장경제에서는 자본재를 소유하고 거래할 수 있어 그 가격이 있으므로 시장 가치로 평가할 수 있겠습니다. 따라서 자본 개념이 있겠습니다. 반면에 생산요소의 사유가 없는 사회주의 국가에서는 자본재의 가격이 없으므로 자본재는 있지만 그것의 시장 가치인 자본 개념은 있을 수 없겠습니다.

김 교수 그렇습니다. 좀 이상하게 들릴 수 있습니다만, 사회주의 국가에는 자본재는 있지만 자본 개념은 없습니다. 그래서 위에서 논의한 경제계산 문제가 해결될 수 없습니다.

오명민 아, 그러니까 사회주의 국가에서는 자본재가 모두 국가 소유이므로 자본재 거래가 없고, 거래가 없으니 가격이 없어 자본 개념이 없다는 말씀이군요. 따라서 주식시장과 채권시장과 같은 자본시장이 생길 수도 없고요.

김 교수 그렇습니다.

박 사장 마지막으로 아주 당연한 사실에 대한 질문이 될 것 같습니다만, 빵 생산에 있어 제분기와 제빵기라는 자본재를 사용하는 생산 방식과 이를 사용하지 않는 방식에는 일정한 시간에 생산되는 빵의 양에 차이가 있을 것 같습니다. 그렇다면 이는 자본재가 어떤 특성을 가졌기 때문에 그렇다고 정리할 수 있을까요?

김 교수 아주 당연한 사실에 대한 질문이지만 의미가 큽니다. 박 사장의 말씀대로 자본재를 사용하는 생산 방식과 사용하지 않는 방식 간의 차이는 동일한 시간에 생산할 수 있는 생산량입니다. 다시 말하면 자본재를 사용하면 사용하지 않을 때보다 동일한 양을 생산하는 데 시간이 더 짧게 걸린다는 것입니다. 이는 곧 자본재에는 시간이 저장되어 있다는 사실을 의미합니다. 설비 자동화가 좋은 사례가 되겠지요. 그래서 자본재를 획득하여 소비재를 대량으로 생산하는 자본주의적 생산 방식을 갖추지 않고서는 풍요로운 소비 생활을 할 수 없습니다.

4

자원의 희소성, 인간의 자기중심성 및 군거성, 자유

김 교수 그럼 이제 미뤄두었던 재산권과 자유, 정의, 평화 간의 문제로 돌아가 논의해 보도록 하겠습니다. 우선 개인의 자유에 대해 논의해 보는 것이 좋겠습니다.

오명민 재산권과 개인의 자유 간에는 어떤 관련이 있는 건가요? 얼른 이해가 되지 않습니다.

김 교수 예를 들자면, 사유 재산이 있어야 개인의 자유가 있다는 사실은 모든 언론 매체가 국가 소유라면 언론 자유가 없다는 사실로부터 우선 분명해지지요? 언론 매체에 글을 쓰거나 방송을 통해 보도를 하거나 메시지를 전하기 위해서는 그 매체의 주인인 국가의 동의나 허가를 받아야 하니까요. 따라서 국가는 언론 매체를 독점함으로써 개인들의 언론 자유를 통제할 수 있을 것입니다. 그렇다면 개인은 자신의 의사를 자유롭게 표현할 수 없겠지요. 즉 개인이 언론 매체를 소유할 수 있는 사유 재산권이 없으면 개인의 자유가 없다는 것입니다.

오명민 네, 그렇겠군요. 그런데 개인의 자유란 다른 개인이나 국가와 같은 제3자에 의해 강제되지 않은 상태라는 것입니까?

김 교수 그렇습니다. 자유란 복수複數의 개인들이 살아가는 세상에서 어느 한 개인이나 집단 또는 국가가 다른 개인들을 강제하지 않는다는 것을 말합니다. 그러니까 무인도에서 혼자 사는 로빈슨 크루소에게는 자유라는 개념이 불필요하겠지요? 제3자에 의해 강제당할 일이 없으니까요.

박 사장 그런데 '강제'가 무엇을 의미하는지에 대해서는 몇 가지 견해가 있는 걸로 압니다만, 여기에서 논의할 수 있을까요?

김 교수 그렇습니다. 생명과 재산에 대한 물리적 공격이 없는 상태라고 정의하는 학자도 있는가 하면 자발적 거래를 거부하는 것도 강제의 일종이라고 여기는 학자도 있습니다. 여기에서는 이에 대한 자세한 논의는 생략하고, 자유는 일정한 영역에서 제3자의 강제와 간섭 없이 자신이 원하는 대로 행동할 수 있는 상태로 정의하고 넘어가겠습니다. 물론 이를 소극적 자유라고 합니다.[1]

박 사장 알겠습니다. 그럼 다시 우리의 논의로 돌아가자면, 사람들은 각자 흩어져 혼자 사는 것이 아니라 함께 모여 산다는 사실이 인간 사회를 이해하는 데 중요하겠군요.

김 교수 그렇습니다. 사회society라는 말도 본래 사람들은 함께 모여 산다는 군거성sociality이라는 말에서 왔으니까요. 사람들이 함께 모여 살지 않으면 사회가 만들어질 이유가 없지요. 사람들이 함께 모여 사니까 이런저런 문제들이 생기고 이를 없애거나 완화할 수 있는 방책들이 생기지요.

오명민 그 문제로 들어가기 전에 한 가지 질문이 있는데요, 오늘날과 같은 민주 사회에서 개인들을 강제하고 간섭하는 주체는 누구입니까? 노예 제도와 하인이나 종 등의 신분이 없어진 요즈음 어느 개인이 다른 개인을 강제하고 간섭할 수는 없지 않습니까?

김 교수 그렇습니다. 그것은 곧 인류 문화가 한층 선진화되었다는 것을 의미합니다. 그렇다면 요즈음 개인들을 강제할 수 있는 주체는 국가라고 할 수 있겠지요. 사실 어느 정치 체제에서든지 강제나 간섭은 국가로부터 연유합니다. 즉 자유는 국가로부터의 자유를 의미합니다. 이 문제는 제19장의 '정부의 기능과 역할'에서 논의할 기회가 있을 것입니다.

오명민 그런데 대기업이 중소기업이나 소비자를 대상으로 횡포를 부리는 것은 국가가 아닌 민간이 다른 민간을 강제함으로써 자유를 억압하는 것이 아닐까요? 이를테면 독점적 대기업이 공급을 제한함으로써 사람들의 소비 기회를 줄이거나 중소기업이 납품하는 부품 가격을 후려치는 행위 말입니다.

김 교수 사람들은 흔히 그렇게 생각하는 경향이 있습니다. 공급 제한에 대해서는 제11장의 '정부의 기능과 역할'에서 논의할 기회가 있을 것입니다만, 우선 간단히 설명하자면 독점은 정부의 인·허가에 따른 진입장벽에 의해 생기는 것이므로 정부가 진입장벽을 치지 않으면 시장에 남는 것은 경쟁뿐입니다. 소비자를 착취하는 일이 생길 수 없지요. 또한 대기업이 중소기업이 납품하는 부품 단가를 낮게 책정한다는 건에 대해서도 제19장의 '정부의 기능과 역할'에서 논의하겠습니다만, 우선 간단히 말하자면 대기업 제품에 대한 수요에는 변화가 없는데 어떤 이유로 중소기업의 부품 제작 비용이 올랐다고 해서 대기업이 그 추가적인 비용을 올려줄 수는 없다는 것입니다. 물론 부품 공급이 줄면 장기적으로 대기업 제품의 공급이 줄면서 가격이 올라가면 부품 가격도 올라갑니다. 중요한 사실은 비용이 가격을 결정하는 것이 아니라 가격(엄밀하게 말하면 수요)이 비용을 결정한다는 것입니다.

오명민 알겠습니다. 그 문제는 다시 설명을 듣도록 하겠습니다. 그럼 이제 본래의 주제로 돌아가서, 사회 정의와 평화는 사유 재산권과 어떻게 관련됩니까?

박 사장 지금까지의 논의를 바탕으로 제가 예를 들어 설명해 보겠습니다.

김 교수 그렇게 해 보시지요.

박 사장 제가 여름 내내 무더위와 장마를 이겨내고 농사를 잘 지어서 많은 양의 농작물을 수확했다고 합시다. 그런데 사유 재산권이 없으니 아무나 그 농작물을 가져갈 수 있겠지요? 농작물 경작에 아무런 기여를 하지 않은 사람들이 말입니다. 남이 생산해 놓은 물건을 아무런 대가 없이 가져가 버릴 수 있는 사회를 우리가 정의로운 사회라고 부를 수 있을까요? 생산에 전혀 기여하지 않은 사람이 다른 사람이 노력하여 얻은 생산물을 탈취해 가는데도 말입니다. 또 제가 열심히 일하고 잘 가꿔 수확한 농작물을 다른 사람이 가져가 버릴 때 저는 그것을 우두커니 바라보고만 있을까요? 빼앗기지 않으려고 싸우겠지요? 따라서 사유 재산권이 없는 사회는 사람들 간의 다툼으로 가득할 것입니다. 당연히 그런 사회에 평화가 없겠지요.

김 교수 그렇습니다. 사유 재산권은 개인의 자유와 사회 정의, 그리고 평화의 바탕이 되는 것입니다. 그래서 하이에크Friedrich August von Hayek는 "잘 처진 울타리가 좋은 이웃을 만든다A good fence makes a good neighbour."라는 명언을 남겼지요.

인간이 소유할 수 있는 세 가지

김 교수 이런 사실을 머리에 두고 좀 어려운 주제이지만, 이제 사유 재산과 자유, 정의 등에 대해 더 깊이 논의해보지요. 우선 개인들이 소유할 수 있는 것들을 살펴봄으로써 논의를 시작할 수 있을 것입니다.

오명민 사람들이 소유할 수 있는 것들에는 우선 자신의 신체가 있겠지요? 아, 재산도 있겠습니다.

박 사장 신체와 재산 외에도 우리가 느끼는 마음속의 행복도 있을 것 같습니다. 또 개인이 지닌 용모나 두뇌 등도 있겠습니다.

김 교수 그렇습니다. 인간이 소유할 수 있는 것에는 세 가지 종류가 있습니다.[2] 첫째는 각자의 마음속 행복인데, 이는 아무도 빼앗아 갈 수 없으므로 아무런 문제없이 향유할 수 있습니다. 두 번째는 어떤 사람이 지닌 수려한 용모나 우수한 두뇌 등인데 이는 빼앗아 갈 수는 있지만, 빼앗아 가는 사람에게 아무런 도움이 될 수 없는 것들이지요. 따라서 이런 것들도 남이 약탈해갈 수 있는 대상이 되지 않습니다. 세 번째는 신체를 포함한 재산입니다. 노예는 이런저런 이유로 남이 자신의 신체에 대한 주인이어서 노예였던 것입니다. 즉 남의 강제로 자신의 신체에 대한 사유 재산권을 박탈당했던 것이지요. 또 희소한 자원으로 이뤄지는 재산도 약탈 가능합니다. 자원이 희소하다는 것은 지천으로 널려 있지 않다는 것인데, 인간은 자기중심적이므로 희소한 자원을 서로 더 많이 차지하기 위해 다툽니다. 사람들이 원하는 것들이 지천으로 널려있다면 이를 두고 다투는 일이 없겠지요? 그래서 함께 모여 사는 인간 세상에서 인간의 자기중심성과 자원의 희소성이 평화로운 사회 건설에 걸림돌이 됩니다.

오명민 그렇다면 그런 걸림돌을 해결할 수 있는 어떤 방법이 있어야 할 텐데요.

김 교수 그렇습니다. 이는 곧 수많은 사람들이 살아가는 사회의 질서가 어떻게 형성되고 유지되는지에 대한 논의가 됩니다. 즉 인간은 자기중심적 속성을 가진 존재라는 점을 대전제로, 위에서 언급한 인간이 소유할 수 있는 것들과 자연적 환경을 바탕으로 살펴보는 것입니다.

박 사장 인간이 자기중심적이며 자신과 가까운 가족이나 친척, 그리고 잘 아는 사람들에게만 관용을 베푸는 존재라는 사실은 부정할 수 없겠습니다.

오명민 그렇다고 하더라도 앞에서 언급하신 것처럼, 인간이 로빈슨 크루소처럼 외딴 섬에서 아무와도 관계하지 않으며 홀로 살아가는 존재라면 인간이 자기중심적이라고 하더라도 희소한 자원을 놓고 다툴 일이 없을 것 같습니다.

김 교수 아주 적절한 지적입니다. 그래서 자원의 희소성, 인간의 자기중심성, 그리고 인간은 함께 모여 산다는 세 가지 사실로부터 우리가 지금부터 논의하고자 하는 자유, 평등, 도덕, 법, 정의, 소유 등의 개념이 생기게 됩니다. 이런 개념들을 이제부터 사회과학적 개념이라고 부르도록 합시다. 그러니까 앞의 세 가지 사실 중 하나라도 성립하지 않으면 사회과학적 개념들은 모두 사라져비린다는 것입니다.

오명민 그렇겠습니다. 누구나 다 안다고 생각하는 그런 사실이 새삼 중요하게 생각됩니다.

김 교수 이제 사유 재산권과 사회과학적 개념들 간의 관계에 대해 자세히 살펴보도록 합시다. 우선 약탈이 불가능한 첫 번째와 두 번째 것들과 관련해서는 어느 누가 다른 누구를 강제할 이유가 없겠습니다. 약탈할 수 없거나 약탈하더라도 약탈자가 실제로 얻을 수 있는 이익이 없으니까요. 그래서 사람들 간의 다툼은 신체와 소유할 수 있는 재산을 둘러싸고 생기지요. 즉 인간은 자신의 이익을 위해 희소한 자원을 서로 더 많이 차지하려고 다투는 과정에서 남을 강제하고 약탈한다는 것입니다. 물론 저는 지금 각종 자원으로 만들어지는 재산이라는 용어를, 신체를 포함하여 소유할 수 있는 모든 것의 의미로 사용하고 있습니다.

박 사장 그렇다면 이런 욕망이 조정되고 억제되어 평화로운 세상을 이룩할 수 있는 어떤 방법이 있어야겠습니다. 그래야 개인의 자유는 물론 정의와 평화도 정착될 것 같습니다.

김 교수 그렇습니다. 이게 바로 사람들이 함께 살아가면서 지켜야 할 행동 규칙이 됩니다. 도덕 규칙과 법 규율이지요.

5

도덕 규칙, 법 규율, 정의, 소유

도덕과 법의 탄생

오명민 그렇다면 사람들이 살아가면서 서로 지켜야 할 규칙은 어떻게 생길까요?

김 교수 인간은 기본적으로 자기중심적이므로 자신의 이익을 위해서는 남의 재산을 약탈하는 행위도 합니다. 그런데 오늘 내가 다른 사람의 재산을 약탈하고 내일 다른 사람이 나의 재산을 약탈하는 일이 반복된다면 사람들은 이런 상황에 대해 어떻게 느끼고 생각할까요?

오명민 불안함을 느끼겠지요. 언제 내 생명이 위협받고 재산을 빼앗길지 모르니 불안하여 공포에 떨겠지요.

김 교수 맞습니다. 남의 생명과 재산을 서로 약탈하다 보니 협동하며 살면서 얻을 수 있는 이익을 포기해야 하고, 더 심각한 문제는 서로의 생명과 재산을 위협하여 생존 기회를 낮추게 된다는 것이지요. 그렇다면 그 다음에 사람들 사이에는 어떤 일이 생길 것 같은가요?

오명민 사람들 간에 서로 그런 일을 하지 않기로 하는 모종의 규칙이 생기고 사람들은 이에 자발적으로 동의하고 지킬 것 같습니다. 그리고 그런 규칙은 인간의 생명과 재산에 대한 것들이 될 것 같습니다.

박 사장 그렇습니다. 서로의 생명을 위협하고 재산을 약탈하는 행동을 하지 않기로 하는 규칙이 생기고 그 규칙을 지키기로 자발적으로 합의하게 되는데, 우리는 그것을 도덕 규칙이라고 부를 수 있겠습니다.

오명민 그렇겠습니다. 그런데 그런 도덕 규칙은 자연스럽게 생기나요? 아니면 이를 만드는 개인이나 집단이 있습니까?

김 교수 세상에는 습관, 전통, 선호, 가치관, 취미 등이 서로 다른 수많은 사람들이 있지요? 그런 세상에서 어느 한 개인이나 집단이 도덕 규칙을 만든다는 것은 불가능합니다. 그래서 도덕 규칙은 특정 개인이나 집단이 인위적으로 만드는 것이 아니라 사람들이 함께 살아가면서 서로 합의하고 받아들이는 과정에서 자연스럽게 만들어지는 것입니다. 즉 도덕 규칙은 아주 오랜 기간에 걸쳐 만들어지고 보완되고 폐기되고 다듬어져, 모든 사람들에게 이익이 되고 사회를 평화롭게 유지할 수 있는 그런 것들만 남게 되겠지요.

오명민 그런데 예전의 군주정에서는 군주가 그런 도덕 규칙을 정해서 사람들이 지키도록 요구하지 않았던가요?

김 교수 그렇습니다. 그러나 군주 역시 여태껏 사람들이 살아오면서 만들어진 관습, 전통, 관행 등을 따르는 규칙을 요구하는 경우가 많았습니다. 물론 참주僭主기 자신과 그 주변 사람들만의 이익을 위해 규칙을 정하고 집행하는 경우도 있었지만, 그런 군주정은 모두 민중 혁명에 의해 무너졌습니다. 영국의 대헌장과 명예혁명, 프랑스의 대혁명 등이 그런 것들입니다.

박 사장 알겠습니다. 그러니까 중요한 사실은 도덕 규칙은 인류가 오랜 기간을 살아오면서 사람들 간의 다툼과 분쟁을 줄이는 방책으로 만들어지고 다듬어져 오늘에 이르렀다는 것이군요. 앞으로도 그러할 것이고요. 그렇다면 이제 우리는 사유 재산과 개인의 자유 간의 관계에 대해 이전보다 더 자세히 논의할 수 있을 것 같다는 생각이 듭니다.

오명민 저는 아직도 그 관계에 대해서는 짐작이 잘 가지 않습니다.

김 교수 토론을 통해 점차 이해하시게 될 것입니다. 토론이라는 것은 각자의 의견 대 의견으로 다투는 것이 아니라 의견을 말하면서 사안에 대해 합의된 결론을 찾아나가는 과정이니까요.

우선 사유 재산과 개인의 자유 간의 관계를 살펴보고 다음에 다른 사회과학적 개념과의 관계도 살펴보는 것이 좋겠습니다. 먼저 아직 도덕 규칙에 의해 다듬어지지 않은 인간의 원초적 자유에 대해 생각해 보도록 하겠습니다.

박 사장 좋은 출발점인 것 같습니다.

김 교수 반복해서 말하자면, 인간은 자기중심적이고 함께 모여 살며, 그런 인간들이 사는 세상의 자원은 희소합니다. 이제 인간이 희소한 자원을 서로 더 많이 차지하려고 남의 사정을 전혀 고려하지 않고 마음대로 행동하려는 자유를 원초적 자유, 또는 야생의 자유라고 말할 수 있겠지요? 그런데 모든 사람들이 그런 원초적 자유에 입각하여 행동하면 세상이 어떻게 되겠습니까?

오명민 그런 세상은 야만적이며 모두가 불안해하는 세상이 되겠습니다.

김 교수 그렇습니다. 따라서 원초적 자유를 적절하게 억제하고 조정하는 어떤 규칙이 자연스럽게 생기는데, 그것이 바로 도덕 규칙이라는 것은 우리가 이미 논의한 바와 같습니다. 그래서 현재 우리가 누리는 자유는 원초적 자유가 모든 사람들이 자발적으로 동의하는 도덕 규칙과 법 규율에 의해 억제된, 그래서 모든 사람들이 받아들이는 상태의 자유라고 할 수 있습니다.

오명민 그렇겠습니다. 그런데 그런 자유가 어떻게 재산의 소유와 연관되는 것일까요?

김 교수 우리가 앞에서 이미 논의한대로 남을 강제하면서 약탈할 수 있는 것은 신체를 포함한 유·무형의 재산이므로, 남에 의한 강제는 곧 이런 것들을 목적으로 하는 것이겠지요? 즉 사유 재산을 약탈당하는 것은, 누구나 제3자의 위협과 약탈 없이 재산을 소유할 있는, 이른바 소유의 안정성을 침해받는 것으로서 강제에 의하지 않고는 일어날 수 없는 일이지요. 강제에 의하지 않고 자발적으로 자신의 생명과 재산을 빼앗길 이기적 인간은 없을 테니까요. 따라서 사유 재산이 약탈당한다는 것은 개인이 강제되어 자신의 의사대로 행동할 수 있는 자유를 빼앗기는 것이 되겠지요? 개인의 생명과 사유 재산을 온전히 소유할 수 있는, 즉 소유의 안정성이 개인의 자유의 근간이 된다는 것은 바로 이런 뜻입니다. 따라서 소유 없는 곳에 자유는 없습니다. 소유 없는 곳에 정의도 없습니다. 이는 앞으로의 논의에서 점차 더 명확해질 것입니다.

박 사장 그러니까 사회주의 국가가 아니더라도 국가가 사유 재산을 침해한다면 그에 따라 개인의 자유는 위축될 수밖에 없겠습니다. 물론 사유 재산이 허용되지 않은 사회주의 국가에서는 개인의 자유가 없겠고요.

김 교수 그렇습니다. 사유 재산을 침해하는 것은 이를 바탕으로 누리는 개인의 사적 영역, 즉 개인의 자유를 제한하는 일이 됩니다. 앞에서 말한 언론의 자유같이 말입니다. 이제 사유 재산을 보호하는 일, 즉 소유의 안정성과 개인의 자유 간의 관계가 명확해졌지요?

오명민 그렇습니다. 그렇다면 정의는 인간의 자기중심성, 자원의 희소성, 그리고 소유 등과는 어떻게 관련될까요?

김 교수 인간은 자기중심적이며 함께 모여 살고 또 자원은 희소하기 때문에 서로 더 큰 몫을 차지하기 위해 다툰다고 했지요? 따라서 이를 조정하고 억제할 수 있는 도덕 규칙이 생긴다고 했는데, 바로 그런 도덕 규칙을 지키는 것이 정의입니다. 또 사람들은 오랜 기간에 걸쳐 만들어진 도덕 규칙을 지키는 행동에 대해서는 유쾌한 감정을 공유하게 되고, 어기는 행동에 대해서는 불쾌감을 공유하게 되는데, 이런 감정이 바로 정의감입니다. 그래서 도덕 규칙은 정의감에 의해 지탱되는 것입니다.

오명민 잘 알겠습니다. 그렇다면 정의와 소유의 관계는 어떻게 되는 겁니까?

박 사장 이미 명백해졌다고 생각합니다.

김 교수 말씀해 주시지요.

박 사장 도덕 규칙은 남을 강제하여 생명과 재산을 약탈하는 행동을 하지 않도록 모두에게 요구되는 것이며, 모든 사람들이 자발적으로 동의하고 복종하는 것입니다. 그런데 도덕 규칙을 지키는 것이 정의이며 도덕 규칙은 소유의 안정성을 위한 것이므로, 소유의 안정성을 위한 도덕 규칙을 지키는 것이 정의라고 할 수 있겠지요. 소유의 안정성이 보장된다는 것은 이를 위한 도덕 규칙이 잘 지켜진다는 것을 의미하므로, 그것이 곧 정의의 실현이 되겠지요. 따라서 사유 재산을 침해하는 행동은 정의로운 행동이 아니지요. 즉 사적 소유가 보장되지 않으면 정의가 없는 것이지요. 그러니까 자유나 도덕 규칙, 그리고 정의 등의 모든 사회과학적 개념은 자원의 희소성, 인간의 자기중심성과 군거성이 그 기원이 되겠습니다.

오명민 소유의 안정성이 보장되어야 정의가 실현된다는 사실을 이제 이해할 수 있겠습니다.

김 교수 그렇습니다. 모든 사회과학적 개념은 자원의 희소성, 인간의 자기중심성과 군거성 때문에 필연적으로 생기는 인간들 간의 다툼과 같은 문제들을 조정하는 하나의 방책으로 생깁니다.

오명민 그렇다면 법은 어떤 기능을 하는 건가요? 법은 흔히 도덕과 함께 사회 질서를 유지하는 양대 기둥 중의 하나로 알고 있습니다만. 우선 도덕과 법의 관계는 어떠한가요?

박 사장 아주 좋은 질문입니다만, 제가 답변하기에는 좀 어려울 것 같습니다. 김 교수께서 말씀해 주시지요.

김 교수 우선 법이 어떻게 만들어졌을까를 생각해 보는 것이 좋을 듯합니다. 법은 애초부터 지금처럼 의회에서 만들어졌을까요? 아니면 왕이나 집권 귀족들이 만들었을까요? 그것도 아니라면 사람들이 오랜 기간을 살아오면서 형성된 도덕, 관습, 관행, 전통 등을 바탕으로 만들어졌을까요?

박 사장 예전에는 요즈음과 같이 많은 법이 있었던 것은 아니지만, 적지 않은 법을 애초에 특정 개인이나 의회 등에서 만든다는 것은 불가능하겠습니다. 물론 왕과 같은 집권 세력이 만든 것들도 있었겠지만 말입니다.

김 교수 그렇습니다. 법도 도덕 규칙과 마찬가지로 인류가 오랜 기간을 살아오는 과정에서 만들어진 것입니다. 그래서 법은 오랜 기간에 걸쳐 만들어진 도덕에 뿌리를 두고 있습니다. 앞에서 우리는 인간 사회가 평화롭게 유지되기 위해서는 개인의 생명과 재산이 보호돼야 한다고 했는데, 이는 도덕 규칙에 의해 이뤄진다고 했지요? 그런데 세상에는 아주 많은 사람들이 함께 살아가므로 이를 어기는 사람들도 있기 마련입니다. 그래서 특정 행동을 금지하는 규정을 명시하고, 금지된 행동을 하는 사람들을 처벌하여 사회 질서를 유지하고 향후에는 그런 행동을 하지 않도록 유도하는 것이 법입니다.

오명민 법이 도덕에 뿌리를 두고 있다면 도덕과 법은 공통점이 많을 것 같은데 공통점과 차이점은 무엇입니까?

김 교수 여기에서 우선 법law과 입법legislation, act을 구분할 필요가 있습니다. 법은 지금 우리가 논의하고 있는 도덕에 바탕을 두고 있는 것입니다. 반면에 입법은 의회에서 만든 것을 말합니다. 물론 입법이 법과 일치할 수 있습니다. 그러나 오늘날 의회에서 만들어지는 많은 입법이 법의 개념에서 벗어난 것들이라는 점에서 큰 문제를 야기하고 있습니다. 그러니까 도덕과 법은 인류가 오랜 기간을 살아오면서 만들어지고, 법은 도덕이 그 뿌리라는 것이 공통점이겠지요. 그리고 인간의 행동을 규율하는 도덕과 법은 이러저러한 행동은 해서는 안 되고, 그 이외의 행동은 모두 해도 된다는 원칙에 입각해 있다는 공통점을 가지고 있습니다. 즉 금지 원칙에 서 있습니다. 왜냐하면 인간이 할 수 있는 행동은 일일이 나열할 수 없을 정도로 무수히 많기 때문입니다. 차이점으로서는 도덕은 개인 내면의 규율이므로 이를 위반하면 비난할 수는 있지만, 명시적으로 처벌할 수 있는 강제력을 가지고 있지는 않지요. 반면에 법은 명시적으로 금지된 행동을 처벌할 수 있는 강제력을 가지고 있다는 것을 차이점이라고 말할 수 있습니다.

법 규율과 법치

박 사장 일단 도덕과 법의 공통점과 차이점에 대해서 잘 설명해주셨습니다. 그런데 공통점에 대해서는 좀 더 논의할 필요가 있지 않을까요?

오명민 그게 무엇입니까?

김 교수 그것은 도덕과 법이 어떤 구체적인 목적을 가지고 있느냐는 것입니다. 요즈음에는 의회가 구체적인 목적을 가진 입법을 많이 하고 있는데, 이것이 법치의 법 개념에 맞느냐는 것이지요.

오명민 구체적인 목적이 없는 법이 있을 수 있습니까? 어느 법에나 입법 취지 같은 것이 있지 않습니까?

김 교수 법은 일반적인 것으로서 구체적인 목적을 가져서는 안 됩니다. 일반적이라는 말은 법은 특정 개인이나 집단, 그리고 특정 시·공간에 대한 언급이 없어야 한다는, 즉 언제나, 어디에서나, 누구에게나, 적용되어야 한다는 것입니다. 특정 인물이나 집단, 그리고 시·공간 등을 대상으로 하지 않은, 그야말로 일반적이어야 한다는 것입니다. 그래서 법은 특정 법으로 인해 미래에 어느 누가 어떤 이익을 볼지, 아니면 손해를 볼지를 미리 알 수 없는 것이어야 합니다. 그렇다면 구체적인 '~목적' 달성을 위한 법은 법의 개념에 맞는다고 할 수 없겠지요?

오명민 법이 구체적 목적을 가져서는 안 된다면 법이 보호하려는 것은 무엇입니까?

김 교수 아주 좋은 질문입니다. 법은 인류가 오랜 기간을 살아오면서 만들어진 도덕에 기초하고 있다고 했지요? 또 도덕은 함께 모여 사는 인간의 자기중심성과 자원의 희소성 문제를 조정하는 방책으로 만들어진다고 했지요? 그래서 특정 개인이나 집단, 그리고 특정 시·공간에만 적용되는 그런 것이 아니겠지요? 그렇다면 법이 보호하려는 것은 무엇이겠습니까? 법에 목적이 있다면, 그것은 도덕을 바탕으로 발전해 온 사회 질서의 유지입니다. 그리하여 평화로운 세상을 이룩하는 것이라고 할 수 있습니다.

오명민 그렇다면 법치, 즉 법의 지배rule of law란 무엇을 말합니까?[1]

김 교수 우선 법은 위에서 기술한 대로 사회 질서 유지 외에는 특별하고 구체적 목적을 가져서는 안 됩니다. 이것이 바로 법이 가져야 할 속성 중의 하나인 일반성과 추상성이라는 것입니다.

박 사장 그런데 사람들이 법이 금지하고 있는 내용을 잘 모른다면 특정 순간에 어떤 행동을 할 수 있고 또 어떤 행동을 할 수 없는지를 알 수 없을 것 같은데, 이런 문제는 어떻게 생각해야 할까요?

김 교수 좋은 질문입니다. 사람들이 법이 무엇을 금지하고 있는지를 모른다면 법을 지키기도 어렵겠지요. 따라서 일단 법은 사람들에게 잘 알려져야 합니다.

오명민 좀 더 구체적으로 말씀해 주시지요.

김 교수 우선 사람들의 주관적 생각은 각자 다를 수 있으므로 사람들 간에 다툼이 일어날 수 있는 범주는 매우 다양하겠지요? 또 각 개인들이 그 범주를 모두 알기는 어렵겠지요? 따라서 다양한 범주를 일반화하고 추상화한 속성을 가진 법이 모든 사람들에게 확실하게 알려져야 사람들은 자신의 행동에 따른 법적 결과를 고려하여 행동할 수 있을 것입니다. 즉 법은 각 개인이 할 수 있는 행동과 할 수 없는 행동을 그가 알며 확신한다고 여겨지는 상황에 적용돼야 하는데, 이를 법의 확실성이라고 합니다.

박 사장 그러니까 법은 사람들이 해서는 안 될 행동들을 확실하게 알려줘야 한다는 말씀이군요. 그런데 이것은 인간 이성의 한계와 관련되는 것입니까?

김 교수 그렇습니다. 전지한 신이 아닌 인간은 기본적으로 무지하므로 인간의 예측 범위를 넘어서는 것까지를 각 개인이 고려해야 한다면 개인은 할 수 있는 행동과 할 수 없는 행동을 판단할 수 없겠지요. 즉 자유로운 의사결정을 할 수 없습니다. 그래서 법은 개인이 행동할 때 고려해야 할 사항과 고려하지 않아도 될 사항을 확실하게 알려 주어야 한다는 것입니다. 그래야 개인이 특정한 상황에 직면했을 때 고려해야 할 사항과 고려할 필요가 없는 사항을 알고 자유로운 의사결정을 할 수 있습니다. 그리고 법의 확실성 여부는 법원의 판결을 요구하는 사건의 다소多少에 의해 판별할 수 있습니다. 법이 확실해서 재판 결과를 상당한 정도 정확하게 예측할 수 있다면 사건을 아예 법원에 가져가지 않을 테니까요.

박 사장 법이 확실하게 알려지면 사람들이 행동을 결정할 때 별다른 어려움을 느끼지 않겠군요. 즉 행동을 결정하는 데 따르는 여러 가지 비용이 줄어들 것 같습니다.

오명민 그렇겠습니다. 그런데 법이 금지하는 인간 행동을 법이 아니라 각 개인의 도덕적 기준에 맡겨 판단하도록 하면 무슨 문제가 생기나요?

박 사장 사람들이 일반적인 도덕 기준을 대체로 받아들이기는 하지만 개인의 도덕적 기준은 사람에 따라 다양합니다. 따라서 행동 기준을 개인의 도덕적 기준에 맡긴다면 각자가 판단하는 정의는 개인의 주관적 경향성에 의해 영향을 받을 수 있으므로 일반적인 행동 규칙의 기준이 될 수는 없겠습니다.

김 교수 그렇습니다. 금지되는 행동과 허용되는 행동의 판단을 각 개인의 도덕적 기준에 맡기는 것은 허용될 수 없습니다. 개인들의 다양한 주관적 경향성을 억제하고 조정하는 것이 도덕 규칙과 법 규율인데, 각 개인의 기준에 맡긴다면 문제를 다시 거꾸로 돌리는 일이 되겠지요.

오명민 법이 가져야 할 속성이 또 있는가요?

박 사장 우리가 잘 아는 법의 평등성이 있겠지요? 만인은 법 앞에 평등하다는 것 말입니다.

김 교수 법은 모든 사람들이 준수해야 할 행동을 규율하는 것이므로 모든 사람들에게 똑같이 적용되어야 합니다. 그런데 법의 평등성 원리는 실현하기가 상당히 어렵습니다.

오명민 모든 사람들에게 똑같이 적용하면 되는데, 그것이 왜 어려운가요?

김 교수 어떤 법과 관련된 한 집단의 형식적 특성만을 고려하면 그 법은 일반적일 수 있지만, 다른 집단에 대해서는 불가피하게 서로 다른 규정이 되기 때문입니다. 법은 그 법이 적용되는 집단뿐만 아니라 그 집단 외부의 사람들도 법이 구별하는 정당성을 인정해야 하므로, 법 앞의 평등이라는 이상理想은 예측 가능한 방식으로 해당 집단에 영향을 미치는 것과는 양립할 수 없는 외부 사람들의 기회 역시 증진시키는 것이 목적입니다. 그래서 실천하기가 어렵다는 것입니다. 그러나 법 앞의 평등이라는 개념이 확실한 목표를 정해주지 못하고 방향만 알려주는 이상이므로 우리의 지적 수준을 넘어서는 영역이라고 하더라도 의미가 없는 것은 아닙니다.

오명민 이해하기 쉽지 않습니다.

김 교수 예를 들어 모든 국민은 납세의 의무를 진다는 법 규정은 모두에게 평등하지요? 그러나 모든 개인들에게 동일한 세금을 부과하는 것은 용이하지 않습니다. 실제 세법稅法은 국민을 소득 계층에 따라 나눠 각각 다른 세율을 적용하고 있습니다. 특정 세율에 속하는 집단의 사람들에게는 평등하지만 다른 세율에 속하는 집단의 사람들에게는 평등하지 못하지요. 그래서 법의 평등성 실현이 어렵다는 것입니다.

오명민 그렇군요. 그렇다면 이제 많은 사람들이 말하는 법치, 즉 법의 지배rule of law를 논의할 수 있겠습니다. 법의 지배란 정확히 무엇을 의미하는가요? 또 법의 지배와 법에 의한 지배rule by law는 서로 다른 것인가요?

김 교수 지금까지 우리가 법의 속성을 논의했으므로 법의 지배를 이해하는 것은 어렵지 않을 것입니다.

박 사장 우선 법의 지배에 대해 말씀해 주시지요.

김 교수 법의 지배는 우선 법을 지키는 준법遵法을 전제로 합니다. 그러나 법을 아무렇게나 만들어놓고 준법만 요구한다면 어떻게 되겠습니까? 이를테면 의회가 사회 구성원들을 수탈해가는 고세율의 세법을 제정해 놓고 준법을 요구한다면 어떤 일이 벌어지겠습니까? 난리가 나겠지요? 따라서 법의 지배는 준법을 요구할 수 있는 법의 속성을 중요하게 강조합니다. 위에서 말한 법의 속성 말입니다. 법의 지배는 인류가 오랜 기간을 살아오면서 형성된 도덕을 바탕으로 만들어져 법의 속성을 잘 갖춘 법으로 규율하는 것입니다. 그리고 그런 국가를 법치 국가라고 합니다.

오명민 아, 법치는 아무런 법이나 모두 잘 지키라는 것이 아니라 오랜 기간에 걸쳐 사회 질서를 온전하게 보존할 수 있도록 만들어진 법으로 규율하는 것이군요. 그렇다면 정치인들이 흔히 말하는 법치와는 사뭇 다르다는 생각이 듭니다. 자신들의 정치적 이익을 위해 특정 개인이나 집단을 위한 구체적 목적을 가진 법을 만들어 놓고 지키라고 하는 경우가 많으니까 말입니다.

김 교수 예, 그런 것을 바로 법에 의한 지배rule by law라고 할 수 있는데, 그런 법은 법치의 법이 아닙니다. 그런 법은 흔히 정치적 이해관계에 따라 의회에서 만들어지는데, 민주정이 타락할수록 그렇습니다. 의원들은 법에 의한 지배가 법치라고 대중들을 오도하기도 합니다. 실제로 근대 문명국가에서도 법치의 정확한 의미를 알려주는 언론 매체는 흔하지 않습니다. 그만큼 계몽되지 않았다는 뜻이지요.

박 사장 이런 비유는 어떨지 모르겠습니다. 법의 한자어는 法인데, 이는 '물이 가는대로'라는 뜻입니다. 그런데 물이 그렇게 흐르는 데는 우리가 잘 모르는 이유가 있을 수 있습니다. 그래서 굽이굽이 흐르는 물길을 정리하려고 강을 일직선으로 만드는 직강直江 공사를 하면 홍수 때 커다란 물난리를 겪을 수 있습니다. 그러니까 사람들이 살아가는 과정에서 자연스럽게 만들어진 도덕에 뿌리를 둔 법을 그 배경을 충분히 검토하지 않고 목전의 이익을 위해 만드는 입법은 법치의 법 개념에 어긋나고 문제를 일으킬 수 있다는 것이지요.

오명민 그런데 요즈음의 민주정에서 법은 의회에서 입법을 통해 만들어지는데, 이는 어떻게 생각해야 합니까?

김 교수 그러니까 법의 개념에 충실한 검토를 통해 입법을 해야 한다는 것입니다. 그러기 위해서는 의원들의 법에 대한 이해가 높아져야 하겠지요.

오명민 그러나 모든 의원들이 그 정도의 자질을 갖추기는 쉽지 않을 것 같습니다만.

김 교수 물론 의원들의 능력과 시간에 한계가 있을 것입니다. 그래서 입법부 내에 각 분야의 전문가들로 구성된 입법위원회commission of legislation와 같은 기구를 설치하여 의원들의 입법 활동에 지적 조언을 하고 실제로 법안을 만들도록 하는 방법을 생각할 수 있습니다. 의원들이 입법 제안의 취지와 개요를 입법위원회에 넘기면 위원회는 인간 세상의 운행 이치 등에 비춰본 타당성 여부와 다른 법과의 충돌 여부 등을 검토한 후 구체적 법안을 마련하여 제시하는 것이지요.

오명민 그렇다면 입법부의 기능이 없어지는 것 아닐까요?

김 교수 그렇지 않습니다. 의회는 위원회가 제시한 법안을 수용할 것인지 거부할 것인지를 결정하는 권한을 가지니까요. 다만 원하지 않는 부분이 있으면 위원회에 재고를 요청할 수 있으나 직접 수정할 수는 없어야 합니다. 그래야 민주정에서 개인들이 자신들의 대표로 선출한 의원들이 만든 법에 눌려 지내는 일을 상당한 정도 막을 수 있습니다. 또한 법조문을 다듬고 조문끼리 상충되는 것이 있는지를 검토하는 조문위원회commission of codification를 설치하는 것도 바람직한 방법입니다.[2]

박 사장 그렇다면 문제는 입법위원회와 조문위원회의 위원들은 정당성과 효율성을 동시에 고려해서 선임해야 할 텐데 좋은 방법이 있을까요?

김 교수 사람을 임명하는 것은 언제나 쉬운 일이 아닙니다. 좀 생소하겠지만 추천과 추첨(제비뽑기)의 조합을 생각할 수 있습니다. 능력 있는 인사를 추천하여 효율성을 높이고, 추첨을 통해 국회의원을 비롯한 정당과 입법부 관련 인사들이 자신들의 이익을 위해 위원을 선임하는 정실 인사를 배제하여 입법의 타락을 막기 위한 방법입니다. 구체적 방법은 먼저 법 관련 학회를 비롯한 사회과학 및 자연과학 분야 등, 전문 기관의 추천을 받아 대상 집단을 구성하고, 이들 중에서 범죄 경력 등을 가진 부적격자를 제외하고 각 분야별로 추첨으로 선출하는 것입니다. 또한 추천 인사들 중에는 이념이나 가치 차원에서 편향된 인사들도 있을 수 있으므로, 이를 견제하기 위해 전문가가 아닌 건전한 상식을 가진 일반인을 추천과 추첨에 의해 포함시키는 것도 위원회의 정당성을 높이는 방법이 될 것입니다.

오명민 역사적으로 그런 방법을 이용한 사례가 있습니까?

김 교수 베네치아와 피렌체 사례를 들 수 있습니다. 과두체제 국가였던 베네치아의 최고 수반인 원수는 대평의회에서 선출되었는데, 그 선출 절차는 제비뽑기와 선거를 반복하면서 평의원들 중에서 유권자를 선임하여 선출하는 방법이 매우 복잡했습니다. 우선 베네치아 귀족 출신 500명(14세기 이후 증가)으로 구성된 대평의회를 소집하는데, 이들이 각자 자신의 이름이 새겨진 발로타ballotta라는 작은 공을 항아리에 넣는 동안 평의원 중 가장 나이 어린 사람이 산마르코 대성당으로 갑니다. 거기에서 그는 처음 마주친 8~10살 된 소년을 데려

옵니다. 이 소년은 평의회에 합류하여 '작은 공을 꺼내는 사동ballottino'의 역할을 하는데, 30개의 공을 꺼낸 다음 제비뽑기로 9개로 줄입니다. 이 9명이 40명을 선거하고 선출된 40명 중 제비뽑기로 12명을 남깁니다. 그 12명이 25명을 선거하고, 그 25명을 제비뽑기로 9명으로 줄이고, 9명은 다시 45명을 선거하고 선출된 45명을 제비뽑기로 11명으로 줄입니다. 이 11명이 41명을 선거하는데, 이 41명이 비로소 원수를 뽑는 유권자가 됩니다. 원수는 41명 중 25명 이상의 표를 얻어야 당선됩니다.[3] 제비뽑기에 의해 소수자에게도 기회를 제공하며 매표 행위 등의 정실을 막고 가문 간의 알력을 피하면서 선거에 의해 무능을 배제하려는 노력, 즉 제비뽑기로 정당성을 확보하고 선거에 의해 효율성을 확보하려는 것이었습니다.

오명민 정실 배제와 효율성 제고를 위해 상당히 복잡한 절차를 거쳐 원수가 선출되었군요. 그럼 피렌체는 어떻게 했습니까?

김 교수 피렌체는 경쟁 관계에 있는 다양한 집단 간의 갈등을 막기 위해 추천, 선거, 제비뽑기의 방식을 베네치아보다 더 철저하게 활용했습니다. 피렌체에서는 개인이 속한 동업조합이나 다른 기관의 추천을 받아야 행정관에 입후보할 수 있었는데, 추천된 후보자들을 놓고 다양한 사람들로 구성된 시민위원회에서 행정직을 맡을 사람을 투표로 결정한 다음, 제비뽑기로 적정 수를 선별하고 형을 선고받은 적이 있는 사람들과 같은 부적격자를 제외시키는 방식으로 선임했습니다. 즉 추천, 선거, 제비뽑기, 부적격자 제외 등의 절차를 걸쳐 행정관을 선임했습니다. 이와 같이 베네치아와 피렌체는 추천, 선거, 제비뽑기를 활용하여 정실 배제와 효율 증가를 도모하고 정치적 안정을 기함으로써 공화국의 수명을 길게 했던 것입니다.

박 사장 이와 같은 민주적 방식은 아테네에서 처음 이뤄지지 않았던가요?

김 교수 그렇습니다. 그러나 아테네 민주정은 제비뽑기에 치우친 것이었습니다. 소크라테스가 아테네 민주정을 비판한 이유 중의 하나입니다.

오명민 절차는 좀 복잡해지겠습니다만, 추천, 선거, 제비뽑기 등의 방식을 적절히 조합하면 법에 의한 지배를 한결 배제할 수 있을 것 같습니다.

박 사장 그렇겠습니다. 제비뽑기에 대해 진중하게 생각해볼 필요가 있겠습니다. 그럼 이 대목에서 사유 재산권이 없는 사회주의 국가에 도덕 규칙과 법치의 법이 존재할 수 있으며, 또 정의가 있을 수 있는지를 잠깐 논의해 보는 것이 좋을 것 같습니다.

오명민 그게 좋겠습니다. 북한에 그런 것이 있을까요? 흥미가 느껴집니다.

김 교수 그에 대한 답은 이미 나와 있는 셈이지요. 앞서 논의한 사항을 바탕으로 박 사장이 설명해볼까요?

박 사장 앞에서 우리는 도덕 규칙과 법 규율은 인간의 원초적이며 이기적 욕망으로 남에게 피해를 주지 않도록 하는 방책으로 생겼으며, 이는 생명과 재산의 소유에 관한 것이라고 했습니다. 즉 도덕과 법은 소유의 안정성을 위한 것이지요. 그리고 그런 규칙과 규율을 지키는 행동을 정의로운 행동이라고 했습니다. 그런데 사회주의 국가는 어떻습니까?

오명민 재산 소유 자체를 인정하지 않지요.

박 사장 그러니 어떤 결론에 도달하겠습니까? 자유와 평등, 도덕 규칙과 법 규율, 그리고 정의, 공정, 소유의 개념 등이 아예 생기지 않겠지요. 오로지 최고 권력자의 지시와 명령만 있을 뿐, 사람들이 상호작용하며 살아가는 과정에서 생기는 사회과학적 개념들이 아예 존재하지 않는다는 말입니다. 그래서 사회주의 국가는 인간이 살 수 있는 국가가 아닙니다.

오명민 그럼에도 불구하고 많은 사람들, 특히 많은 식자識者들이 사회주의를 동경하는 경향이 있는 것 같은데, 무슨 특별한 이유라도 있는 건가요?

박 사장 어렵지만 중요한 질문입니다. 그 사람들이 내세우는 주장이 주로 평등인데, 이에 대해서는 또 다른 긴 논의가 필요할 것 같습니다.

김 교수 그렇습니다. 앞으로 평등에 대해서도 논의할 시간이 있을 것입니다. 사회주의를 동경하는 사람들에 대해서는 우선 이런 점을 지적할 수 있을 것 같습니다.

오명민 어떤 점입니까?

김 교수 결국 인간의 인식에 관한 문제가 되겠지요. 인간이 오늘날과 같이 그야말로 인간답게 생활한 시대는 씨·부족으로 구성된 소규모 대면 사회의 수렵·채취 시대와 비교하면 아주 짧은 기간에 불과합니다. 그런데 수렵·채취 사회는 가부장의 지휘 아래 공동으로 사냥하고 채취하며 필요에 따라 나누는 원시 공산 사회였습니다. 이것이 의미하는 바가 무엇이겠습니까? 이는 곧 인간의 문화적 DNA는 기나긴 수렵·채취 시대에 형성되었다는 사실을 의미합니다. 인간은 원시 공산 사회에서 형성된 문화적 DNA를 오늘날에도 그대로 지니고 있다는 뜻입니다.

박 사장 그러니까 물질문명은 크게 발전했는데 인식 능력은 수렵·채취 시대에 머물러 있으므로 사람들이 현대 사회의 물질문명을 이해하는 데 애로를 느낀다는 말씀이군요.

김 교수 그렇습니다. 수렵·채취 시대의 소규모 대면 사회와 오늘날과 같은 대규모 사회 간의 두드러진 차이점은 사람들의 협동 방식에 있습니다. 전자의 경우에는 가부장적 위치에 있는 사람의 지도와 명령, 그리고 조정 아래 자신들만을 위해 물건을 생산하는 협동 방식이 보편적이었고, 다른 사람들과의 교환은 거의 없었습니다. 산출물은 가부장과 구성원들이 만든 기준에 따라 분배되었지요. 반면에 오늘날의 대규모 사회에서는 자신을 위해 생산하는 물건은 거의 없고 대부분 남을 위해 생산하며 가격에 의해 분배되는 방식입니다.

오명민 인간의 문화적 DNA는 그토록 잘 바뀌지 않는 것입니까?

김 교수 그런 것 같습니다. 따라서 사회주의를 동경하는 사람들은 문화적 DNA에 단단하게 체화된 원시 공산 사회를 그리며 사는 수준에서 벗어나지 못하고 있는 것이지요. 지식인들 중에도 그런 사람들이 아주 많습니다. 자신이 공헌한 바에 따라 몫이 나누어지는 방식보다 가부장이 평등하게 몫을 나눠주는 방식에서 편안함을 느끼며, 그것을 평등이라고 생각하는 것입니다.

박 사장 그럼 그런 문화적 DNA가 바뀌지 않는다면 현대의 물질문명을 이해하기 어려워 사회적으로 많은 문제를 야기할 것 같은데, 어떤 해결 방안이 없을까요?

김 교수 쉽게 손에 잡히는 해결책은 없는 것 같습니다. 논리와 실제의 경험을 바탕으로 사람들을 계몽하는 수밖에 없겠지요.

그래서 문명을 이해하는 데 요긴한 인간에 대한 교육, 특히 역사 교육이 중요하겠지요. 사실 인간에 대한 교육과 역사 교육은 같은 것입니다. 인간의 삶의 발자취가 곧 역사이기 때문입니다.

박 사장 그렇다고 딱히 비관적인 것만은 아니라고 생각합니다. 시간이 아주 오래 걸리기는 하겠지만 결국에는 바뀔 것으로 기대합니다. 세대가 거듭될수록 수렵·채취 시대에 형성됐던 DNA는 점차 사라지고 문명 시대에 형성되는 DNA가 그 자리를 차지할 테니까요.

오명민 그 기간은 얼마나 걸릴까요?

김 교수 글쎄요. 노예 제도가 없어지기까지 얼마나 걸렸지요? 아마도 그 정도의 긴 시간이 걸려야 하지 않을까요?

박 사장 그렇다면 당대의 짧은 세월을 살아가는 우리와 같은 사람들에게는 아주 우울한 얘기입니다. 그럼 지금까지 자유에 대해 논의했는데, 이제 그 연장선에서 평등에 대해 논의해 보는 것이 좋을 듯합니다. 시간이 흐르면서 우울함이 생동감으로 바뀔 수 있다는 희망을 가지고 말입니다.

6

평등

오명민 그게 좋겠습니다. 사실 사람들은 자유보다는 평등에 더 민감한 것 같으니까요.

김 교수 그렇습니다. 사실 자유도 그렇지만 평등을 둘러싼 논란이 더 거세다고 해도 과언이 아닙니다. 모든 사람들은 최소한 남과 대등하거나 우월한 지위를 차지하고 싶어 하니까요.

오명민 그런 것 같습니다. 그런데 평등이 경제와 어떤 관련이 있기에 우리가 경제에서 평등을 논의해야 합니까?

박 사장 그것은 한 사회가 어떤 평등 개념을 추구하느냐에 따라 그 사회의 흥망성쇠가 갈리기 때문이 아닐까요?

오명민 그럴 것 같습니다. 그런데 사람들의 얘기를 들어보면 평등에는 몇 가지 개념들이 있는 것 같은데요. 그 전에 우선 평등의 의미부터 살펴보는 것이 좋을 것 같습니다.

김 교수 그렇습니다. 평등 역시 인간의 자기중심성과 군거성, 희소한 자원으로 말미암아 생기는 사회과학적 개념임은 이제는 쉽게 이해가 되겠지요? 그렇지 않다면 평등 개념도 생기지 않을 것입니다.

박 사장 그럼 평등이란 무엇을 말합니까?

김 교수 자유가 일정한 영역에서 제3자에 의한 개인의 신체와 재산에 대한 강제가 없는 상태를 의미한다면, 평등은 개인의 신체와 재산에 대한 동등한 권리를 부여하는 상태를 의미합니다. 물론 그에 따른 의무도 포함되어야겠지요. 즉 개인의 신체에 대한 권리 및 노동, 교환, 상속, 증여 등으로 획득한 재산에 대한 권리를 각 개인에게 똑같이 부여하는 상태입니다. 나의 신체와 재산에 대한 나의 권리와 다른 개인의 신체와 재산에 대한 그의 권리 간에 아무런 차이가 없이 동일하다는 것입니다.

오명민 그런데 인간은 타고나거나 이후의 교육과 훈련 등으로 서로 간에 차이가 있습니다. 건강하고 힘이 센 사람도 있는 반면에 병약한 사람도 있고, 두뇌가 우수한 사람도 있는 반면에 그렇지 않은 사람도 있습니다. 또한 부자도 있지만 가난한 사람도 있습니다.

김 교수 그런 차이에도 불구하고, 예를 들어 부자가 자신의 신체와 재산에 대해 가지는 권리와 가난한 사람이 자신의 신체와 재산에 대해 가지는 권리가 동일하다는 것입니다. 즉 권리와 의무 등에 있어 어느 누가 다른 누구보다 우위나 열위에 있지 않다는 것을 의미합니다. 이제 이를 바탕으로 각종 평등 개념이 보편적인 인간성에 부합하는지와 사회의 존속에 부합하는지에 대해 논의하려고 합니다.

박 사장 그런데 남의 우위에 있다는 것은 결국 남을 지배한다는 뜻도 되는데, 자유와 평등을 연계해서 파악해야 하지 않을까요?

김 교수 그렇습니다. 이에 대해서는 마무리 단계에서 논의해 보도록 하겠습니다.

오명민 알겠습니다. 우선 평등에는 비례적 평등과 양적(숫자적) 평등, 상대적 평등과 절대적 평등, 기회의 평등과 결과의 평등 등, 몇 가지 개념이 있는데, 이를 좀 분류하여 정리할 필요가 있겠습니다.

김 교수 그렇습니다. 우리는 비례적 평등, 상대적 평등, 기회의 평등을 하나의 범주로 묶고 양적 평등, 절대적 평등, 결과의 평등을 다른 하나의 범주로 묶어, 전자를 비례적 평등, 후자를 양적 평등으로 구분하겠습니다. 물론 이런 구분에 문제가 없는 것은 아닙니다. 이를테면 비례적 평등과 기회의 평등은 서로 다른 개념을 의미하는 것으로 설명할 수 있으니까요. 그러나 여기에서는 비례적 평등과 양적 평등을 대비시키는 데 중점을 두고자 합니다.

오명민 그럼 우선 비례적 평등과 양적 평등이 의미하는 것은 각각 무엇입니까?

김 교수 비례적 평등이란 개인의 능력과 공헌에 따라 유·무형 자원의 배분과 보상이 이뤄지는 상태로서 양적 크기는 다르지만 비율이 균등함을 의미하며 기하학적 평등이라고도 합니다. 같은 것은 같게 다른 것은 다르게 취급하는 것인데, 차별이 아닌 차이를 고려하는 개념입니다. 물론 권리와 의무에서 어느 누가 다른 누구의 우위나 열위에 있는 것은 아니지요. 우리는 이를 공정이라고 할 수 있을 것입니다. 반면에 양적 평등은 개인 간 차이를 고려하지 않은 개념입니다.

박 사장 그러니까 양적 평등은 한 극단인 불평등에 대비된 다른 극단을 의미하고 비례적 평등은 그 사이에 존재하는 개념이라고 할 수 있겠습니다. 그런데 양적 평등의 경우에는 어느 한 편이 다른 한 편을 지배하게 되나요?

김 교수 다른 것을 같게 취급하므로 어느 한 편이 다른 한 편을 지배한다고 할 수 있겠지요. 그래서 양적 평등은 문제를 야기하게 됩니다.

오명민 그렇다면 어떤 기준에 의해 두 개념의 평등을 비교해 보아야 합니까?

박 사장 위에서 말씀하신대로 인간의 기본 속성과 사회의 존속 가능성 측면에서 살펴보아야 할 것 같습니다. 일정한 한계를 벗어나 인간의 기본 속성이 허용되지 않을 정도로 파괴되면 사회가 존속할 수 없으니까요.

김 교수 그렇습니다. 앞에서 논의한 도덕 규칙도 인간의 기본 속성인 자기중심성을 적절한 범위 내로 제어하는 것이지 말살하는 것이 아니듯이 말입니다. 우선 인간은 자신을 가장 중요하게 생각하므로 남에게 지배받는 것을 싫어하겠지요? 즉 강제에 의한 불평등을 용납하지 않을 것입니다.

박 사장 그렇습니다. 노예는 극도로 억압된 강제에 의해 불평등을 감내할 수밖에 없었던 것이지요. 인간의 기본 속성에 어긋나는 제도였던 셈입니다. 그래서 이런 제도는 모두 폐지되었습니다. 물론 아직도 그런 제도의 잔재가 남아 있는 곳도 있기는 합니다만.

김 교수 인류 역사는 인간이 불평등에서 점차 평등의 세상으로 나아간 과정을 잘 보여주고 있습니다. 즉 주인이 노예를 지배하고 노예들이 생산한 산출물을 착취하는 불평등 사회에서 각 개인이 독립적 주체로서 자신의 산출물을 자신이 가지게 되는 평등 사회로 발전해 온 것입니다. 말하자면 생산에 기여한 만큼 자신의 몫을 가질 수 있는 사회로 발전해 온 것입니다.

박 사장 그렇게 됨으로써 두드러지게 나타난 현상은 무엇일까요?

김 교수 생산에 기여한 만큼 자신의 몫을 가질 수 있게 되었다는 것은 보편적인 사유 재산 제도가 정착되었다는 사실을 의미합니다. 이것이 가장 두드러진 점입니다. 사람들이 최선을 다 할 유인 구조가 마련된 것이지요. 이에 따라 부가 축적되고 인류의 물질문명이 빠른 속도로 발전하게 되었습니다. 따라서 비례적 평등은 인간의 자기중심적 속성을 긍정적으로 활용함으로써 자긍심은 물론 사회를 존속시키고 발전시키는 평등 개념이라고 할 수 있습니다.

오명민 그런데 요즈음에 사람들이 양적 평등을 요구하는 목소리가 어떻게 커졌을까요?

박 사장 우선 인간이 불평등을 싫어하는 것과 같은 이유에서 비롯된다고 생각합니다. 차별이 아닌, 사람들 간의 차이도 인정하기 싫은 것이지요. 시기와 질투의 감정이라고 할 수 있습니다. 물론 시기와 질투의 감정이 항상 잘못된 방향으로만 작용하는 것은 아닙니다. 사람들에게 발전을 향한 강한 동기를 부여하기도 하니까요.

김 교수 그렇습니다. 물질적 삶이 개선됨에 따라 사람들의 자유와 평등에 대한 의식이 깨이면서 지적으로도 성숙해집니다. 이는 물론 매우 바람직한 현상입니다. 예전에 소수의 사람들만 누릴 수 있었던 문명의 이기도 모든 사람들이 거의 똑같이 누릴 수 있게 되었고, 식탁에서 드러났던 사람들 간의 차이도 크게 줄어듦에 따라, 이제 사람들은 모두가 똑같다는 생각을 가지게 됩니다. 이 또한 나무랄 데 없는 현상입니다. 그런데 이런 생각이 더 나아가 모든 사람들은 모든 측면에서 똑같아야 한다는 생각으로 이어지고, 이것이 양적 평등 의식으로 강화되어 나타납니다.

박 사장 사람들의 생각이 그렇게 변하더라도 그것이 여론화되어 정치적 의사결정에 반영되지 않는다면 실현될 수 없을 텐데, 어떻게 그것이 가능해질까요?

김 교수 여기에서 민주정의 한계가 드러난다고 할 수 있습니다. 민주정에서 정치인들은 선거에서 표를 많이 얻어야 직위를 차지할 수 있습니다. 따라서 정치인들은 유권자인 대중이 요구하는 것을 충실히 반영해야 선거에서 이길 확률을 높일 수 있습니다. 대중의 양적 평등을 위한 요구에 정치적 힘이 실리는 이유입니다. 방향이 잘못된 인기 영합적 정책이란 바로 그런 사정을 표현하는 것입니다. 그러니까 민주정의 한계는 곧 대중의 한계라고 표현하는 것이 더 적절할 것입니다. 사람들 간의 차이를 인정하는 비례적 평등이 이를 인정하지 않는 양적 평등으로 바뀌면서 여러 가지 사회 문제를 야기하게 되는 것이지요.

박 사장 그렇군요. 불평등이 사람들을 강제로 지배하면서 인간의 이기심을 말살하는 것이라면, 양적 평등은 사람들 간의 차이를 무시한다는 점에서 인간의 이기심을 전혀 고려하지 않으므로 여러 가지 사회 문제를 일으킨다는 말씀이군요.

오명민 인간의 이기심을 전혀 고려하지 않는다면 사람들이 받아들이기 어려운 개념이 될 것 같습니다. 제어되어야 할 이기심의 범위를 넘어서는 것이니까요.

김 교수 그렇습니다. 양적 평등은 개인들 간의 차이를 완전히 무시하므로 사람들이 받아들이지 못합니다. 열심히 일한 사람과 그렇지 않은 사람 간의 차이도 없고, 일을 잘 하는 사람과 그렇지 않은 사람 간의 차이도 없다면, 아무도 일을 열심히 잘 하려는 유인을 가지지 못할 것입니다. 따라서 사회가 퇴보하고 궁극적으로는 존속할 수 없게 됩니다.

박 사장 사람들이 흔히 착각하는 것은, 사회 제도가 어떠하든 나눌 수 있는 부는 줄어들지 않고 그대로 남아 있거나 여태까지 그랬던 것처럼 증가할 수 있다고 생각한다는 것이지요. 또는 그렇게 생각하지 않더라도 대중의 요구에 따라 정치인들이 단기적 이익을 위해 인기 영합적 정책을 시행한다는 것이 문제라고 할 수 있습니다.

김 교수 그 결과 모두가 가난하게 되어 사회는 존속성을 잃고 붕괴되는 것입니다.

오명민 한 사회가 어떤 개념의 평등을 지향하느냐에 따라 그 사회의 운명이 갈리게 된다는 점에서 대중이 생각해봐야 할 점들이 많겠습니다. 결국 대중이 깨어나지 못하면 스스로의 삶이 망가지는 길을 걷는 운명을 벗어날 수 없겠습니다. 참으로 소중한 교훈입니다.

박 사장 그럼 이제 앞에서 남겨두었던 숙제를 할 시간인 것 같습니다. 사람들에게 권리와 의무 등을 다르게 부여하는 불평등은 곧 남의 자유를 억압하는 것인데, 자유와 평등이 충돌하지 않는 경우는 없을까요?

오명민 참, 그 논의가 마무리되지 않았군요.

김 교수 소극적 자유는 일정한 영역에서 다른 개인이나 집단 또는 국가 등의 제3자에 의해 강제되지 않은 상태를 의미하며, 비례적 평등은 개인 간 능력과 자질 등의 차이를 인정하고 그에 따른 신체와 재산에 대한 동등한 권리를 부여하는 상태를 의미합니다. 그런데 강제되는 것은 지배받고 권리가 박탈되는 것을 의미하지요. 따라서 한 사회가 강제되지 않은 소극적 자유와 지배받지 않고 권리가 보장되는 비례적 평등을 추구하면 자유와 평등 간에는 충돌하는 일이 발생하지 않겠지요. 즉 자유가 소극적 자유를 벗어나고 평등이 비례적 평등을 벗어나면 자유와 평등 간에는 서로 충돌하는 현상이 발생하는 것입니다.

오명민 그렇다면 적극적 자유와 양적 평등을 추구하는 사회에서는 자유와 평등이 충돌을 일으켜 여러 가지 문제를 일으키겠군요.

김 교수 두 개념이 내적으로 충돌하지는 않습니다. 문제는 그런 사회는 존속하지 못한다는 것입니다. 인간의 자기중심적 속성을 반영하지 않기 때문입니다. 반면에 비례적 평등은 인간의 자기중심적 속성에 부합하며 인간 사회를 존속시키는 동력을 제공합니다. 정당화할 수 없는 차별이 아닌 개인 간에 존재하는 차이에 의한 것이라면, 공헌 정도에 따른 보상이 다르다고 해서 비례적 평등에 위배되는 것이 아니지요. 생산성이 높은 개인에게 돌아가는 몫이 낮은 개인에게 돌아가는 몫보다 생산성의 차이만큼 크다면, 이는 비례적 평등에 해당하며 그 차이는 균등화 격차로서 어느 누구가 타인의 권리를 박탈해서 생긴 것이 아닙니다. 신체적 조건, 지적 조건, 일에 대한 열정, 미래의 불확실성에 대처하는 태도 등으로 그 결과가 달라지는 것은 정당한 차이에 의한 불평등이라는 것입니다. 즉 각 개인은 공동사회에서 인정받은 것을 넘는 권리를 가지지 못한다는 것입니다. 물론 이는 한 개인이나 집단이 가지는 권리로써 다른 개인이나 집단에 대한 지배권을 행사한다거나 인간의 기본권에 차이가 있음을 의미하는 것은 당연히 아닙니다.

오명민 잘 알겠습니다. 그런데 딱히 평등에 관한 질문이 아니라 자유와 관련된 것인데요, 적절한 기회를 찾지 못해서 여기에서 질문합니다. 공유 경제와 관련하여 자유에 관해서 남겨두었던 논의, 즉 공유 경제의 발전이 개인의 자유에 미치는 영향에 관한 것입니다.

박 사장 그렇군요. 그 문제가 남았습니다.

김 교수 앞에서 공유 경제는 개인의 자유를 보장하는 사유 재산을 바탕으로 하는 자본주의 시장경제에서만 가능하고 번성할 수 있다는 사실을 확실히 했습니다. 여기에서 한 가지 추가할 수 있는 사항은 자유가 제3자에 의해 강제되지 않은 상태(소극적 자유)이지 가능한 행동으로 어떤 것을 실현할 수 있는 상태(적극적 자유)가 아니라는 것으로 개념화하면, 공유 경제가 자유 자체를 확대하는 것은 아닙니다. 다만 공유 경제의 발전으로 국가와 같은 제3자의 강제가 없는 자유 안에서 실현 가능한 개인의 행동 집합이 확대된다고 할 수 있습니다. 즉 개인이 행동할 수 있는 자유 안에서 실제로 실현할 수 있는 폭이 확대된다는 것입니다. 예전에는 존재하지 않았던 거래 기회나 존재했으나 알려지지 않았던 거래 기회를 정보통신기술의 발전에 힘입어 낮은 비용으로 탐색·계약·소비할 수 있기 때문입니다.

박 사장 평등은 경쟁과 관련해서도 많은 논란을 일으키고 있습니다. 흔히 경쟁이 평등하지 못한 상태에서 이뤄지고 있다는 것이지요. 이런 논란을 머리에 두고 이제 경쟁에 대해 논의해 보는 것이 어떨까요?

7

경쟁

김 교수 그럼 평등에 대해서는 이 정도로 마무리하고 다음에는 경쟁에 대해서 논의해 보고자 합니다. 경쟁 역시 사유 재산에 그 뿌리를 두고 있으며, 자본주의 시장경제에서는 경쟁을 통해 자원이 적재적소에 배분되니까요.

오명민 그런데 사람들이 경쟁을 아주 피곤한 것으로 여기지 않습니까? 이를테면 하루하루의 경쟁에 시달리다 못해 산 속으로 들어가 버리는 사람도 있으니까요. 재산(특히 자본재)의 사유가 없는 사회주의 국가에는 이런 경쟁이 없는데, 이것이 사람들이 사회주의를 동경하는 하나의 이유가 아닐까요?

박 사장 경쟁이 사람들에게 피곤한 것은 사실인데, 이것이 사람들이 사회주의를 동경하는 하나의 이유가 될 수도 있겠습니다. 그러나 경쟁이 없는 사회는 살아 움직이는 사회가 아닙니다. 경쟁은 우리의 삶을 물질적으로 풍요롭게 하여 정신적 번영을 누릴 수 있는 토대를 제공하기 때문입니다. 사회주의 국가에서는 권력자에게 잘 보이기 위한 경쟁이 치열한데, 이는 더 피곤한 일입니다. 물론 이를 경쟁이라고 표현하는 것이 적절하지 않다고 생각합니다만.

오명민 그렇다면 경쟁과 사유 재산은 어떻게 관련됩니까?

박 사장 사유 재산이 있어야 교환이 이뤄질 수 있고 교환이 이뤄져야 거래 상대방에게 더 좋은 기회를 제공하기 위한 경쟁이 생기니까 밀접한 관련이 있지 않겠습니까?

김 교수 그렇습니다. 경쟁은 사유 재산을 전제로 합니다. 그럼 이를 전제로 경쟁이 무엇인지를 살펴보도록 하겠습니다.

오명민 그게 좋겠습니다. 경쟁을 정의定義할 수 있다면 더욱 좋겠습니다.

김 교수 물론 그렇습니다. 그러나 모든 사물이나 현상을 다 정의할 수 있는 것은 아닙니다. 어떤 경우에는 차라리 정의하지 않는 것이 더 나을 수 있지요.

오명민 왜 그렇습니까?

김 교수 모르는 사항이 많기 때문이지요. 아직은 정확하게 모르는 사물이나 현상을 어떤 용어나 표현으로 정의해 버리면 그런 사물이나 현상에 대한 개념은 그 정의에 갇히게 되는 경우가 많습니다. 그래서 우리가 아직 잘 모르는 사항은 좀 더 알 수 있을 때까지 기다리는 것이 더 나을 수 있습니다. 이는 곧 인간 이성은 불완전하다는 사실을 표현하는 것이기도 합니다.

오명민 그럼 경쟁은 정의가 가능할까요?

김 교수 그렇습니다. 인간 사회의 경쟁에 대한 오해를 없애기 위해, 우선 경쟁을 두 가지로 구분하는 것이 좋을 것입니다.

오명민 경쟁에도 서로 다른 종류가 있는가요?

김 교수 그렇습니다. 종류라기보다는 인간 사회와 그 외의 동물 세계에서의 경쟁을 구분하는 것입니다.[1] 두 세계의 경쟁이 상대방을 이기려는 대항적對抗的 행위라는 점은 동일합니다. 그러나 동물 세계의 경쟁인 생물학적 경쟁biological competition은 동물들이 자연이 준 먹이를 놓고 다투는 행위입니다. 그런데 자연이 준 먹이는 그 양이 충분하지 않습니다. 인간의 손이 가해지고 가꿔져야 자연은 풍부한 먹이를 제공합니다. 자연 그 자체는 빈곤의 세계이니까요. 그러나 동물들에게는 그런 손이 없지요. 그래서 생물학적 경쟁에는 약육강식이나 정글의 법칙이라는 것이 적용됩니다. 죽느냐 사느냐의 싸움이지요. 치타와 가젤의 경우를 생각해보면 쉽게 이해될 것입니다. 치타는 먹기 위해서, 가젤은 먹히지 않고 살아남기 위해서 죽기살기로 달리는 것이지요. 그래서 이런 경쟁의 특징은 승자가 얻는 것과 패자가 잃는 것을 합하면 거의 영零이 된다는 것입니다. 즉 영합零合의 게임입니다. 치타의 승리는 가젤의 죽음이고 가젤의 승리는 치타의 굶주림이나 죽음을 의미합니다. 패자는 폐기되어 버립니다. 흔히 평등을 주장하며 강조하는 사람들이 인용하는 "곤들메기의 자유는 피라미들의 죽음이다Freedom for the pike is death for the minnows."라는 말은 동물 세계의 경쟁을 의미합니다.[2]

오명민 약육강식이나 정글의 법칙은 정치인들이 선거를 앞두고 재래시장을 방문해서 흔히 하는 말인데, 그것은 인간 세상의 경쟁이 아니고 동물 세계의 경쟁에 적용된다는 말씀이군요.

김 교수 그렇습니다.

오명민 그렇다면 인간 사회의 경쟁은 다른 동물 세계의 경쟁과 어떻게 다른가요?

김 교수 인간 사회의 경쟁 역시 상대방을 이기려는 대항적 행위라는 점에서는 동물 세계의 경쟁과 같습니다. 그런데 그 과정과 결과는 판이하지요. 우선 인간 사회의 경쟁을 교환학적 경쟁catallactic competition이라고 하는데, 이는 나의 잠재적 거래 상대방에게 다른 시장 참여자보다 더 매력적인 기회를 제공함으로써 다른 참여자를 이기려는 대항적 행위를 말합니다. 카탈락틱스catallactics는 '교환하다, 커뮤니티 출입을 허가받다, 적을 친구로 바꾼다'라는 뜻의 그리스어인 카탈라테인katallatein에서 유래된 말입니다. 그래서 그런 일이 일어나는 시장 질서를 카탈락시catallaxy라고 합니다.

오명민 적을 친구로 만드는 것이 경쟁이라고요?

김 교수 그렇습니다. 경쟁이 협동을 낳는 이유이지요.

오명민 경쟁이 협동이라고요? 경쟁은 이기려는 다툼인데 경쟁이 협동이라면 그 둘은 상호 모순되는 것이 아닌가요?

김 교수 그렇게 생각할 수 있습니다. 그런데 중요한 사실은 시장 경쟁에서는 사람들이 애초에 서로 협동하겠다는 생각으로 특정 목적을 위해 제안하거나 계획한 바가 없고, 생산과 교환에 참여하여 자신의 이익을 위해 상대방을 이기려는 대항적 행동을 하는데, 그러한 행동이 사람들이 원하는 여러 가지 물건의 생산과 교환을 통해 모두에게 이익을 준다는 것입니다. 그러니까 적이라고 생각했던 사람들이 결국 친구가 되어 협동하는 관계가 된 셈이 아니겠습니까? 나의 이익을 위한 행동이 모두의 이익이라는 결과를 낳으니까요.

오명민 그것 참 재미있는 결과입니다.

박 사장 그렇다면 경쟁을 통한 협동은 주로 어떤 형태로 이뤄지나요?

김 교수 협동의 형태는 주로 노동 분업을 통해 이뤄집니다. 우선 씨·부족 사회와 같은 대면 사회는 자급자족 경제였지요. 그런데 사회가 점차 대규모화 되면서 사람들은 자급자족보다는 남을 위해 생산하는 경제로 이동하는데, 이 과정에서 노동 분업이 보편화되고 생산이 증가하여 모두에게 이익이 되는 것입니다.

오명민 설득력 있는 설명이기는 합니다만, 그럼에도 불구하고 경쟁에서는 지는 사람이 생기기 마련인데, 경쟁이 어떻게 모든 사람에게 이익이 될까요?

김 교수 물론 경쟁에서 누구나 승자가 되기를 원하지만 모두가 승자가 될 수는 없고 패자가 생기기 마련이며, 패자가 유쾌한 감정을 가지기는 어렵겠지요. 또 경쟁에서 승리한 자와 패배한 자 간에 소득이나 부의 분배에 있어 차이가 나는 것도 사실입니다.

오명민 그렇다면 경쟁이 모두에게 이익이 된다고 할 수는 없지 않겠습니까?

김 교수 그렇지 않습니다. 인간 사회의 경쟁에서는 패자라고 하더라고 동물 세계에서의 경쟁과는 달리 폐기되는 것이 아니라 차선次善이나 차차선次次善 등의 자리로 옮겨가게 됩니다. 사람들 간의 능력이나 불확실한 환경에 대처하는 태도 등에 차이가 있으니까요. 그래서 경쟁 과정을 통해 자신에게 가장 적합한 위치로 이동하는데, 우리는 이를 자원이 적재적소에 배분된다고 말합니다. 사람들이 적재적소에 배분된다는 말은 모든 사람들이 동일한 한 가지 자원이나 자리를 차지하기 위해 다투는 것이 아니라 자신에게 걸맞은 자원이나 자리를 차지하게 된다는 것입니다. 역도 선수는 역도 시합에 나가고 마라톤 선수는 마라톤 시합에 나가듯이 말입니다. 그래서 경쟁은 월계관을 쓸 최후의 승자를 가리는 것이 아니라 각 개인이 원하는 고유한 목적의 달성을 서로 돕는 것이라고 할 수 있습니다.

박 사장 결국 인간 사회의 교환학적 경쟁은 노동 분업을 통한 협동으로 귀결되는군요. 자연이 준 먹이만을 둘러싼 싸움이 아닌 협동을 통한 생산 증가로 갈등을 조화로 해결하게 되는군요.

김 교수 그렇습니다.

오명민 경쟁을 강조하는 시장경제가 부도덕하고 정의롭지 못하다는 비판도 있는데, 이에 대해서는 어떤 반론을 할 수 있을까요?

김 교수 그런 비판이 있는 것은 사실입니다. 그러나 그런 비판은 정의롭지 못한 행위가 마치 시장경제에 내재된 것처럼 여기는 오해에서 비롯된 것입니다.

오명민 어떤 오해입니까?

김 교수 앞에서 우리는 사회 질서가 유지되기 위해서는 도덕 규칙과 법 규율이 준수돼야 한다고 했지요? 상거래가 이뤄지는 시장의 질서도 마찬가지입니다. 정의로운 행동 규칙이 지켜져야 질서가 유지되니까요. 그러나 어떠한 경제 체제에서나 그런 행동 규칙을 위반하는 사람들이 있는데, 그것이 문제지요. 즉 시장경제 자체가 문제가 아니라 규칙을 위반하는 행동이 문제라는 것입니다.

박 사장 말하자면 시장경제 자체가 정의로운 규칙에 어긋나는 행동을 유인하는 것이 아니라 어느 경제 체제에서나 정의로운 행동 규칙을 어기는 사람들이 있다는 말씀이군요.

김 교수 그렇습니다.

오명민 그렇다면 정의로운 행동 규칙을 위반하는 동기나 배경에는 어떤 것들이 있을까요?

김 교수 우선 인간은 이기적이므로 자신에게 유리한 기회를 만들려고 노력합니다. 물론 그것이 정의로운 행동 규칙을 지키면서 거래 상대방에게 매력적인 기회를 제공하는 경쟁을 통한 것이라면 바람직하고 아무런 문제가 없습니다. 그런데 어느 사회에나 도덕 규칙과 법 규율을 위반하는 정의롭지 못한 사람들이 있습니다. 결국 정의롭지 않은 방법으로 자신의 이익을 얻으려는 것이 곧 행동 규칙을 위반하는 동기가 되겠지요.

오명민 예를 들어 어떤 것들이 있을까요?

김 교수 관련 업무의 담당자에게 뇌물을 주고 자신에게 유리한 기회를 얻어내는 것 등이 그렇습니다. 이를테면 수입 상품에 대한 관세를 높여 외국과의 경쟁을 억제하는 것이나 특별한 사업권을 배타적으로 얻어 내는 것 등입니다.

박 사장 그렇다면 그것은 정부가 그런 일에 관여하여 힘을 쓸 수 있는 강제력을 가지고 있기 때문에 가능하겠군요. 이해관계를 가진 사업자가 자신에게 유리한 사업 기회를 얻어내려고 아무리 애를 써도 정부가 그렇게 해줄 수 있는 힘이 없다면, 시장에는 그야말로 낮은 가격으로 좋은 품질의 물건을 공급하는 사업자가 이길 수 있는, 즉 경쟁만이 존재하게 될 테니 말입니다.

김 교수 그렇습니다.

오명민 이와 관련하여 사람들이 도덕 규칙과 법 규율을 지키고 자신의 노력으로 얻은 결과에 대해서도 정의롭다 또는 정의롭지 않다는 논란이 많은데, 이에 대해서는 어떻게 생각해야 할까요? 특히 돈을 많이 번 기업가에 대한 평가에서 그런 경향이 있는 것 같은데요.

박 사장 그렇습니다. 인간의 심성에는 남의 성공을 부러워하면서도 질시하고 시기하는 속성이 있습니다. 이런 질시와 시기심이 그저 인간의 내적 감정에 그친다면 문제가 없지만, 편향된 사회적 정서로까지 이어지면 그리 간단한 문제가 아니라고 생각합니다. 민주정 하에서는 이런 정서가 선거에서 표의 향방을 결정하는 큰 요인이 될 수 있으니까요.

김 교수 그렇습니다. 그런데 요점은 어떤 개인이 도덕 규칙과 법 규율을 충실하게 지키고 얻은 결과는 정의나 불의를 따질 수 있는 대상이 아니라는 것입니다. 정의나 불의, 공정이나 불공정 등은 인간 행동과 관련된 것이므로 도덕 규칙과 법 규율을 지키고, 즉 정의로운 행동 규칙을 지키고 얻은 결과는 어느 누구도 변경할 수 없으며 정의나 공정 여부를 물을 수 없다는 것이지요. 정의나 공정 여부는 결과가 아니라 행동에 물어야 한다는 것입니다. 그래서 앞에서 언급한 바와 같이, 경쟁에 대한 비판은 시장경제 자체에 대한 비판이 아니라 정의로운 규칙에 어긋나는 행동에 대한 비판입니다. 시장경제가 경쟁을 통해 정의롭지 못한 행동을 부추긴다는 언설은 터무니없는 것입니다. 정부의 간섭이 없다면 시장경제는 정의롭지 않은 행동을 하는 거래자들을 퇴출시키는데, 그것은 곧 경쟁이 있기 때문에 가능한 것입니다. 정의롭지 못한 행동으로 거래 상대방에게 매력적인 기회를 제공하지는 못할 테니까요.

박 사장 만일 어떤 기업이 정의롭지 않은 행동을 한다면 소비자들이 이 기업을 외면할 것이며, 소비자들에게 더 매력적인 기회를 제공하는 다른 기업을 선택할 것이므로 부도덕한 기업은 퇴출될 거라는 말씀이군요.

김 교수 그렇습니다. 그래서 앞에서 말씀드린 바와 같이, 경쟁에 대한 비판은 경쟁을 위반하는 행동을 마치 시장경제가 부추기는 것이라고 생각하는 오해에서 비롯된 것입니다.

오명민 알겠습니다. 그밖에도 경쟁의 중요한 기능이 또 있는지요?

김 교수 물론입니다. 또 있습니다.

오명민 경쟁에 대해 우리가 모르는 것이 참 많은 것 같군요. 무슨 중요한 기능이 있습니까?

김 교수 우리는 어떤 사람이 무엇을 원하는지를 알아야 그 사람에게 무엇인가를 해줄 수 있겠지요? 아직 말을 할 줄 모르는 어린애가 배가 고프면 울다가 엄마가 젖을 물리면 울음을 그치듯이 말입니다. 그런데 우리는 어린애가 배가 고프면 운다는 사실을 반복되는 경험을 통해 알게 된 것입니다. 상업 활동에서도 처음에는 우리가 잘 모르는 것들이 당연히 많겠지요?

오명민 그럼 그런 것들을 알아내는 방법은 무엇입니까?

김 교수 그것이 경쟁입니다. 인간은 신이 아니므로 처음부터 그런 것들을 알 수는 없습니다. 기업가를 예로 들면, 기업가가 경쟁에서 이기고 더 많은 돈을 벌기 위해서는 소비자가 무엇을 원하는지를 알아야 하는데, 경쟁을 통해서 그런 지식과 정보를 얻는다는 것입니다.

오명민 어떻게 그것이 가능합니까?

김 교수 물론 기업가도 처음부터 그런 것들을 잘 알 수는 없지요. 미래의 상업 환경과 소비자의 선호에 대한 것들을 반복적인 실험을 통해서 발견해 나갈 뿐입니다. 기업가는 소비자가 원하리라고 판단하는 물건을 생산하여 판매하는데, 그 물건이 소비자가 진정 원하는 것이면 잘 팔려 돈을 벌고 그렇지 않으면 손해를 볼 것입니다. 따라서 기업가는 돈을 벌기 위해 소비자가 원하는 것이 무엇이며, 어떻게 생산해야 낮은 가격과 우수한 품질로 소비자를 만족시킬 것인지에 대해 예측하고 그에 대한 실험 결과를 평가하여 예측을 수정하고 보완하면서 제반 정보를 획득해 나가는 것입니다. 그래야 소비자들에게 매력적인 기회를 제공할 수 있으니까요. 이런 과정이 바로 경쟁 과정입니다. 즉 경쟁은 소비자들의 요구에 맞춰 나가는 시장 과정이라고 할 수 있습니다.

오명민 그렇다면 경쟁력 있는 기업가란 소비자들을 만족시키는 기술이 뛰어난 기업가를 말하게 되겠군요.

김 교수 그렇습니다. 소비자들이 원하는 물건이 무엇이며 그 물건을 낮은 비용으로 생산할 수 있는 지식과 정보 등을 알아야 하는데, 그런 지식과 정보는 성공과 실패를 동반하는 경쟁을 통해 획득된다는 것이지요. 물론 예측이 잘 맞아 자주 성공하는 기업가가 이끄는 기업이 성장하겠지요.

오명민 그러니까 기업가를 심판하는 최종 시험관은 소비자가 되겠군요.

김 교수 그렇습니다. 소비자를 만족시키지 못하는 기업가는 퇴출의 운명을 피할 수 없습니다. 그런데 소비자는 변화무쌍하고 비위 맞추기 어려운 아주 까다로운 보스입니다. 그래서 기업가가 하는 일은 아주 어렵습니다.

박 사장 그럼 이 대목에서 상당한 기간 동안 이윤을 얻지 못하고 적자에 허덕이는 기업의 구조 조정에 대해 말할 수 있겠다는 생각이 듭니다. 흔히 사람들은 인력 감축을 단행함으로써 구조 조정을 하는 기업가를 매정하다고 비난하는 경향이 있는데, 이와 같은 구조 조정을 명령하는 주체는 결국 소비자들이 되겠군요. 소비자들이 그 기업이 생산하는 물건을 사지 않기 때문에 적자를 보고 어려움에 처하게 되어 구조 조정을 하게 되니까요.

오명민 그러니까 기업가는 그저 소비자들의 명령을 받들어 구조 조정을 한다는 말씀이군요. 물론 제반 지식과 정보 획득에 우수하지 못했던 기업가로서의 책임을 면할 수는 없겠지만 말입니다.

박 사장 그런데 기업이 망하면 제일 큰 손해를 보는 사람은 기업을 만든 기업가지요. 소비자의 명령을 잘 받들지 못한 데에 따르는 책임이 기업 도산이라는 결과이므로 기업가는 그 전에 기업을 살리기 위해 구조 조정을 하는 것입니다.

김 교수 그렇습니다. 기업의 구조 조정을 명령하는 주체는 소비자들입니다. 자본가, 기업가, 그리고 경영자에 대해서는 제15장에서 논의할 기회가 있을 것입니나.

오명민 이제 경쟁에 대한 이해가 한결 깊어진 것 같습니다. 그런데 인류 문명의 발전에 경쟁이 기여했을까요? 경쟁이 사회 발전에 기여했느냐는 질문입니다.

박 사장 당연히 그럴 것 같습니다. 경쟁이 자원을 적재적소에 배분하는 기능을 하니까요.

김 교수 이는 경쟁이 어떤 사실을 발견하는 데 효과적인가라는 질문이 되는데, 중요한 사항은 경쟁으로 어떤 사실들이 발견될지는 미리 알 수 없다는 것입니다. 경쟁으로 발견될 사실들과 결과를 미리 알 수 있다면, 그런 경쟁은 할 필요가 없습니다. 예를 들어 달리기 시합에서 누가 어떤 방법으로 우승할 것인지를 미리 안다면 그런 시합은 할 필요가 없겠지요? 달리기 시합에 참가한 선수들 간의 어떤 차이가 어떤 최종 결과를 낳을지를 시합을 하기 전에는 아무도 알 수 없어야 의미가 있습니다.

오명민 그 이유가 무엇입니까?

김 교수 왜냐하면 그런 차이와 결과는 경쟁을 통해 비로소 발견되는 것들이기 때문입니다. 즉 경쟁은 무엇이 발견될지 사전적으로는 알 수 없는 사실들을 발견해가는 과정입니다. 경쟁하기 전에 미리 그것들을 알 수 있다면 경쟁할 필요가 없지요. 낭비일 뿐입니다. 그래서 하이에크는 경쟁을 발견적 절차competition as a discovery procedure라고 말합니다.[3] 지금 우리가 익히 알고 있는 많은 사실들은 경쟁 과정을 통해 발견된 것들입니다.

오명민 그렇다면 그런 사실들을 발견하는 데 있어 경쟁이 다른 방법들에 비해 효과적일까요?

김 교수 그것은 알 수 없습니다. 우리가 경쟁을 통해 발견하게 될 그런 사실들이 무엇인지 모르기 때문에 경쟁이 그런 사실들을 발견하는 데 있어 더 효과적인지 아닌지를 말할 수 없습니다.

오명민 그렇다면 경쟁이 어떻게 사회 발전에 기여했는지를 알 수 있습니까?

김 교수 그래서 우리가 알고자 하는 사항은 그런 사실들의 발견을 경쟁에 의존했던 사회가 그렇지 않았던 사회보다 지식을 확장하여 사람들의 삶을 더 윤택하게 했느냐는 것인데, 인류

문명의 역사가 이를 증명한다는 것입니다. 그래서 우리는 경쟁이 사회 발전에 기여했다고 말하는 것입니다.

박 사장 알겠습니다. 그런데 경쟁으로 발견된 것들 중에는 특정한 기대나 의도를 실망스럽게 하거나 좌절시키는 것들도 있을 수 있는데, 이런 것들도 경쟁의 이로운 효과에 포함됩니까?

김 교수 그렇습니다. 경쟁은 그 결과를 예측할 수 없고 일반적으로 처음에 의도했던 결과와도 다르기 때문에 가치가 있는 것입니다. 실망스러운 결과도 새롭게 발견된 사실이고 우리의 지식을 확장하기 때문에 이롭다는 것이지요.

박 사장 그런데 경쟁이 상대방을 이기려는 대항적 행위라면, 경쟁은 멈춰있는 특정한 상태state, situation에서는 일어날 수 없을 것 같습니다. 멈춰 있는 상태에서는 구체적 행위가 있을 수 없으니까요.

오명민 그러니까 경쟁이란 끊임없이 진행되는 과정이라는 말입니까?

김 교수 그렇습니다. 잘 아시다시피, 중력gravity이 지표 근처의 물체를 수직의 아래 방향으로 당기는 힘force을 의미하듯이, 특정한 상태에 도달하기 위해서는 그 상태로 이끄는 힘이 있어야 하는데, 그 과정에서 작용하는 힘이 바로 경쟁입니다. 따라서 경쟁은 가격을 결정하고 자원이 효율적으로 사용되도록 하는 힘을 의미하며, 그런 점에서 경쟁은 정지된 특정의 상태가 아니라 움직이는 과정process에 적용되는 개념입니다. 즉 앞에서 언급한 바와 같이, 경쟁은 시장 사회의 여러 구성원들이 각자의 행동을 사회적 협동에 맞춰 나가는 끊임없는 과정을 의미하는 바, 경쟁이 바로 사회 구성원들을 협동으로 인도하는 힘입니다.

오명민 꽤 어려운 개념인 것 같습니다.

김 교수 썩 쉽지 않은 개념입니다. 경쟁이란 멈춘 상태가 아닌, 움직임을 뜻하는 동사動詞와 결합되어 행위가 일어나고 있는 과정이라고 정리해 두시면 되겠습니다. 그러니까 일반 경제학 교과서에 나오는 독점, 과점, 완전경쟁 등은 특정한 상태를 나타내므로 거기에는 더 이상의 경쟁 행위가 없는 셈이지요. 예를 들어 완전경쟁은 많은 기업들이 경쟁에 참여하여 치열한 경쟁 과정을 거친 다음, 경쟁이 모두 끝나 이제는 더 이상 경쟁하지 않는 많은 기업들이 존재하는 상태가 되겠지요. 물론 현실에서는 목격되지 않는 가상의 세계이지요.

박 사장 그러니까 경제학자들이 완전경쟁이 마치 치열한 경쟁이 일어나고 있는 것처럼 말하는 것은 잘못된 것이군요.

김 교수 그렇습니다.

오명민 그런데 완전경쟁이 왜 가상의 세계입니까?

김 교수 완전경쟁은 우리가 머릿속에 그려볼 수 있는 지적 구조물이기는 하지만, 현실 세계는 항상 변화하므로 그런 정지 상태에 머무르는 경우가 없기 때문입니다.

오명민 이제 경쟁에 대한 이해가 한결 더 높아진 느낌입니다. 그런데 경쟁으로 자원이 적재적소에 배분된다고는 하지만, 어쨌든 경쟁에서 진 개인이나 기업들은 아주 어려운 처지에 처할 수 있는데, 이런 경우에 국가는 어떤 일을 해야 할까요? 자신의 삶을 스스로 유지할 수 있는 능력이 없거나 부족한 사람들에 대한 어떤 대책이 필요하지 않을까요? 복지 정책 같은 것 말입니다.

8

복지

가격의 기능

김 교수 그렇습니다. 이제 우리는 자연스럽게 복지 문제 논의로 넘어가게 되었습니다.

박 사장 어느 나라나 복지 정책을 놓고 논란이 많은데, 차제에 자세하게 논의해 보는 것이 좋겠습니다.

김 교수 그런데 복지 정책이 경제를 비롯한 사회 전반에 미치는 영향을 논의하기 위해서는 경제 운행에 중요한 기능을 하며 복지 정책과도 밀접한 관련을 가지는 가격의 기능을 우선 살펴보아야 할 것입니다. 즉 우리가 앞에서 살펴 본 정의로운 행동 규칙이 지켜지고 최고 가격이나 최저 가격과 같은 정부의 개입이 없을 때 가격 기능이 원활하게 작동할 수 있는데, 이를 먼저 살펴보자는 것입니다.

박 사장 사람들은 시장경제에서 가격이 자원배분 기능을 한다는 것 정도로 알고 있습니다만.

김 교수 가격은 세 가지 기능을 수행함으로써 희소한 자원을 배분하고 생산에 기여한 대로 보상하는 기능을 합니다. 세 가지 기능이란 정보전달 기능, 유인誘因제공 기능, 그리고 소득 획득 기능을 말합니다.

오명민 이해를 돕기 위해 예를 들어 설명해주시면 더욱 좋을 것 같습니다.

김 교수 시계를 예로 들어볼까요? 이제 베이비 붐 시대에 태어난 아이들이 대거 대학에 진학하면서 입학 선물용 손목시계에 대한 수요가 크게 증가했다고 합시다. 그러면 우선 단기적으로 시계의 공급이 제한되어 있는 상태에서 수요가 증가하므로 가격이 올라가겠지요? 시계를 파는 가게는 시계 판매가 증가함에 따라 도매상에 이전보다 더 높은 가격을 제시하면서 더 많은 시계를 주문하겠지요? 또 도매상 역시 시계 제조업자에게 이전보다 더 높은 가격을 제시하면서 더 많은 시계를 주문하겠지요? 그럼 제조업자는 시계의 부품을 만드는 데 필요한 생산요소인 브라스, 코일 스프링, 플라스틱, 가죽 등을 더 많이 주문하겠지요? 생산요소에 대한 수요가 증가하므로 그 가격도 올라가겠지요? 또 이제는 더 많이 필요하게 된 노동자들을 고용하기 위해서는 이전보다 더 높은 임금과 더 좋은 근로

조건을 제시해야겠지요? 이와 같이 시계 가게에서 벌어진 수요 증가로 비롯된 정보를 가격이 널리 전파하여 시계 생산자와 부품 공급업자, 그리고 시계를 구매하려는 소비자들에게 알려주는 기능이 바로 정보전달 기능입니다.

박 사장 그러니까 시계 가게에서 벌어진 일이 가격에 실려 시계 생산과 판매에 연쇄적으로 영향을 미친다는 말씀이군요.

김 교수 그렇습니다.

오명민 그런데 시계 도매상이나 제조업자는 시계 가게에서 어떤 일이 일어났는지를 구체적으로 알까요? 또 알아야 할 필요가 있을까요?

김 교수 아는 것이 시계 주문이나 생산을 늘릴 것인지 아닌지를 판단하는 데 당연히 도움이 되겠지요. 그러나 세세한 내용보다는 시계에 대한 수요가 이전보다 더 높은 수준에서 안정적으로 유지될 것이라는 예상만 할 수 있으면 됩니다. 가게에서 멀리 떨어져 있는 생산요소 소유자들이 구체적 내용을 알기는 더 어렵겠지요. 이들도 그런 생산요소에 대한 수요가 안정적으로 늘었다는 사실만 확신하면 됩니다.

박 사장 지금까지의 논의는 수요 변화에서 생산 변화로 연결되는 가격의 정보전달 기능에 관한 것인데, 만일 시계 부품 제작에 소요되는 코일 스프링의 가격이 어떤 이유로 올랐다면 그 전달 경로는 어떻게 되며 또 시계 가격에는 어떻게 영향을 미칠까요?

김 교수 위의 경우와 반대로 생각하면 되겠지요. 우선 코일 스프링의 가격이 올랐으므로 그에 대한 수요량이 감소하고 시계의 생산량도 감소하겠지요? 자연히 도매상을 거쳐 가게에 공급되는 시계 양도 감소하겠지요? 그래서 수요에 변화가 없더라도 시계 가격은 올라갑니다. 이와 같이 가게에서 멀리 떨어진 코일 스프링 제조 회사에서 생긴 정보가 가격에 실려 시계 가게까지 전달됩니다. 물론 시계 가게는 코일 스프링에 구체적으로 어떤 일이 일어났는지를 알 필요가 없으며, 시계의 공급이 이전보다 줄었고 또 이런 현상이 한 동안 지속될 것이라는 사실을 알고 대처하면 되겠지요.

오명민 그러니까 수요나 생산 어느 측면에서 변화가 일어나든, 이런 변화 현상이 가격을 타고 널리 알려진다는 것이 바로 가격의 정보전달 기능이군요.

김 교수 그렇습니다.

오명민 다음으로 가격의 유인제공 기능이란 무엇입니까?

김 교수 유인제공 기능이란 정보전달의 메신저인 가격과 관련되는 사람들이 그 정보에 반응할 유인을 제공하고, 또 반응하는 방법을 일러주는 기능을 말합니다. 한 가지 유의할 점은 가격이 정보를 전달하지만 그와 상관없는 사람들에게는 아무 소용이 없고, 영향을 받는 사람들만 가격 변화에 반응한다는 것입니다.

오명민 당연하겠습니다.

김 교수 이제 시계에 대한 수요가 증가하면 가격이 올라 시계 생산량도 증가하겠지요? 그에 따라 코일 스프링에 대한 수요도 증가하고 코일 스프링을 제작하는 데 필요한 철에 대한 수요도 증가하고 그 가격도 올라가겠지요?

오명민 그렇겠습니다.

박 사장 그러니까 철 생산자는 지금보다 더 어려운 곳의 철을 채굴해야 하고, 비숙련 노동자를 고용하거나 숙련 노동자를 다른 기업에 빼앗기지 않기 위해 더 높은 임금을 제시해야 하는 등, 비용이 올라가는 요인이 많을 것입니다. 그런데 이제 철의 가격이 올랐으므로 철의 생산자는 이 추가적인 비용을 마련할 수 있습니다. 즉 철의 가격이 올랐으므로 이전의 철의 가격에서는 가능하지 않았던 일, 즉 더 어려운 곳의 철을 채굴하는 일을 실행할 수 있는 유인을 가질 것 같습니다.

김 교수 그렇습니다. 그런데 이러한 가격의 유인제공 기능은 노동자나 다른 생산요소의 소유자들에게도 똑같은 방식으로 적용됩니다. 철에 대한 수요 증가는 철광산 광부의 임금을 높이고, 이는 곧 노동자들에게는 철광산 광부에 대한 수요가 높아졌다는 신호가 됩니다. 따라서 어떤 직업을 선택할 것인가를 고심하고 있던 노동자에게는 이제 철광산의 광부가 되기를 결심하도록 하는 유인을 제공하기도 합니다.

오명민 이 때 정부가 최저 임금제를 시행하면 어떻게 됩니까?

박 사장 최저 임금제는 가격이 전달하는 정보를 왜곡하여 개인이 유인에 따라 반응할 수 있는 폭을 제한하게 되겠지요.

오명민 그렇겠습니다. 그럼 마지막으로 소득획득 기능은 어떻게 작동하는 것입니까?

김 교수 우선 소득획득은 경제학 교과서에서 보통 소득분배라는 용어로 표현되고 있습니다. 그런데 시장경제 체제에서는 소득을 분배하는 주체가 없습니다. 따라서 이 용어는 적합하지 않다고 판단하여 소득획득이라는 용어를 사용하고자 합니다.

오명민 그럼 시장경제에서는 생산의 결과 얻어진 소득이 어떻게 나눠지나요?

김 교수 각 생산요소에 나눠지는 소득은 그 가격과 투입된 양에 의존하는데, 이는 그 요소에 대한 수요와 공급에 의해 결정됩니다. 예를 들어 노동자는 자신이 소유하고 있는 노동에 대한 수요와 공급에 의해 결정되는 임금과 투입하는 노동량에 따라 소득을 얻고, 토지 소유자는 토지 서비스에 대한 수요와 공급에 의해 결정되는 임대료(지대)와 투입량에 따라 소득을 얻습니다. 한편 기업가는 기업을 조직하고 고용하는 각종 생산요소를 조정하며 또 불확실성에 대처하는 능력에 대한 보수로 소득을 얻습니다. 자본가, 기업가, 그리고 경영자가 얻는 소득에 대해서는 이들에 대해 논의하는 제15장에서 자세하게 다룰 것입니다.

오명민 그렇다면 누가 어떤 생산요소를 가지게 되느냐가 중요한 문제가 될 것 같습니다.

김 교수 그렇습니다. 누가 어떤 요소를 얼마만큼 소유하는가는 부분적으로는 기회의 문제이며, 또 자기 자신이나 다른 개인이 자신에게 한 선택의 결과입니다. 즉 여러 가지 지적 능력이나 물질을 소유하는 것은, 그럴 수 있는 기회와 내가 그것을 어떻게 발전시키는가 하는 나의 선택에 달려 있습니다.

박 사장 그렇겠습니다.

김 교수 사람들이 소유하는 각종 생산요소의 시장 가격이 얼마가 될 것인가도 여러 가지 기회와 복잡한 과정의 선택에 의해 영향을 받습니다. 우리가 소유하는 생산요소의 시장 가격이 다른 사람들의 선택뿐만 아니라, 우리들 자신의 선택, 즉 어디에 사느냐, 우리가 그 요소를 어떻게 조합하여 누구에게 파느냐에 따라 크게 좌우되기 때문입니다.

박 사장 그런데도 시장경제 체제에서는 사람들 간의 소득 차이가 가장 큰 불만 요소인 것 같습니다.

김 교수 사실입니다. 그런데 시장경제 체제에서뿐만 아니라 어느 사회에서나 소득과 부의 차이에 대해서는 불만이 많습니다. 다만 시장경제 체제에서는 그 선망이나 불만이 시장의 책임으로 돌려진다는 것이지요. 이러한 경향이 가져온 결과의 하나가 무엇이겠습니까?

복지 정책

오명민 아, 그래서 복지 정책이 도입되겠군요. 가난한 사람들을 도와주고 소득 차이를 줄이는 방편으로 말입니다.

김 교수 그렇습니다. 그런데 우리가 경제 문제에서 유의할 점은 좋은 의도가 항상 바람직한 결과를 낳는 것은 아니라는 것입니다. 오히려 나쁜 결과를 초래하는 경우가 많습니다.

오명민 그 이유는 무엇입니까?

김 교수 우선 인간의 행동을 추동하는 것은 이기심이라는 점과, 그런 이기적 행동이 빚어내는 결과적 현상에 대한 숙고가 부족한 탓이라고 할 수 있습니다. 이를테면 인간은 이기적인데 그래서는 안 된다는 생각 같은 것 말입니다. 물론 우리가 앞에서 논의한 바와 같이 인간의 이기심은 도덕 규칙에 의해 다듬어지지만, 이를 전적으로 부정하는 체제는 인간 세상에 존재할 수 없습니다. 그래서 좋은 의도가 나쁜 결과를 초래하는 경우가 많습니다.

박 사장 복지 정책과 관련해서는 어떤 점이 그러합니까?

김 교수 복지 정책은 기본적으로 소득획득 기능을 정보전달 기능과 유인제공 기능에서 떼어내는 것입니다. 즉 정보전달 기능과 유인제공 기능은 시장에서 가격이 하도록 하고 소득획득 기능은 정부가 대신하여 평등하게 하려는 것입니다.

오명민 그것 참 괜찮은 방법일 것 같습니다만.

박 사장 아닙니다. 그렇지 않을 것 같습니다.

김 교수 물론 그렇지 않습니다. 가격의 소득획득 기능을 정부가 가져가면 가격은 다른 두 기능도 하지 못하게 됩니다. 즉 가격의 세 기능은 분리되지 않는다는 것입니다. 만일 분리한다면 아무도 가격이 전하는 정보에 유의하지 않을 것이며 그에 대해 반응하지 않겠지요. 한 마디로 가격이 결정되고 움직이는 메카니즘 자체가 멈춰버립니다. 자신에게 아무런 이익이 되지 않으니까요. 즉 인간의 이기심이라는 기본 속성을 무시한 것이니까요. 열심히 일한 사람의 소득과 안 한 사람의 소득이 같거나 별 차이가 없다면 아무도 열심히 일하지 않을 것입니다. 자기가 파는 물건을 가장 비싼 값으로 사 줄 사람을 찾아내도 아무런 이익이 없다면 누가 그런 사람을 찾아다니겠습니까? 자본을 축적해도 아무런 보수나 이익이 없다면 누가 오늘의 즐거운 소비를 줄이고 저축을 하겠습니까? 생동하는 경제가 아니고 죽은 경제가 되겠지요.

박 사장 그러니까 산출물을 나누는 방식이 생산에 커다란 영향을 미친다는 말씀이군요.

김 교수 그렇습니다. 분배 방식이 생산에 결정적인 영향을 미칩니다.

오명민 그렇다면 복지 정책은 해서는 안 되는 것인가요?

박 사장 그렇지 않습니다. 복지 정책은 필요합니다. 자신의 삶을 스스로 영위할 능력이 없고 또 돌보아 줄 사람이 없는 사람들도 있으니까요.

김 교수 그렇습니다. 복지 정책은 필요합니다. 다만 복지는 기본적으로 소모적이므로 경제에 미칠 수 있는 좋지 않은 영향이 최소화되도록 해야 한다는 것입니다.

오명민 어떤 방법이 있을까요?

김 교수 우선 복지 정책은 나이, 성, 계층, 집단 등이 아닌 '가난'한 사람들을 대상으로 해야 한다는 것입니다. 여기에서 가난한 사람들이란 자신의 능력으로 최소한의 삶의 수준을 유지할 수 있는 능력이 없거나 부족한 이들을 말합니다. 최소한의 삶의 수준은 개인마다 다르겠지만 사회 구성원들의 공감대를 바탕으로 도출할 수 있겠지요. 물론 이에 대한 논란은 언제든지 어느 사회에나 있습니다.

오명민 복지 정책을 가난한 사람들을 대상으로 해야 하는 이유가 무엇인지 더 자세하게 설명해주실 수 있을까요? 가난한 사람들을 강조한 이유가 있을 것 같습니다.

김 교수 우선 복지 정책의 기본 목적은 최소한의 인간다운 삶을 유지할 수 없는 사람들을 돕는 것이므로 그 대상은 당연히 가난한 사람들이 되어야겠지요? 아무리 노력해도 스스로 해결할 수 있는 능력이 없거나 부족하니까요. 그런데 가난한 사람들이 아니고 나이, 성, 계층, 집단 등을 대상으로 삼으면 복지 수혜를 필요로 하지 않는 사람들도 포함되어 정책의 취지에 어긋날 뿐만 아니라 복지 지출도 불필요하게 늘어나게 됩니다.

오명민 달리 또 우려되는 문제는 없습니까?

박 사장 무시할 수 없는 문제들이 많다고 생각합니다. 우리가 사는 세상에서 땀 흘려 벌어먹고 사는 일이 그리 만만한 것이 아닙니다. 설령 그렇게 사는 것이 귀하고 건강한 삶이라고 생각하더라도 고달프게 땀 흘려 벌어먹고 사는 것보다는 남이 주는 돈으로 사는 것이 편하지요. 그 결과 사람들의 일하려는 의욕이 줄어들겠지요. 근로 의욕이 줄어드니 사회 전체의 생산이 줄고 생산이 줄어드니 소득이 줄고 소득이 줄어드니 정부의 조세 수입도 줄어들겠지요. 복지 지출은 늘어나는데 조세 수입은 줄어들어 정부 재정이 파탄날 것입니다.

김 교수 그렇습니다. 또 이런 일이 지속되면 사람들이 의존적이 되어 자신은 물론 가족을 먹여 살린다는 독립심이 점차 없어지고 정신적으로 건강하지 못하게 될 것입니다. 인간으로서의 존엄성을 상실해 간다는 것입니다. 또, 한 번 복지 수혜를 받은 사람들은 점차 그것을 권리로 생각하는 경향을 보이고, 더 많은 복지 혜택을 요구하게 되지요. 그런데 민주정에서 정치인들은 그들의 요구를 거절하기 어렵습니다.

오명민 왜 그렇습니까?

박 사장 민주 사회에서 정치인들은 선거에서 표를 얻어야 당선되어 직위를 차지하는데 복지 수혜자들도 유권자들로서 표를 가지고 있기 때문이지요.

김 교수 그래서 복지 정책은 일단 시행되면 줄이기가 어렵고 꾸준히 증가하는 경향을 보입니다. 정당마다 인기 영합적 복지 정책을 들고 나오므로 국가의 재정 상태는 큰 어려움에 처하게 됩니다. 그래서 복지는 가난한 사람들만을 대상으로 해야 한다는 것입니다.

오명민 그런데 가난한 사람들을 대상으로 할 경우에는 복지 수혜자라는, 이른바 '낙인' 효과를 우려하는 목소리도 있습니다. 이에 대해서는 어떻게 생각해야 할까요?

김 교수 물론 그런 점이 없지 않습니다. 그러나 복지는 기본적으로 인간의 자애심에 의한 것입니다. 이는 복지 혜택을 주는 사람이나 받는 사람이나 모두 인정해야 할 사항이지, 여타 방법으로 위장한다고 해서 없어지는 것이 아닙니다. 사실 가난한 사람들에게 자애를 요구할 청구권이 주어진 것은 아닙니다. 자애심에 의한 복지를 낙인 효과라고 비판하는 것은 복지를 일상적 거래로 오해하는 것입니다.

오명민 무슨 말씀이신지요?

김 교수 사람들은 시장 거래에는 자애로운 인간적 측면이 부족하다고 비판합니다. 그런데 복지가 인간의 자애심에 의존한다는 점은 부정하고 싶어 합니다. 일관성이 없다는 말이지요.

박 사장 이른바 낙인 효과라고 하는 것에 긍정적 측면도 없지는 않을 것 같습니다. 노동 능력이 없거나 부족한 사람이 아닌데, 게을러서 복지 수혜에 의존하며 살아가는 사람들에게 그런 낙인에서 탈피하려는 유인을 제공한다는 것이지요. 그러니까 복지 혜택을 받고 있다는 사실에 자존심을 상한 사람들이 이를 벗어나고 싶어 하게 만들 수 있다는 것입니다. 또 가난하지 않으면서 비양심적으로 복지 수혜를 받고 있는 사람들을 가려내는 장치가 될 수도 있습니다.

김 교수 그런 점도 있습니다.

오명민 그런데 민간에 의한 복지는 불가능할까요?

김 교수 좋은 질문입니다. 국가마다 기부 문화에 차이가 있습니다만, 인간에게는 어려운 처지의 사람들을 안타깝게 여기는 측은지심이 있습니다. 그래서 민간 복지의 활성화도 가능하다고 생각합니다. 다만 정부가 복지 정책 명목으로 많은 세금을 거두면 민간 복지는 위축될 수밖에 없습니다. 많은 세금을 내야 하니 기부 여력도 줄어들 것이고 복지를 정부의 일로 생각하여 자발성도 떨어지기 때문입니다.

오명민 민간 복지가 활성화된다면 국가 주도의 복지 정책에 비해 어떤 이점이 있을까요?

김 교수 우선 국가가 복지 정책을 시행하면 특정 수혜자는 많은 수혜자들 중에 익명의 이름으로 숨을 수가 있으므로 편하게 생각하며, 따라서 더욱 국가 의존적이 될 수 있습니다. 그만큼 복지 정책의 대상에서 탈출하려는 유인이 줄어들고 정신적 건강성을 잃게 됩니다. 반면에 민간에 의한 복지는 기부자와 해당 수혜자를 명시적으로 알 수 있으므로 양자 간의 유대감도 생길 수 있으며 수혜자는 복지 대상에서 탈출하고자 하는 유인을 가질 것입니다. 그만큼 정신적 건강성을 잃지 않을 가능성이 높다는 것이지요.

박 사장 복지 정책은 결국 국가와 민간이 긴밀히 협조하여 시행하는 것이 좋을 것 같습니다.

김 교수 그렇습니다. 그럼 복지에 대한 논의는 이 정도로 하고 다음 주제로 넘어갈까요? 어떤 주제가 좋을까요?

9

가격의 의미와 결정

박 사장 앞에서 우리는 가격의 세 가지 기능에 대해 논의했습니다. 이제 가격이란 무엇이며 또 어떻게 결정되는지에 대해 좀 더 구체적으로 알아 볼 필요가 있겠습니다.

김 교수 좋은 생각입니다. 가격에 대한 이해가 깊을수록 시장경제 체제가 어떻게 돌아가는지를 잘 알 수 있습니다. 가격은 시장경제의 핵심 요소이니까요.

박 사장 우선 가격의 결정 원리에 대해 논의해 보지요. 결정 원리를 알고 나면 가격의 의미가 명백해지리라고 생각합니다.

김 교수 그렇습니다. 우리 경제에 소비자 한 사람과 생산자 한 사람이 있다고 해 봅시다. 물건은 휴대전화 한 개가 있습니다. 소비자가 휴대전화를 사면서 지불할 용의가 있는 가장 높은 가격은 자신이 휴대전화에 부여하는 가치와 같을 것입니다.

소비자가 생각하기에 휴대전화 가격이 자신이 휴대전화에 부여하는 가치보다 더 높다면, 휴대전화를 사지 않을 것입니다. 반면에 생산자가 휴대전화를 팔며 받으려고 하는 가격은 적어도 자신이 휴대전화에 부여하는 가치와 같을 것입니다. 생산자가 생각하기에 휴대전화 가격이 자신이 휴대전화에 부여하는 가치보다 더 낮다면, 휴대전화를 생산하여 팔지 않을 것입니다. 따라서 가격은 휴대전화에 부여하는 소비자의 가치와 생산자의 가치 사이에서 결정될 것입니다.

오명민 그러니까 시장 가격은 소비자가 지불할 용의가 있는 가장 높은 가격과 생산자가 받을 용의가 있는 가장 낮은 가격 사이에서 결정된다는 말씀이군요.

김 교수 그렇습니다. 그런데 위의 예에서는 소비자와 생산자가 각각 한 명뿐이므로 두 가격 간의 차이가 꽤 크겠지요?

오명민 왜 그렇습니까?

김 교수 그것은 소비자, 생산자, 그리고 휴대전화가 많은 경우와 비교해보면 알 수 있습니다. 소비자와 생산자의 수가 많아지면 각 소비자와 생산자가 휴대전화에 부여하는 가치가 다양해지겠지요? 즉 소비자들의 경우 이들이 부여하는 가치를 높은 데서부터 낮은 데로 순서대로 나열하면 아주 가깝게 다닥다닥 붙어서 나열되겠지요? 생산자의 경우에도 이들이 부여하는 가치를 낮은 데서부터 높은 데로 순서대로 나열하면 아주 가깝게 다닥다닥 붙어서 나열되겠지요? 물론 그것을 양적으로 측정할 수는 없으나 순서대로 나열하면 말입니다.

오명민 그런데 소비자의 경우에는 가치가 높은 데서 낮은 데로, 생산자의 경우에는 가치가 낮은 데서 높은 데로 나열하는 이유가 무엇입니까?

박 사장 그것은 소비자의 경우에는 휴대전화에 높은 가치를 부여하는 소비자부터 휴대전화를 살 것이며, 생산자의 경우에는 휴대전화에 낮은 가치를 부여하는 생산자, 곧 낮은 비용으로 생산하는 생산자부터 휴대전화를 생산하여 팔 것이기 때문입니다.

박 사장 그래서 수요의 법칙은 다른 물건과 비교한 상대 가격이 올라가면 수요량이 줄어들고 상대 가격이 내려가면 수요량이 늘어난다는, 즉 상대 가격과 수요량 간에는 역逆관계가 있다는 것이군요. 공급의 법칙은 상대 가격과 공급량 간에는 정正관계가 있다는 것이고요.

김 교수 그렇습니다. 어떤 물건의 다른 물건에 대한 상대 가격이 올라가면 수요량이 감소하고, 내려가면 증가한다는 것이 수요의 법칙인데 수요와 수요량, 수요의 법칙에 대해서는 미주에 남겨두겠습니다. 공급과 공급량, 공급의 법칙에 대해서도 미주에 남겨두겠습니다.[1]

박 사장 그런데 수요의 법칙에는 예외가 없는가요? 이른바 명품이라고 불리는 물건의 가격을 높게 매기면 많이 팔리고 낮게 매기면 적게 팔리는 현상을 수요의 법칙의 예외 현상이라고 하는 주장도 있던데요.

김 교수 법칙에는 예외가 없습니다. 어떤 법칙의 예외가 되는 현상이 발견되면, 그 법칙은 법칙으로서의 지위를 상실하기 때문입니다. 이른바 명품에 관해서는, 가격이 달리 매겨진 두 물건이 물리적으로 같다고 하더라도 소비자들은 어떤 이유에서든 이들을 서로 다른 물건으로 식별한다는 것입니다. 제품의 물리적 특성에 따라 동질성, 대체성, 독립성 등이 결정되는 것이 아닙니다.

오명민 알겠습니다. 가격 결정에 대한 논의를 계속해 주시지요.

김 교수 소비자의 가치 서열은 높은 데서부터 낮은 데로 내려오고 생산자의 가치 서열은 낮은 데서부터 높은 데로 올라가므로 교차하는 점이 있겠지요? 가격은 바로 그 점에서 결정되는데, 이 가격에서 수요량과 공급량이 같아지므로 이 가격을 균형 가격이라고 합니다. 시장 가격이지요. 또 이 가격에서 사고 팔리는 양을 균형 교환량이라고 합니다.

박 사장 그런데 경제학 교과서에는 시장 가격이 한계에서 결정된다고 하는데, 그 의미가 무엇인지요?

김 교수 소비자들의 가치 서열이 수요곡선으로 나타나고 생산자들의 가치 서열이 공급곡선으로 나타나는데, 이 두 곡선이 교차하는 점의 가격이 바로 시장 가격이지요? 그런데 휴대전화의 특정 양에 해당하는 수요곡선 상의 가격은 한계marginal 소비자가 지불할 용의가 있는 가격인데요, 한계 소비자란 그 가격보다 조금이라도 더 높으면 가장 먼저 휴대전화 구매를 포기하는 소비자를 말합니다. 또 휴대전화의 특정 양에 해당하는 공급곡선 상의 가격은 한계 생산자가 받고 팔 용의가 있는 가격인데요, 한계 생산자란 그 가격보다 조금이라도 더 낮으면 가장 먼저 휴대전화 판매를 포기하는 생산자를 말합니다. 이제 그 특정 양에 해당하는 가격이 시장 가격이라면 시장 가격보다 조금이라도 더 높으면 가장 먼저 휴대전화 구매를 포기하는 소비자가 한계 소비자, 조금이라도 더 낮으면 가장 먼저 휴대전화 판매를 포기하는 생산자가 한계 생산자가 되겠지요? 그래서 시장 가격은 한계에서 결정된다는 것입니다. 다시 말하면 어떤 물건의 시장 가격은 그 물건에 한계 소비자가 부여하는 가치와 한계 생산자가 부여하는 가치가 같은 점에서 결정됩니다.

오명민 그렇다면 한계 소비자가 아닌 다른 소비자들, 즉 한계 소비자보다 먼저 휴대전화를 사는 소비자들intra-marginal consumers은 자신들이 부여하는 가치보다 더 낮은 가격에 휴대전화를 살 수 있고, 한계 생산자가 아닌 다른 생산자들, 즉 한계 생산자보다 먼저 휴대전화를 파는 생산자들은 자신들이 부여하는 가치보다 더 높은 가격에 휴대전화를 팔 수 있겠습니다.

박 사장 그렇습니다. 그래서 소비자 잉여와 생산자 잉여라는 개념이 생깁니다.

김 교수 그럼 박 사장이 설명해 보시지요.

박 사장 어려운 개념이 아닙니다. 우선 한계 소비자와 한계 생산자가 부여하는 가치가 같은 점에서 시장 가격이 결정된다는 사실을 상기하기 바랍니다. 그러니까 휴대전화에 시장 가격보다 더 높은 가치를 부여하는 소비자는 그 가치와 시장 가격 간의 차이만큼 이익을 보겠지요? 그 차이가 바로 이 소비자가 얻는 잉여입니다. 이제 휴대전화에 가장 높은 가치를 부여하는 소비자가 얻는 잉여부터 한계 소비자가 얻는 잉여까지를 모두 합하면 소비자들이 얻는 잉여의 합이 되겠지요? 물론 한계 소비자가 얻는 잉여는 영零이지요. 한계 소비자가 부여하는 가치는 시장 가격과 같으니까요.

오명민 생산자의 경우에도 똑같은 논리가 적용되겠군요. 그럼 제가 설명해볼까요?

박 사장 그렇게 하시지요.

오명민 휴대전화에 시장 가격보다 더 낮은 가치를 부여하는 생산자는 시장 가격과 그 가치 간의 차이만큼 이익을 보는데, 그 차이가 바로 이 생산자가 얻는 잉여입니다. 그러므로 휴대 전화에 가장 낮은 가치를 부여하는 생산자가 얻는 잉여부터 한계 생산자가 얻는 잉여까지를 모두 합하면 생산자들이 얻는 잉여의 합이 됩니다. 역시 한계 생산자가 얻는 잉여는 영零이 되겠지요. 한계 생산자가 부여하는 가치는 시장 가격과 같으니까요.

김 교수 그렇습니다. 소비자 잉여와 생산자 잉여를 합한 것을 총 잉여라고 합니다. 이와 같이 시장 가격은 한계에서 결정되고, 따라서 잉여가 생긴다는 사실을 중요하게 기억하기 바랍니다.

박 사장 이제 가격이 결정되는 원리를 알았으니, 정부가 시장 가격보다 더 낮은 가격인 최고 가격을 설정하여 이보다 더 높은 가격에서 거래하는 행위를 금지하는 경우도 있고, 또 시장 가격보다 더 높은 가격인 최저 가격을 설정하여 이보다 더 낮은 가격에서 거래하는 행위를 금지하는 경우가 종종 있는데, 그 이유와 효과에 대해 논의할 수 있을 것 같습니다.

김 교수 그렇습니다. 먼저 최고 가격에 대해 알아보지요. 최고 가격은 시장 가격 아래에 설정해야 그 효과가 있습니다. 시장 가격 위에 설정하면 최고 가격은 도로 시장 가격이 되니까요. 우리가 위에서 살펴본 논리에 입각해서 최고 가격의 효과를 박 사장이 한 번 설명해보시겠습니까?

박 사장 우선 최고 가격은 어떤 사정으로 시장에 가격이 올라갈 압력이 존재할 때, 이를 허용하면 사람들의 생활이 어려워질 것을 우려해 정부가 흔히 취하는 조치입니다. 예를 들어 원유 가격이 상승하여 유류 제품의 가격이 오를 때, 그런 제품의 가격을 동결하는 것입니다. 그렇다면 질문은 이제 그런 조치로 어떤 결과가 나오느냐는 것이 되겠지요. 지금까지 논의한 바에 따라 살펴봅시다.

오명민 아무래도 말로만 설명하는 데는 어려움이 있겠습니다. 그림을 이용하여 설명하면 어떨까요?

박 사장 그림을 이용하면 편리한 점도 있지만 오히려 더 어려워하는 사람들도 있습니다. 따라서 여기에서는 말로 설명하고, 참고로 <부록 1>에 그림을 첨부하도록 하겠습니다. 다만 그림과 관련된 점이나 곡선은 괄호 안에 기호로 표시하겠습니다. (그림 1)에는 어떤 물건에 대한 수요곡선(D)과 공급곡선(S)이 그려져 있습니다. 우선 최고 가격이 설정되어 있지 않을 때 시장 가격(P^*)은 한계 소비자와 한계 생산자가 물건에 부여하는 가치가 같은 점에서 결정된다는 사실은 잘 아실 것입니다. 이제 최고 가격($P_{\max}$)을 시장 가격 아래에 설정하고 강제하면, 최고 가격에서 소비자들이 사려는 양($Q^D_{\max}$)은 시장 가격에서 사려는 양(Q^*)보다 더 많겠지요? 시장 가격보다 더 낮은 가치를 부여하는 소비자들도 사려고 하니까요. 반면에 생산자들이 최고 가격에서 팔려는 양(Q^S_{max})은 시장 가격에서 팔려는 양보다 더 적겠지요? 최고 가격 이하의 가치를 부여하는 생산자들만 팔려고 할 테니까요. 즉 최고 가격에 상응하는 비용 이하로 휴대전화를 생산할 수 있는 생산자들만 팔려고 할 것입니다.

오명민 그럼 소비자들이 사려는 양보다 생산자들이 팔려고 하는 양이 더 적겠습니다.

박 사장 그렇습니다. 그 차이를 초과 수요라고 합니다. 즉 최고 가격을 설정하면 초과 수요가 발생하는데, 최고 가격에서 소비자들이 사기를 원하는 양과 생산자들이 판매하기를 원하는 양 간의 차이($Q^D_{max} - Q^S_{max}$)입니다.

오명민 그럼 이 경우에 소비자 잉여와 생산자 잉여에는 어떤 변화가 생기게 됩니까?

박 사장 최고 가격이 설정되면 그렇지 않을 경우에 비해 거래량이 줄어들겠지요? 실제 거래량은 생산자들이 최고 가격에서 팔려고 하는 양에 불과할 테니까요. 거래의 규모가 줄어들기 때문에 이전에 얻었던 소비자 잉여의 일부와 생산자 잉여의 일부가 사라져 총 잉여가 감소(△CEF만큼 감소)합니다. 또 최고 가격으로 가격이 내려가므로 생산자 잉여의 일부(□

$P^* GFP_{max}$)가 소비자 잉여로 전환됩니다.

오명민 그럼 최고 가격이 설정되면 시장에서 가격에 의한 자원 배분이 왜곡될 텐데, 이 경우에는 어떤 식으로 배분될까요?

박 사장 가격이 제 기능을 하지 못하므로 다른 방법이 동원되겠지요? 예를 들어 먼저 온 사람들에게 주는 선착순, 아는 사람들에게 우선적으로 주는 방식, 뇌물을 받고 주는 방식 등의 비효율적이며 정의롭지 못한 방법들이 등장할 것입니다.

김 교수 결국 최고 가격을 설정하면 총 잉여가 감소하고 비효율적이며 정의롭지 못한 방법으로 자원이 배분되므로 최고 가격을 설정하는 것은 바람직하지 않습니다. 그럼 이번에는 최저 가격의 경우를 알아보도록 하겠습니다.

오명민 최고 가격의 설명에서와 똑같은 논리를 적용하여 제가 설명해보도록 하겠습니다.

김 교수 그렇게 하시지요.

오명민 최저 가격은 흔히 어떤 사정으로 물건의 시장 가격이 낮아 그런 물건을 파는 공급자들의 소득이 적어 이들의 생활 수준이 낮아지는 것을 우려하는 경우에 정부가 취하는 조치라고 할 수 있습니다. 예를 들어 비숙련 노동자들의 임금 수준을 시장 임금 수준보다 더 높게 설정하거나 농촌 소득 증대를 위해 농산물 가격을 시장 가격보다 더 높게 설정하는 경우입니다. 이와 같이 최저 가격은 시장 가격보다 더 높게 설정해야 효과가 있는데, 최저 가격을 시장 가격보다 더 낮게 설정하면 최저 가격은 도로 시장 가격이 되기 때문입니다.

박 사장 맞습니다. 계속하시지요.

오명민 <부록 1>의 (그림 2)를 참고해 주십시오. 이제 최저 가격($P_{\min}$)을 시장 가격(P^*) 위에 설정하고 강제하면, 최저 가격에서 소비자들이 사려는 물건의 양($Q^D_{\min}$)은 시장 가격에서 사려는 양(Q^*)보다 더 적겠지요? 최저 가격 이상의 가치를 부여하는 소비자들만 사려고 할 테니까요. 반면에 생산자들이 최저 가격에서 팔려는 양($Q^S_{\min}$)은 시장 가격에서 팔려는 양보다 더 많겠지요? 시장 가격보다 더 높은 가치를 부여하는 일부 생산자들도 생산하여 팔려고 할 테니까요. 즉 최저 가격에 상응하는 비용으로 생산할 수 있는 생산자까지 그리 할 것입니다. 그래서 소비자들이 사려는 양보다 생산자들이 팔려고 하는 양이 더 많아지는데, 이를 초과 공급이라고 합니다. 즉 최저 가격을 설정하면 초과 공급이 생기는데, 이는 최저 가격에서 생산자들이 생산하여 팔기를 원하는 양과 소비자들이 사기를 원하는 양 간의 차이($Q^S_{\min} - Q^D_{\min}$)입니다.

박 사장 그럼 이 경우에 소비자 잉여와 생산자 잉여에는 어떤 변화가 생길까요?

오명민 최저 가격이 설정되면 최고 가격의 경우와 마찬가지로 그렇지 않을 경우에 비해 거래량이 줄어듭니다. 실제 거래량은 소비자들이 최저 가격에서 사려고 하는 양에 불과할 테니까요. 즉 거래의 규모가 줄어들기 때문에 이전에 얻었던 소비자 잉여의 일부와 생산자 잉여의 일부가 사라져 총 잉여가 감소(△CEF만큼 감소)합니다. 또 최저 가격으로 가격이 올라가므로 소비자 잉여의 일부(□$P_{\min}EGP^*$)가 생산자 잉여로 전환됩니다.

오명민 그럼 최저 가격이 설정되면 자원 배분이 왜곡될 텐데, 이 경우에는 어떤 일이 벌어질까요?

김 교수 우선 농산물의 경우에는 생산자들이 팔려는 양이 소비자들이 사려는 양보다 많기 때문에 이런 정책을 시행하는 정부가 재정으로 사 주는 경우가 대부분입니다. 그래서 이런 정책이 지속되면 정부 재정에 문제가 생기겠지요?

박 사장 예전의 냉전 시대에 미국이 구소련에 곡물을 수출하는 것을 금지하면grain embargo 구소련 사람들보다 미국 농민들이 먼저 시위하는 경우를 볼 수 있었는데, 이것이 최저 가격과 관련되는 것인가요?

김 교수 그렇습니다. 미국이 구소련에 곡물을 수출하는 교역을 금지하면 미국 정부가 사 둔 창고의 곡물이 줄어들지 않겠지요? 창고의 곡물이 줄어들어야 정부가 곡물을 또 구매할 텐데, 그렇지 않으니 미국 농민들이 곡물 수출을 재개하라고 시위하는 것입니다.

오명민 참, 그런 일이 최저 가격과 관련된다는 사실을 처음 알았습니다. 그럼 최저 임금의 경우에는 어떻습니까?

박 사장 우선 최저 임금은 주로 비숙련 노동자들에게 적용되겠지요? 숙련 노동자들의 임금은 최저 임금 수준보다 더 높을 테니까요. 요점은 최저 임금제가 시행되면 노동의 초과 공급이 발생하고 시장 임금에서보다 고용이 감소한다는 것입니다. 그래서 최저 임금제를 시행하면 비숙련 노동자의 실업이 증가한다고 하는 것입니다.

오명민 그럼 그런 인력은 정부에서 고용해 주는 것입니까?

박 사장 그럴 수도 있겠습니다만, 정부가 세금으로 만드는 일자리는 국가 운영을 위해 불가피한 것들을 제외하고는 일시적이거나 별다른 용도가 없는 것들이 많습니다. 즉 부가가치를 생산하는 일자리가 아니라는 말이지요.

오명민 그런데 왜 정부가 최저 임금제를 시행하는 겁니까?

김 교수 온정주의적 발상이거나 선거에서 표를 얻으려는 정치적 이해관계 때문이지요. 그러나 최저 임금 정책으로 도와주고자 하는 바로 그 비숙련 노동자들을 일터에서 쫓아내는 결과를 초래한다는 점에서 없어져야 할 정책이지요.

박 사장 아주 유익한 토론이었습니다. 가격에 대해서 더 논의할 사항이 많겠으나, 이 정도로 하고 가격과 밀접한 관련이 있다고 여겨지는 비용에 대해 논의해 보는 것이 어떨까요? 비용은 일상생활에서 많이 사용하는 용어이기도 하니까요.

10

비용

오명민 대 찬성입니다. 사실 저도 경제학 공부를 했습니다만, 비용을 제대로 이해하기가 매우 어렵다고 느껴집니다. 상당히 어려운 개념인 것 같습니다.

김 교수 그렇습니다. 비용이라는 개념이 이해하기에 쉬운 것이 아닙니다. 비용도 개인의 주관성을 떠날 수 없으니까 그럴 것입니다. 아무튼 비용이 이해하기에 어렵다고 생각하는 독자들은, 비용은 어떤 물건에 고유하게 붙어 있는 객관적인 것이 아니라 인간이 행동할 때 발생하는 주관적 가치를 반영하는 것이라는 점과 선택할 수 있는 여러 가지 대안 중에서 최선을 선택함으로써 선택하지 못해 잃어버리는 차선의 가치라는 점을 알아두면 되겠습니다.

박 사장 그럼 제가 들고 있는 이 연필의 가격이 500원이라고 하면 그 의미가 무엇일까요?

김 교수 소비자가 연필을 살 때 지불하는 가격 500원은 소비자에게는 비용이고 판매자에게는 수입이 되겠지요? 비용 측면에 집중하자면, 화폐로 표시한 500원이라는 비용은 '연필을 사는 행동'을 할 때 발생하는 것입니다. 연필을 사는 행동을 하지 않는다면 비용은 발생하지 않습니다. 가격이 높은 주택을 사려면 큰 비용이 발생하지만, 그 주택을 사려는 행동을 하지 않는 순간, 아무런 비용이 발생하지 않습니다. 즉 인간 행동이 없으면 비용도 없다는 것입니다.

오명민 그런데 인간 행동의 비용을 말할 때 흔히 특정 행동의 기회비용을 말하는데, 기회비용의 개념은 무엇입니까?

박 사장 사실 기회비용의 개념이 상당히 어려운 것 같은데 어떻게 쉽게 설명할 수 있을까요?

김 교수 그렇습니다. 기회비용은 쉽지 않은 개념입니다. 보통의 경제학 교과서에 흔히 나오는 예는 비버beaver와 사슴deer을 사냥하는 사냥꾼 얘기인데, 사냥꾼이 하루의 노동을 투입해서 비버를 사냥하면 한 마리, 사슴을 사냥하면 두 마리를 잡을 수 있다고 할 때, 비버 한 마리를 사냥하기 위해서는 사슴 두 마리를 포기해야 하므로 비버의 기회비용은 사슴 두 마리이며, 같은 논리로 사슴의 기회비용은 비버 1/2 마리라는 것입니다. 이는 생산 비용을 비교하여 기회비용을 계산한 것인데, 여기에서 비버와 사슴을 사냥하는 데 투입되는 자원은 동질적인 노동이라는 사실이 중요합니다.

오명민 그렇다면 비버 한 마리와 사슴 두 마리가 교환되는 것인가요?

김 교수 그렇습니다. 만일 사냥꾼들이 비버 사냥에 집중하고 사슴 사냥을 하지 않거나 적게 한다면 비버 가격은 생산 비용보다 더 낮아지겠지요? 이전에는 비버 한 마리를 잡아 사슴 두 마리와 교환할 수 있었는데, 이제는 사슴 두 마리를 받지 못할 테니까요. 물론 이런 경우에는 사냥꾼들은 자신들의 잘못된 결정을 깨닫고 곧 행동을 조정할 것입니다. 따라서 실제로 사냥을 해서 얻든 교환을 해서 얻든, 비버와 사슴 간의 비례적 양은 같아진다는 것입니다. 즉 사냥을 해서 얻든 교환을 해서 얻든 비버 한 마리를 포기하면 사슴 두 마리를 얻을 수 있고, 사슴 두 마리를 포기하면 비버 한 마리를 얻을 수 있다는 것입니다.

오명민 그렇다면 이와 같이 매우 단순한 생산 모형에서는 상대적 비용이 교환 가치를 결정하겠습니다. 지금의 예에서와 같이, 생산의 상대적 비용을 알면 교환 가치를 예측할 수 있으니까요. 즉 비버 한 마리가 사슴 두 마리와 교환되는 것 같이 말입니다.

박 사장 그렇겠습니다. 그런데 만일 공급이 고정되어 있는 물건의 경우에는 산출물과 투입물 간의 관계가 없고 물건의 교환 가치는 전적으로 수요에 의해 결정되므로 이 단순한 이론으로는 생산 비용과 교환 가치 간의 관계를 설명할 수 없지 않을까요?

김 교수 맞습니다. 더 큰 문제는 지금의 예에서는 투입물이 하나의 동질적 노동이었는데, 만일 투입물이 여러 개의 이질적인 경우에는 더욱 난감하게 된다는 것이지요. 여러 이질적 투입물들을 동질적 노동과 같이 비교 가능한 공통의 투입물(예를 들어 화폐)로 바꿔야 하는데, 그 과정에서 투입물과 대안적 산출물 간의 관계가 사라져 버리니까요.

박 사장 그렇다면 이렇게 정리할 수 있겠습니다. 단순한 생산 비용 이론에서는 생산 비용이 측정 가능하며 객관적이므로 교환 가치가 생산 비용에 의해 결정되고, 또 이는 예측할 수 있습니다. 그러나 공급이 고정되어 있는 경우나 투입물이 하나의 동질적인 것이 아니라 여러 개의 이질적인 경우에는 생산 비용 이론 모형이 의도했던 객관적 기회비용을 설명하기 어렵습니다. 더구나 비용이 객관적으로 측정 가능하지 않으며 행위자의 주관에 의존한다면, 교환 가치와 객관적 생산 비용 간의 관계는 성립하지 않게 됩니다.

오명민 역시 어렵게 느껴집니다. 생산 비용 이론에서 말하는 기회비용 개념의 문제점을 말씀해 주시지요.

김 교수 생산 비용 이론에서 기회비용은 최선의 산출물(예를 들어 비버)을 선택함으로써 잃게 되는 차선의 대안적 산출물(예를 들어 사슴)의 가치를 말합니다. 차선의 대안적 산출물이란 최선의 산출물을 생산하는 데 들어가는 동일한 투입물을 합리적 방법으로 다른 차선의 대안적 기회에 투입하여 생산할 수 있는 산출물을 말하지요. 또 대안적 산출물의 시장 가치는 이를 생산하는 데 투입되는 투입물의 시장 가격에 반영되겠지요? 따라서 비용은 예상되는 화폐 지출로 직접적으로 측정됩니다. 문제는 이 비용이 누구에게 해당되느냐는 것인데요, 지금의 예에서와 같이 생산 비용이 객관적인 물건의 양으로 측정 가능한 모형에서 기회비용은 행동하고 결정하는 인간이 아닌, 로봇과 같은 기계에게 해당되는 비용이 되겠지요. 인간의 주관적 가치 부여 과정이 필요하지 않으니까요. 따라서 이러한 이론은 교환 가치를 예측하지만 인간의 '선택의 이론'이 아닙니다. 비용은 사람들의 선택과는 무관하며 외부인도 객관적으로 측정할 수 있습니다. 인간은 객관적으로 측정 가능한 환경 변화에 따라 예측 가능하게 행동하는 로봇과 같게 됩니다.

오명민 기회비용 개념이 역시 쉽지 않군요.

김 교수 그렇습니다. 비용이 주관적 가치를 반영하는 것이라고 하면 더욱 그렇습니다. 위에서 본 바와 같이 생산 비용 이론은 객관적 가치를 바탕으로 교환 가치를 예측할 수 있습니다. 그에 반해, 주관적 가치를 바탕으로 하는 한계효용 이론은 실현된 교환 가치는 상대적 수요(한계효용)에 의해 결정된다는 것을 설명하지만, 교환 가치의 예측에 대한 설명은 제공하지 못합니다. 그러나 이 이론의 논리적 연장으로 분배에 관한 한계생산 이론을 얻을 수 있고, 산출물의 가치는 그에 대한 상대적 수요에 의해 결정되므로 산출물 생산에 들어가는 투입물의 가치는 최종 산출물의 가치에 따라 결정된다는 것을 알 수 있지요. 그런데 투입물의 가치는 생산자의 비용에 해당하므로, "최종 산출물의 가격(엄밀하게는 수요)이 비용을 결정한다."는 명제를 도출할 수 있습니다. 한편 주관적 비용 이론으로 교환 가치를 예측하는 것은 불가능하지만, 이 이론도 수요뿐만 아니라 비용 측면, 즉 공급의 중요성을 인식하며 한계효용은 수요와 공급에 의존한다는 점을 강조함으로써 비용 측면을 도외시하지는 않습니다. 즉 생산 비용은 공급에 영향을 미치므로 생산 비용과 산출물에 대한 한계적 가치 평가가 동시에 교환 가치에 영향을 미친다는 것입니다.

오명민 이제 이론을 정리해 주시지요.

김 교수 그럼 이렇게 정리해 보지요. 생산에서 기회비용은 특정 자원이 다른 대안에 합리적으로 고용되어 생산될 수도 있는 산출물의 가치를 나타낸다는 것입니다. 즉 기회비용은 자원 사용자가 특정 자원이 다른 용도에 사용되지 않고 현재의 용도에 사용되도록 붙잡아 두기 위한 지급이라는 것입니다. 다만 산출물의 가치는 수요자들이 그로부터 얻는 상대적인 한계효용에 의해 결정되므로 기회비용은 주관적이라는 것입니다.

그래서 우리가 말하는 비용은 어떤 물건에 고유하게 붙어 있는 객관적인 것이 아니라 사람들의 가치를 반영하는 주관적이라는 것입니다.

박 사장 그런데 경제학 교과서에는 주로 생산 비용에 입각한 객관적 기회비용이 논의되고 있는데요, 객관적 기회비용과 사람들의 가치가 중심이 되는 주관적 기회비용 개념을 비교 정리하면서 이론적 논의는 끝내고 실제로 우리가 주변에서 목격할 수 있는 현상에 대해 논의해 보는 것이 좋을 것 같습니다.

오명민 그렇습니다. 실제로 목격하는 현상에서 이론적 이해를 깊게 할 수도 있으니까요.

김 교수 그럼 이제 비용을 세 가지 종류로 나누어 정리해 봅시다.[1] 우선 생산 비용 이론에서의 비용은 객관적 비용으로서 교환 가치는 생산 비용에 의해 예측할 수 있습니다. 교환 가치와 생산 비용 간에 괴리가 생길 경우에는 행위자들의 합리적 조정에 의해 양자의 비율이 일치하는 방향으로 수렴합니다. 그런데 비용이 사람들의 선택 행위와 무관하다면 비용은 그것을 지불하는 개인과 시점에 따라 달라질 이유가 없겠지요? 비버와 사슴의 교환 가치는 단지 물리적 관계를 반영하는 것으로서 사냥으로 생산하는 비용의 구조가 변하지 않는 한, 그 관계가 변하지 않고 그대로 유지된다는 것입니다. 반면에 선택 이론은 비용을 인간의 선택과 관련하여 주관적 가치로 분석합니다. 즉 선택 이론에서 비용은 차선을 선택하지 않음으로써 잃어버리는 주관적 가치인데, 이는 두 가지 측면에서 살펴볼 수 있습니다. 선택에 영향을 미치는 비용choice-influencing cost과 선택에 의해 영향을 받는 비용choice-influenced cost이 그것입니다. 전자는 선택을 앞둔 개인의 행동에 영향을 미치는 비용을 말합니다. 따라서 이 경우의 비용은 차선의 기회를 포기하는 데 따른 가치 상실을 의미하는 사전적事前的, ex ante 개념인데, 사전적 개념이란 선택 전이나 선택의 순간에 잃을 것으로 기대하는 기회의 가치를 의미하며, 이는 전적으로 선택하는 사람 자신이 당면하게 됩니다. 생각해 보십시오, 우리가 어떤 선택을 놓고 비용을 비교하며 이럴까 저럴까 생각하는데, 이것이 바로 진정한 의미에서의 기회비용입니다. 그러니까 기회비용은 선택하기 전이나 선택의 시점에 바로 그 개인의 마음속에 단시간 존재하다가 일단 선택이 이뤄지면 영원히 사라지는 순전히 추론적이며 정신적 산물입니다. 반면에 후자의 비용은 사후적事後的, ex post으로 발생하는 비용입니다. 즉 그 비용을 의사결정자가 부담하든 제3자가 부담하든, 또 그 비용이 객관적으로 측정 가능하든 가능하지 않든, 선택의 결과 사후적으로 발생하는 비용을 말합니다. 중요한 사항은 선택의 결과는 선택 후에 실현되므로 사전적 의사결정자와 사후적으로 비용을 부담하는 주체가 다를 수 있다는 것입니다. 따라서 기회비용이 선택할 수도 있었을 다른 기회에 부여하는 주관적 가치이기는 하지만, 그 부담자는 의사결정자뿐만 아니라 제3자가 될 수도 있습니다.

오명민 그렇다면 가장 정확한 개념의 기회비용은 무엇입니까?

김 교수 정확한 개념의 기회비용은 선택에 영향을 미치는 비용입니다. 그러나 나머지 두 비용 개념도 완화된 의미에서 유용하게 활용될 수 있습니다. 예를 들면 생산 비용 이론에서 화폐 지출 단위에 의해 객관적으로 측정되는 비용은 사회 구성원들이 동일한 화폐 지출로 생산할 수 있는 대안적 산출물에 부여하는 가치와 동일시 할 수 있습니다. 물론 이 경우의 비용은 선택하는 사람 자신이 아닌 제3자가 평가한 비용을 말합니다.

박 사장 자, 이제 지금까지 어려운 이론 공부를 했으니 이제는 이런 이론을 이용하여 우리가 주변에서 관찰할 수 있는 현상에 적용해보는 것이 좋겠습니다.

오명민 제가 목격한 것을 한 가지 말씀드리겠습니다. 어떤 음식점에 붙어 있는 표지판에는 "음식 값을 내고 영수증을 못 받은 고객께서는 주인에게 말씀해주시면 사과의 뜻으로 5만 원 상당의 상품권을 드리겠습니다."라고 쓰여 있습니다. 왜 그럴까요?

김 교수 흔히 볼 수 있는 것은 아닙니다만, 가끔 그런 표지판을 볼 수 있는데, 이는 바로 비용을 절약하기 위한 것입니다.

오명민 그것이 비용과 관련된다는 사실은 미처 몰랐습니다.

김 교수 음식점 주인은 재료 구입에서부터 음식점의 위생과 종업원의 친절 문제 등, 할 일이 참으로 많겠지요? 또한 고객이 음식을 먹고 난 다음에 계산대에서 음식 값을 계산하는데, 계산원이 정확하게 하는지도 봐야 되겠지요? 요즈음에는 계산대에 금전등록기가 비치되어 있어, 고객이 음식 값을 치르면 금전등록기에 자동으로 입력되고 영수증이 출력됩니다. 그런데 계산원이 고객에게서 받은 돈을 등록하지 않고 자신의 호주머니에 넣더라도 영업이 끝나 결산할 때에 금전등록기에 입력된 금액과 실제로 들어있는 총 금액은 일치하게 되므로 주인은 그만큼 수입을 잃게 될 것입니다. 그런데 주인이 계산원에 대한 감시에 치중한다면 다른 일을 할 수 없거나 소홀히 할 수밖에 없겠지요? 주인의 계산원에 대한 감시라는 선택 행위에는 높은 기회비용이 수반된다는 것입니다. 즉 종업원을 감시하는 행위의 선택에 따른 사전적 비용이 크기 때문에 감시하지 않는 행위를 선택하도록 한다는 것입니다. 그 방법이 곧 주인은 계산원을 감시하는 일을 자신이 하지 않고 고객이 대신하도록 하여 사후적 비용을 줄일 수 있을 것입니다. 그것이 바로 위의 표지판을 붙이는 것입니다. 즉 주인은 자신이 계산원을 감시하는 행위를 하지 않고 고객이 하도록 함으로써 자신이 지불해야 하는 비용을 회피하는 것입니다. 기회비용을 고려하여 자신이 감시 행위를 하지 않고 고객이 하도록 하는 것이지요. 주인이 치르는 사후적 비용은 어쩌다 지급하게 되는 상품권이 될 것입니다.

박 사장 그렇다면 음식점에 봉사료가 있는 이유도 같은 방법으로 설명할 수 있을 것 같습니다.

김 교수 그렇습니다. 한 번 설명해 보시지요.

박 사장 우선 음식점 종업원과 주인의 유인誘因은 다르지요. 종업원은 영업이 잘 안 되더라도 사전에 계약한 임금을 받을 수 있지만, 주인은 영업을 접어야 할 수도 있습니다. 그래서 주인은 종업원들이 고객들에게 친절하도록 교육하고 친절 여부를 감시해야 하는데, 음식점 규모가 커져 주인이 할 일이 많아질수록 종업원들을 감시하기는 어렵습니다. 감시가 어렵다는 말은 그에 따른 기회비용이 크다는 뜻입니다. 즉 선택에 영향을 미치는 높은 비용이 주인으로 하여금 감시 행위를 하지 않도록 한다는 것입니다. 따라서 주인은 음식 값을 조금 낮추고 고객들로 하여금 그들에게 만족할 만한 서비스를 해준 종업원에게 봉사료를 주게 하는 방법을 생각할 수 있겠지요. 고객은 종업원이 베푸는 서비스의 질을 가장 잘 판별할 수 있는 사람이므로, 고객을 친절하게 모신 종업원은 봉사료를 받을 것이며, 그렇지 않은 종업원은 봉사료를 받지 못할 뿐만 아니라 친절하지 못함이 주인에게 알려지는 부담을 져야 할 테니 말입니다. 주인은 자신을 대신해 고객들로 하여금 종업원을 관찰하도록 함으로써 자신의 비용을 회피하는 것입니다. 주인의 선택에 따른 사후적 비용은 음식 값을 조금 낮춘 금액이며, 감시의 수고는 고객들에게 넘기는 것이라고 설명할 수 있겠습니다.

김 교수 아주 잘 설명하셨습니다. 두세 가지 사례를 더 들어볼까요?

오명민 대도시 사람들이 시골 사람들보다 일반적으로 덜 친절한 이유도 기회비용으로 설명할 수 있을 것 같습니다. 대도시 사람들은 시골 사람들보다 보통 더 바쁘지요. 따라서 대도시 사람들의 시간 비용은 시골 사람들의 시간 비용보다 더 높다고 할 수 있습니다. 이를테면 임금 말입니다. 누군가가 길을 물으면 시간을 들여 알려줘야 하는데, 대도시 사람들의 시간 비용이 높으므로 시간 비용이 낮은 시골 사람들보다 덜 친절한 것으로 나타나는 것입니다. 즉 길을 친절하게 알려주는 데 따른 사전적 비용, 즉 선택에 영향을 미치는 비용이 크므로 불친절하게 알려주는 선택을 함으로써 사후적 비용, 즉 선택에 의해 영향을 받는 비용을 줄이는 것입니다. 그러니까 이 역시 높은 기회비용을 고려하여 선택을 조정함으로써 자신이 지불하는 비용을 줄이려는 것이라고 할 수 있겠습니다.

박 사장 인기가 높은 연예인이나 운동선수들이 군복무를 회피하려는 욕망이 강한 이유도 마찬가지로 설명할 수 있겠습니다. 이들이 입대하면 군복무 기간 동안 수입 활동을 할 수 없고, 그 동안의 공백기에 재능도 후퇴할 수 있어 미래의 기대 수입도 줄어들 수 있습니다. 즉 이들은 군복무에 따른 큰 기회비용을 예상하는 것이지요. 그러나 한국과 같은 징병제 국가에서는 건강한 청년이 군복무를 합법적으로 면제받는 조건이 매우 까다롭습니다. 따라서 이들은 입대하는 데 따른 사전적 비용, 즉 선택에 영향을 미치는 비용이 크므로 불법적인 방법으로 입대하지 않는 선택을 함으로써 선택에 의해 영향을 받는 사후적 비용을 줄이려는 것이라고 설명할 수 있겠습니다.

김 교수 다른 각도에서 기회비용을 설명할 수도 있습니다. 즉 소비자 가격을 기회비용으로 설명할 수 있다는 것입니다. 예를 들어볼까요? 커피의 공급이 제한되어 있는 상태에서 커피를 마시려는 사람들이 증가하면 커피 가격은 상승하는데, 가격이 상승함에 따라 점점 더 많은 사람들이 커피 마시기를 포기할 수밖에 없겠지요? 예를 들어 특정 커피 가격에서 커피를 마시고 싶었지만 그 가격이 부담스러워 커피 마시기를 포기하고, 그보다 약간 더 낮은 가격의 다른 음료수를 마시게 하는 '그 커피 가격'이 소비자의 기회비용이라는 것입니다. 따라서 커피 가격은 커피가 시장에 나오도록 하는 데 추가적으로 사용되는 자원의 기회비용뿐만 아니라 아슬아슬하게 커피를 마시지 못한 소비자의 기회비용을 반영합니다.

박 사장 어떤 물건을 정부가 공급하는 경우에도 기회비용 개념이 적용되어야 할 것 같습니다만.

김 교수 그렇습니다. 여느 선택에서와 마찬가지로 선택 행위에는 그러한 선택을 하지 않게 하거나 망설이게 하는 비용, 즉 선택에 영향을 미치는 사전적 비용과 일단 선택이 이뤄진 다음에 발생하는, 선택에 따른 사후적 비용이 존재합니다. 정부가 선택하는 경우에도 마찬가지입니다. 예를 들어 어떤 도로를 공급할 것인가를 결정하는 의사결정자의 선택에 영향을 미치는 비용과 그 도로 공급을 결정한 이후 지출하는 비용이 존재하겠지요. 전자는 도로 공급이라는 선택에 영향을 미치는 사전적 개념의 비용으로서 정확한 의미의 기회비용이며, 후자는 도로 공급이라는 선택이 이뤄진 다음에 사회 전체가 사후적으로 치르게 되는 비용을 의미하게 됩니다. 그래서 국채 발행으로 도로를 건설할 경우 미래 세대가 지는 부담은, 어떤 도로를 건설할 것인가의 선택이 이뤄진 다음에 발생하는 제반 비용으로서, 이는 선택의 결과에 따른 비용입니다.

박 사장 혹시 사회주의 경제계산 불가능성 문제를 기회비용의 문제와 관련지어 검토할 수 있을까요? 만일 생산 이론에서 말하는 기회비용이 적절한 개념으로 사용될 수 있다면 사회주의에서도 경제계산이 가능할 것 같습니다만.

김 교수 생산 이론에서와 같이 기회비용이 객관적으로 측정 가능하다면, 기회비용은 인간의 선택과 무관할 수 있으며, 기회비용이 선택과 무관하면 한 사회의 제도와 조직의 형태는 비용에 영향을 미치지 않습니다. 사람들이 부여하는 가치가 개입되지 않고 단지 물리적 관계로부터 기회비용이 객관적으로 결정되기 때문이지요. 그러나 중요한 것은 사람들의 가치입니다. 선택에 따른 기회비용은 개인들의 주관적 가치 평가를 반영하는데, 사회주의에서는 개인들의 선택에 따른 주관적 가치 평가가 반영될 수 없습니다. 따라서 사후적으로 치러야 하는 비용도 평가할 수 없습니다. 즉 자원이 국가 소유라면 가치와 관련되는 기회비용을 알 길이 없으므로 자원이 효율적으로 배분될 수 없습니다. 경제계산 문제가 해결되지 않는다는 말입니다.

박 사장 지금까지 비용에 대한 많은 논의를 했습니다. 예상했던 대로 비용 개념은 어렵습니다. 부족한 이해는 다음에 더 공부하여 채우기로 하겠습니다. 그럼 비용에 대한 논의는 여기에서 마치기로 하고 다음 주제로 넘어가는 것이 좋을 것 같습니다.

11

투자와 투기

김 교수 사람들이 많이 혼동하는 투자와 투기에 대해 논의해 보는 것이 좋겠습니다. 특히 투기는 부도덕한 행위로 간주되고 있으니 말입니다. 우선 투자와 투기는 어떻게 다를까요?

오명민 예를 들어 우리는 흔히 주식을 사는 행위를 투자라고 하는데 맞는 말인가요? 또 집을 새롭게 고치거나 자동차를 고치는 것도 투자라고 할 수 있나요?

김 교수 우리는 보통 투자와 투기를 같은 의미로 사용하는 경우가 많습니다. 물론 그렇다고 해서 언제나 별다른 문제를 일으키는 것은 아닙니다. 그러나 그 개념을 확실히 구분하여 사용해야 정작 중요한 문제에서 논란을 피할 수 있습니다. 우선 개념을 명확하게 하자면, 투자investment는 경제의 생산 능력에 변화를 가져오는 행위를 말하며, 투기speculation는 이익을 기대하면서 부와 소득을 특정 자산의 형태로 미래로 옮겨가는 행위를 말합니다.

박 사장 예를 들어서 설명해 주시면 감사하겠습니다.

김 교수 주식을 사는 행위를 예로 들어봅시다. 주식은 새롭게 발행되는 주식과 기왕에 발행되어 유통되는 주식으로 구별할 수 있겠지요? 물론 누군가가 신규 주식을 인수하여 유통시키면, 그 때부터는 유통 주식이 되겠지요. 참고로 신규 주식이 발행되어 인수되는 시장을 발행시장primary market이라고 하고, 기 발행된 주식이 거래되는 시장을 유통시장secondary market이라고 합니다.

오명민 알겠습니다. 그럼 두 시장 간의 차이는 무엇입니까?

김 교수 기업이 주식을 새롭게 발행하는 이유는 자본금을 모아 생산 시설을 확장하거나 운영 자금을 확보하기 위한 것이지요. 생산 시설의 확장이나 운영 자금의 확대는 곧 경제의 생산 능력의 확대를 의미하므로 투자가 됩니다. 그런데 기왕에 발행된 주식이 거래된다는 것은 주식의 주인만 바뀔 뿐, 경제의 생산 능력 변화와는 아무런 상관이 없습니다. 그래서 이는 투자가 아닙니다. 물론 사람들이 유통 주식을 사고 이를 투자라고 말하는데, 일상 대화에서 그렇게 말하는 것을 문제 삼을 필요는 없겠지요?

오명민 그럼 왜 사람들은 주식을 사고팔까요?

박 사장 그야 물론 이익을 얻기 위해서겠지요.

김 교수 그렇습니다. 주식을 보유하여 배당dividend을 받거나 가격이 낮을 때 사서 높을 때 팔아 자본이득capital gain을 얻으려고 하는 것이지요.

오명민 그럼 두 시장에서 투자와 투기의 개념은 어떻게 적용되는지요?

김 교수 사람들이 신규 주식을 사면 그 자금이 생산 시설 확충이나 기업 운영에 사용되므로 일단 투자 행위가 되지요? 주식 매입자는 주식을 사서 이익을 얻으려는 목적에서 그리 했지요? 그런데 주식 가격이 내려가면 손해를 볼 수도 있겠지요? 미래의 이익을 기대했지만 실제로는 손해를 볼 수도 있다는 말입니다. 그래서 신규 주식을 매입하는 것은 투자와 투기의 요소를 함께 포함하고 있는 행위입니다. 반면에 유통 주식을 매입하는 것은 투자 요소는 없고 투기 요소만 있는 행위입니다. 그 주식이 처음 발행될 때 투자는 이미 이뤄졌으니까요. 물론 유통 주식의 매매가 원활해야 신규 주식의 매매가 원활하게 이뤄진다는 점은 감안할 필요가 있습니다.

오명민 그러니까 하나의 행위에 투자와 투기 요소가 함께 들어있는 경우도 있다는 말씀이군요.

김 교수 그렇습니다. 하나의 행위에 투자와 투기 요소가 함께 있는 경우는 많습니다. 주택을 신축하는 행위도 그렇습니다. 잘 생각해 보십시오.

박 사장 그런데 투기 행위로 이익을 얻으려면 미래에 대한 예측이 맞아 떨어져야 합니다. 예를 들어 주식이나 주택 가격이 오를 것이라고 예측하고 샀는데 떨어지면 손해를 보니까 말입니다. 그래서 투기로 이익을 얻는다는 것이 쉬운 일이 아니겠습니다. 불확실한 미래에 대한 것이니 말입니다.

김 교수 그렇습니다. 사람들은 흔히 투기꾼을 비하하고 비난하는 경향을 보이지만, 투기꾼은 미래에 대한 자신의 예측이 맞을 수 있도록 지식과 정보를 획득하여 가공하고 예상하는 일에 몰두하는 사람입니다. 예측이 맞아야 돈을 벌 수 있으니까요.

오명민 투기꾼을 막무가내로 비난할 일이 아니군요. 그렇다면 투기꾼들이 사회에 공헌하는 바는 있습니까?

박 사장 사회에 공헌하는 바가 없다면 이미 퇴출되었겠지요. 사기꾼 취급만 받았을 테니까요.

김 교수 그렇습니다. 우리 사회 각 곳에 투기꾼들이 열심히 활동하고 있습니다. 투기꾼이 있어야 어떤 행동을 할 때 위험을 회피하고자 하는 사람들이 그렇게 할 수 있으니까요.

오명민 예를 들어 설명해 주시지요.

김 교수 구리 투기꾼을 예로 들어보지요. 구리 투기꾼은 미래에 구리 가격이 오르리라고 예상하면 지금 낮은 가격에 구리를 사서 미래에 예상되는 높은 가격에 팔아 이윤을 남기려고 합니다. 그는 자신의 돈으로 직접 구리를 사서 보관하고 있다가 가격이 오를 때 팔아서 이익을 얻으려고 한다는 것입니다. 그런데 미래의 구리 가격이 현재의 가격보다 높아지리라는 투기꾼의 예상은 구리가 현재보다 미래에 더 희소해질 것이라는 예상을 반영하는 것입니다.

오명민 그래서 구리 투기꾼이 몰두하는 일은 미래 가격의 예측이겠군요.

김 교수 그렇습니다. 투기꾼의 예측이 맞으면 이익을 얻고 틀리면 손해를 보므로 투기꾼은 자신의 예측이 맞도록 최선을 다합니다. 이익과 손해만큼 사람들로 하여금 최선을 다 하도록 하는 것은 없으니까요. 그래서 예측이 맞을 경우, 구리 투기꾼은 구리를 덜 희소한 시점이나 장소에서 더 희소한 시점이나 장소로 이동시켜 구리의 가치를 증가시킨다는 점에서 부를 창출하며, 그 대가로 이익을 얻습니다. 반면에 예측이 틀리면 구리를 더 희소한 시점이나 장소에서 덜 희소한 시점이나 장소로 이동시켜 구리의 가치를 떨어뜨린다는 점에서 부의 감소를 초래하며, 그 대가로 손해를 봅니다.

오명민 그런데 투기꾼이 전문적으로 활동하는 시장이 선물시장先物市場이라고 들었습니다. 우선 선물시장이 무엇인지에 대해 설명해 주시지요.

김 교수 그렇습니다. 투기와 그에 따른 헤징은 보통 선물시장에서 이뤄집니다. 먼저 현물시장現物市場과 현물가격에 대한 설명이 필요할 것 같습니다. 현물시장이란 거래 현장에서 즉시(보통 거래 후 2일 이내) 물건의 인수와 인도, 그리고 대금 결제가 이뤄지는 시장을 말하며, 그 때의 가격을 현물가격, 그런 거래를 현물거래라고 합니다. 우리가 시장에서 물건을 사고 돈을 바로 지불하는 거래는 모두 현물거래에 해당하지요. 반면에 선물시장이란 오늘 약정한 가격(선물가격)으로 일정 양의 물건과 대금을 미래의 특정 시점에 인수·인도할 것을 약속하는 계약이 거래되는 시장입니다. 즉 오늘 주고받을 물건과 현금은 없고, 단지 미래에 이행할 계약이 거래되는 시장입니다. 구리 선물시장에서 구리 투기꾼은 오늘 구리를 살 현금을 가지고 있을 필요가 없고 구리 판매인도 구리를 가지고 있을 필요가 없습니다. 구리와 대금의 인수·인도가 미래의 특정 시점에 이뤄지기 때문입니다. 현금도 없이 거래를 한다는 바로 이 점이 사람들도 하여금 선물 투기꾼을 모리배로 생각하게 하는 하나의 이유일 것입니다.

오명민 그럼 선물거래는 구체적으로 어떻게 이뤄지는지 예를 들어 설명해 주시기 바랍니다.

김 교수 선물거래는 미래에 이행할 계약을 거래하는 것이라고 했지요? 이제 3개월 후에 5천 톤의 구리를 판매하고자 하는 채굴업자를 고려해 봅시다. 지금 구리 가격은 톤당 1천만 원인데 이 채굴업자는 3개월 후의 구리 가격이 어떻게 될지 몰라 불안하겠지요? 3개월 후의 가격이 1천만 원보다 더 높으면 채굴업자의 수입은 그만큼 늘어나겠지만 그 아래로 떨어지면 수입이 그 만큼 줄어들 테니까요. 이 때 채굴업자가 선물시장에서 3개월 후에 5천 톤의 구리를 톤당 1천 50만 원에 인도하기로 하는 선물계약을 체결하면 3개월 후의 구리 값이 얼마가 되든지 톤당 1천 50만 원을 받게 되므로 채굴업자는 가격 변동의 불안으로부터 해방될 수 있습니다. 즉 이 채굴업자는 선물계약을 맺는 데 들어가는 작은 비용을 들여서 가격 변동으로 입을지도 모를 큰 손해를 피하는 것입니다. 이와 같이 작은 비용을 들여 큰 위험을 회피하는 행위를 헤징hedging이라고 하며, 여기에서는 채굴업자가 헤저hedger가 되는 셈입니다.

박 사장 거래가 성사되려면 거래 상대방이 있어야 하는데요, 구리 채굴업자가 미래의 가격 변동으로부터 발생하는 위험을 회피하려 한다면, 그 위험을 수용할 사람이 있어야 한다는 것이지요. 즉 채굴업자의 헤징을 받아줘야 할 사람, 다시 말해 누군가 선물계약을 인수할 사람이 있어야 거래가 성사될 텐데 그 사람이 바로 투기꾼입니까?

김 교수 그렇습니다. 그 사람이 바로 구리 투기꾼입니다. 채굴업자는 헤저로서 선물계약으로 구리 가격 변동에 따른 위험을 회피하려는 사람이지만, 투기꾼은 선물계약으로 돈을 벌려고 하는 사람입니다.

오명민 그렇다면 이 투기꾼은 3개월 후의 구리 가격을 어떻게 예상하고 있을까요?

김 교수 그가 돈을 벌기 위해서는 3개월 후의 구리 가격이 톤당 1천 50만 원보다 높아야 하는데, 투기꾼은 그렇게 예상하고 선물계약을 맺었겠지요? 왜 그럴까요? 투기꾼은 계약한 양의 구리를 3개월 후에 인수하여 그 때의 현물시장에서 팔아 채굴업자에게 톤당 1천 50만 원을 지급하게 되겠지요? 따라서 3개월 후의 현물 가격이 톤당 1천 50만 원을 넘어야 돈을 벌 수 있습니다. 예를 들어 3개월 후의 현물가격이 톤당 1천 1백만 원이면 톤당 50만 원을 벌 것이며, 톤당 1천만 원이면, 톤당 50만 원의 손해를 볼 것입니다. 그러니 3개월 후의 구리 가격을 예측하는 데 있어 투기꾼이 얼마나 애를 쓰겠습니까? 모든 수단을 동원하여 총력을 기울이겠지요. 예측이 틀리면 큰 손해를 보기 때문입니다. 그러나 미래는 불확실하므로 맞을 수도 있고 틀릴 수도 있습니다. 물론 투기꾼의 잘못된 예측은 그의 무지와 정보 부족으로 인한 것이지 의도적인 것은 아니지요. 손해를 보려고 경제 활동을 하는 사람은 없으니까요.

오명민 그래서 투기꾼은 불확실한 세계에서 미래의 시장 상황을 어떻게 예측하느냐에 따라 자신의 손익이 갈리는 사람이군요. 투기꾼이 별로 하는 일도 없이 돈을 번다는 비난은 투기꾼이 하는 일이 무엇인지를 전혀 모르고 하는 말이군요. 일정한 월급을 받는 근로자가 비록 그 금액이 적다고 하더라도 마음 편한 삶을 사는 것에 비하면 투기꾼의 삶은 항상 불안과 초조함의 연속이라고 할 수 있겠습니다. 물론 예측이 잘 맞아떨어졌을 때 벌 수 있는 돈이 불안과 초조함을 보상하겠지만 말입니다.

박 사장 투기꾼에 대한 이해를 높이려면 정보가 공짜라는 생각부터 버려야 합니다. 투기꾼의 사회적 기능을 다시 한 번 설명해주시지요.

김 교수 투기꾼은 자신의 예측으로 자원배분에 영향을 미치기도 합니다. 앞에서 잠깐 언급한 것처럼 투기꾼이 예측하는 특정 물건의 미래 가격은 일반 사람들이 생활하는 데 유용한 정보가 되어 합리적 경제생활을 유도한다는 것입니다. 구리 투기꾼이 3개월 후의 구리 가격을 지금의 톤당 1천만 원보다 더 높은 1천 50만 원으로 예상했다는 것은 3개월 후에는 구리가 지금보다 더 희소해질 것이라는 정보를 생산하여 사람들이 이를 경제생활에 활용토록 하는 것입니다.

박 사장 지금까지 구리의 선물거래에 대해 말씀해주셨는데, 선물거래가 많이 이용되고 있는 외환시장에서의 헤징과 투기에 대해서도 설명이 필요할 것 같습니다.

김 교수 그렇습니다. 헤징과 환투기는 외환시장에서 불확실성을 취급하는 하나의 방법으로 사용되고 있습니다.

오명민 우선 환換이 무엇인지 설명해주시겠습니까?

박 사장 환換은 간단히 말하면 결제 수단인데요, 환에는 내국환內國換과 외국환外國換이 있습니다. 내국환은 한 나라의 원격지遠隔地 사이에서 채권·채무를 결제하는 수단으로 사용되는 어음이나 수표 등을 말합니다. 반면에 외국환은 외국과 거래할 때 사용되는 결제 수단으로서 외화, 수표, 어음 등을 포함합니다. 그런데 여기에서 우리가 논의하고자 하는 헤징과 환투기는 환율 변동에 따라 자국 화폐로 표시되는 가치가 달라지는 외국환에 대한 것입니다. 내국환은 환율 변동과는 상관이 없으니까요.

김 교수 그렇습니다. 그런데 외국환 선물거래도 정보가 공짜라는 생각에서 벗어나야 올바르게 이해할 수 있습니다.

오명민 이해를 돕기 위해 예를 들어 설명해 주십시오.

김 교수 한국의 수입업자가 미국으로부터 휴대전화 1,000개를 개당 800달러에 수입하기로 하고 수입 대금은 3개월 후에 지급하기로 하였다고 합시다. 수입업자는 지금의 대미 달러 환율이 달러 당 1,100원인데 3개월 후의 외환시장에서 현물환율이 얼마가 될지 몰라 불안하겠지요? 그래서 이런 불안을 해소하기 위해 이 수입업자는 선물시장에서 3개월 후에 미국의 수출업자에게 지불할 80만(1,000개 × 800달러) 달러를 특정 환율, 이를테면 선물시장에서 달러 당 1,150원의 선물환율에 사 두는 계약을 체결합니다. 즉 수입업자는 3개월 후의 80만 달러 선물환을 매입한 것인데, 이는 3개월 후에 80만 달러를 9억 2천만 원(80만 달러 × 1,150원)의 원화를 주고 인수받는 계약을 체결한 것입니다. 이로 인해 수입업자는, 3개월 후의 현물환율이 얼마가 되든지 그가 지불해야 하는 수입 대금은 9억 2천만 원으로 고정되므로, 환율 변동의 불안으로부터 해방될 수 있습니다.

박 사장 그럼 수입업자가 선물환을 샀으므로 당연히 그 선물환을 파는 사람이 있어야 선물계약이 성립할 텐데요.

김 교수 그렇습니다. 선물환을 파는 이가 바로 외환 투기꾼입니다. 투기꾼이 선물환을 팔았다면 이 투기꾼은 3개월 후의 현물환율을 1,150원보다 낮게 예상하고 있겠지요?

오명민 왜 그렇지요?

김 교수 투기꾼은 자신의 호주머니에 80만 달러를 가지고 있지 않습니다. 그는 3개월 후에 수입업자로부터 9억 2천만 원을 받아 현물시장에서 80만 달러를 사서 수입업자에게 줍니다. 이 때 환율이 달러 당 1,150원보다 낮아야, 이를테면 환율이 1,100원이라면 현물시장에서 8억 8천만 원으로 80만 달러를 사서 수입업자에게 주고 남은 4천만 원을 투기 수익으로 얻게 됩니다. 달러 당 50원의 이익을 얻는 것이지요. 반면에 3개월 후의 현물환율이 1,150원보다 높은 1,200원이라면 투기꾼은 현물시장에시 80만 달러를 9억 6천만 원에 사서 수입업자에게 주어야 하므로 4천만 원의 손해를 보게 됩니다. 달러 당 50원의 손해를 보는 것이지요.

오명민 잘 알겠습니다. 그럼 수출업자에 적용하여 제가 한 번 설명해보겠습니다. 맞는지 확인 부탁드립니다.

박 사장 그리해 보세요. 좋은 학습이 될 것 같습니다.

오명민 한국의 수출업자가 휴대전화 1,000개를 개당 800달러에 미국에 수출하기로 하고 수출 대금은 3개월 후에 받기로 하였다고 하지요. 수출업자는 지금의 대미 달러 환율이 1,100원인데 3개월 후의 외환시장에서 현물환율이 얼마가 될지 몰라서 불안합니다. 그는 이런 불안을 해소하기 위해 선물시장에서 3개월 후에 미국의 수입업자로부터 받을 80만(1,000개 × 800달러) 달러를 특정 환율, 이를테면 선물시장에서 달러 당 1,150원의 선물환율에 파는 계약을 체결합니다. 즉 수출업자는 3개월 후에 80만 달러를 9억 2천만 원(80만 달러 × 1,150

원)을 받기로 하고 투기꾼에게 파는 선물계약을 체결한 것입니다.

박 사장 그렇습니다. 이 때 투기꾼은 3개월 후의 현물환율에 대해 어떤 예상을 하고 있는 것일까요?

오명민 이 투기꾼은 자신의 호주머니에 정작 3개월 후에 수출업자에게 줄 9억 2천만 원을 가지고 있지 않습니다. 수출업자로부터 80만 달러를 받아서 이를 현물시장에서 팔아서 수출업자에게 줄 원화를 확보합니다. 그러니까 이 투기꾼이 돈을 벌기 위해서는 3개월 후의 현물환율이 달러 당 1,150원보다 높아야 합니다. 이를테면 현물환율이 1,200원이라면 80만 달러를 팔아 9억 6천만 원을 받아서 9억 2천만 원을 수출업자에게 주고 4천만 원의 수익을 얻습니다. 달러 당 50원의 수익을 얻는 것이지요. 반면에 3개월 후의 현물환율이 1,150원보다 낮은 1,100원이라면 투기꾼은 현물시장에서 수출업자로부터 받은 80만 달러를 8억 8천만 원에 팔고 9억 2천만 원을 수출업자에게 주므로 4천만 원의 손해를 봅니다. 달러 당 50원의 손해를 보게 되는 것이지요.

김 교수 훌륭합니다. 그래서 투기꾼이 돈을 버느냐 손해를 보느냐는 전적으로 그의 미래에 대한 예측 능력에 의존하게 됩니다. 사람들은 투기꾼을 불로소득자라고 비난하지만, 투기꾼은 미래를 예측하는 통찰력으로 돈을 버는 과정에서 사람들로 하여금 헤징을 가능하게 하고 시장 정보를 생산해 사람들이 희소한 자원을 더 효율적으로 사용하도록 유도하는 중요한 기능을 합니다.

오명민 그렇다고 투기꾼들이 사회적 이득을 위해 투기꾼이 된 것은 아니지 않습니까? 돈을 벌기 위해서겠지요.

김 교수 물론입니다. 그것이 바로 보이지 않는 손의 위력입니다. 나의 이익을 위해 하는 행동이 결국 사회 전체적으로 이익이 되니 말입니다.

박 사장 결국 투기꾼은 모리배나 협잡꾼이 아니라 정보를 생산·유통함으로써 자신의 이익은 물론 부의 증가에 기여하는 건전한 시장 참여자라는 말씀이군요. 아마도 불확실한 미래에 대한 예측보다 더 어려운 일은 없을 것 같습니다. 이제 여러분은 투기꾼이 별다른 일도 하지 않으면서 돈을 번다고 생각하는 것은 잘못이라는 점을 알 수 있을 것입니다. 정보를 생산하고 유통하는 일은 결코 공짜가 아닙니다. 투기꾼에 대한 오해는 대부분 정보가 공짜라는 잘못된 생각에서 비롯됩니다. 헤징과 투기는 인간이 불확실한 미래에 대처하고 활용하여 손실을 줄이고 이익을 얻으려는 과정에서 개발된 방법이니까요.

김 교수 아주 잘 정리해 주셨습니다.

12

주택 투기

오명민 그럼 흔히 주택 가격 상승의 원흉으로 간주되어 사회적 지탄을 받는 주택 투기자에 대해서는 어떻게 생각해야 할까요?

김 교수 적절한 시기에 적절한 질문을 제기했습니다. 그런데 주택이라고 해서 다른 물건과 달리 취급할 이유가 있을까요?

오명민 있지 않을까요? 모든 사람들이 삶을 영위하기 위해서 주택은 꼭 필요하니까요.

김 교수 그런 점도 없지 않습니다. 그런데 그런 물건들은 많습니다. 먹고 입고 자는 것과 관련된 물건들은 대부분 그러합니다. 그러나 이런 물건들도 지천으로 널려 있지 않고 희소합니다. 그런 점에서 다른 물건들과 다르게 취급할 이유가 없지요. 모든 사람들이 원하는 주택을 원하는 장소에 가지기는 매우 어렵다는 것입니다.

박 사장 그렇겠습니다. 그런데 주택은 꼭 거주 목적으로 소유되는 것입니까? 재산 증식의 목적은 없을까요?

김 교수 사람들이 어떤 장소에 어떤 주택을 소유할 것인가는 거주와 재산 증식의 목적에 따른 결정입니다. 불확실한 미래에 대한 판단의 산물이지요. 그렇다면 주택 투기와 관련된 질문은 왜 주택을 매개로 투기 행위가 성행하느냐는 것이 됩니다. 따라서 투기의 성행 원인을 먼저 규명하는 것이 투기 근절 대책이 되겠지요. 주택 투기를 사회적 문제로 여긴다면 말입니다.

박 사장 그렇습니다. 사람들의 투기 행위는 분명 그에 따른 이익을 기대하는 것을 의미하므로, 그것이 왜 생기는지를 알아야 할 것 같습니다. 투기를 죄악시하고 단속한다고 해서 없어지는 것이 아닐 뿐만 아니라 이기적 인간성에도 어긋나기 때문입니다.

오명민 얼른 생각하기로는 주택 가격 안정을 위해 여러 가지 정책들이 시행돼 왔는데, 그런 정책들이 투기를 조장한다는 말로 들립니다만.

박 사장 상당 부분 그렇다고 할 수 있습니다. 우선 주택 가격이 결정되는 원리에 대해 논의해볼까요? 물건에 관한 논의라면 우선 그 물건 가격이 어떻게 결정되는지를 아는 게 중요하니까요.

김 교수 그렇습니다. 주택 가격 결정 원리를 안다면 주택 관련 정책들이 가격에 어떻게 영향을 미쳐 어떤 결과를 초래하는지를 알 수 있으므로 정책의 적절성 여부를 가릴 수 있을 것입니다.

오명민 그럼 주택 가격은 어떻게 결정됩니까?

김 교수 주택 가격이 어떻게 결정되는지를 알기 위해서는 우선 유량流量, flow과 저량貯量, stock 개념을 알 필요가 있습니다.

오명민 사람들의 이해를 돕기 위해 예를 들어 설명해주시면 감사하겠습니다.

김 교수 저수지貯水池가 좋은 예가 될 것입니다. 저수지를 모르는 사람은 없을 테니까요. 여러분들이 집에서 목욕할 때 사용하는 욕조를 예로 들어도 좋습니다. 저수지에는 물이 고여 있는데 저수지 위쪽에는 산에서 물이 들어오는流入 수로가 있고 아래쪽에는 고여 있는 물이 나가는流出 수로가 있지요? 그런데 물이 들어오고 나가는 데는 시간이 걸립니다. 이와 같이 경제에서 양量을 측정할 때 '일정한 시간(기간)' 동안에 측정된 양을 유량이라고 합니다. 그러니까 일정한 시간 당 유입량 또는 유출량으로 측정되겠지요.

오명민 아, 그래서 유량이라는 용어를 쓰는군요. 그렇다면 경제에서 유량 변수에는 어떤 것들이 있나요?

박 사장 국내총생산(GDP)이 대표적입니다. GDP는 월간 GDP, 분기 GDP, 반기 GDP, 연간 GDP 등으로 구분할 수 있습니다. 월, 분기, 반기, 또는 년이라는 일정한 기간 동안에 생산된 것이라는 뜻입니다. 이를테면 우리가 흔히 사용하는 연간 GDP는 1년 동안 국내에서 생산된 최종 재화와 서비스의 총 시장가치를 말합니다. 이는 물론 1년 동안에 생산된 총 부가가치와 같습니다.

오명민 그럼 소득, 투자, 저축, 무역수지 흑자나 적자, 정부 재정의 흑자나 적자 등도 모두 유량 변수가 되겠습니다. 모두 일정한 기간 동안에 집계된 것들이니까요.

김 교수 그렇습니다. 다시 저수지 얘기로 돌아가서 얘기하자면, 물이 유입되고 유출되는 양에 따라 저수지 수면은 높아지기도 하고 낮아지기도 하겠지요? 유입되는 양이 유출되는 양보다 많으면 저수지 수면이 높아지고 반대의 경우에는 수면이 낮아질 것입니다. 이 때 저수지에 고인 물의 양을 저량이라고 하는데, 저량은 일정한 시간 동안에 유입(+)된 양에서 유출(−)된 양을 빼고 누적된 것으로서 특정 시각(시점)에 측정된 양을 말합니다. 즉 특정 시각에 저수지에 고인 물의 양을 말하는 것이지요. 그러니까 저수지에 고인 물의 양은 유입되는 물의 양과 유출되는 물의 양에 따라 더 많아지기도 하고 더 적어지기도 합니다.

오명민 당연히 그렇겠습니다. 그럼 경제에서 저량 변수에는 어떤 것들이 있습니까?

박 사장 저수지에 유·출입되는 물이 누적된 특정 시각의 물이 저수량이듯이, 저량 경제 변수도 유량 경제 변수가 누적된 특정 시각의 양입니다. 예로서는 정부의 조세 수입에서 재정 지출을 뺀 재정 적자가 누적된 특정 시점의 국가 채무國債, 소득이 쌓여 축적된 자산과 부 등을 들 수 있겠습니다.

김 교수 그런데 저수지의 물은 누군가가 원하기 때문에 가둬둔 것인데, 이는 농업용수 및 공업용수로 사용하는 사람들이 특정 시점에 가둬 두기를 원하는 것이라는 점에서 저량 수요라고 합니다. 또한 저량 공급은 특정 시점에서 저수지에 가둬둔 물의 양이 되겠지요?

오명민 이제 유량과 저량에 대해서는 확실하게 이해가 되었습니다. 그럼 이런 개념들이 주택 가격 결정과 어떻게 관련되는지요?

박 사장 우선 주택 시장을 저수지 예와 비교해 보면 유입은 일정한 기간 동안 새롭게 지어지는 신규 주택의 양, 유출은 일정한 기간 동안 수명이 다해 멸실되는 기존 주택의 양, 저수량은 신규 주택에서 멸실된 기존 주택을 빼고 누적되어 특정 시점에 경제에 존재하는 기존 주택의 총량이 되겠습니다.

오명민 그러니까 신규 주택과 멸실되는 주택은 유량이고 주택 총량은 저량이 되겠군요.

김 교수 그렇습니다. 이제 주택 가격 결정에 대해 이해할 수 있는 준비가 되었지요? 그렇다면 우리가 주택을 원하는 이유가 무엇이라고 생각하나요?

오명민 주택이 있어야 추위와 더위와 바람을 피할 수 있고 잠도 잘 수 있는 등, 안락한 주거 생활을 할 수 있기 때문이 아닐까요?

김 교수 그렇습니다. 그래서 우리가 원하는 주택은 기존 주택입니다. 지금 지어지고 있는 신규 주택에서는 당장은 거주할 수 없으니까요.

오명민 아파트의 경우에 사람들이 신규 아파트 분양 신청을 하는데, 건축이 완료되면 기존 아파트가 되기 때문이겠군요.

박 사장 그렇지요. 그러니까 우리는 이제 주택 시장을 신규 주택 시장(유량 시장)과 기존 주택 시장(저량 시장)으로 나눌 수 있겠습니다. 그럼 이제 주택 가격 결정 원리와 분양가 상한제의 효과를 논의해 보지요.

분양가 상한제

김 교수 우선 주택 가격이 어떻게 결정되는지를 알아보고 분양가 상한제 효과를 살펴보겠습니다. 지금부터의 설명은 <부록 2>의 (그림 3)을 통해 이해하면 더 쉬울 수 있습니다. 물론 여기에서는 그림과 상관없이 설명할 것입니다. 다만 그림과 관련된 점이나 곡선은 괄호 안에 기호로 표시하겠습니다.

박 사장 그럼 그림에 능숙한 독자들은 (그림 3)을 참조하면 도움이 되겠습니다.

김 교수 먼저 우리가 원하는 주택은 기존 주택이므로 주택 가격은 기존 주택 시장에서 결정되겠지요? 주택 가격은 기존 주택 시장에서 저량 수요와 저량 공급에 의해 결정된다는 것입니다. 저량 수요곡선(D^*)은 사람들이 특정 시점에 주택 가격에 따라 원하는 기존 주택의 양을 표시한 것으로서 왼쪽에서 오른쪽으로 내려가는 우하향 곡선이 되고, 저량 공급곡선(S^*)은 특정 시점에서의 기존 주택의 양을 표시하므로 수직선이 될 것입니다. 그리고 기존 주택의 양은 신규 주택의 양이 기존 주택 중에서 멸실되는 주택의 양보다 더 많으면 늘어나고 반대의 경우에는 줄어들 것입니다. 물론 기존 주택 가격은 저량 수요곡선과 저량 공급곡선이 교차하는 점에서 결정됩니다.

오명민 그럼 신규 주택 가격은 어떻게 결정됩니까?

김 교수 신규 주택 가격은 따로 결정되는 것이 아니라 신규 주택을 건축하는 지역 부근에 있는 동일하거나 아주 유사한 기존 주택의 가격과 동일하게 책정됩니다. 즉 신규 주택의 분양 회사는 그 주택과 유사한 주변의 기존 아파트 가격을 분양 가격으로 정한다는 것입니다. 이 가격이 곧 분양가에 규제가 없을 때의 분양가이지요. 물론 여기에서 기존 주택과 신규 주택은 신구新舊와 상관없이 동일하다고 가정하고 있습니다. 즉 품질 수준 등이 모두 같다고 가정하고 있습니다. 물론 그런 가정을 완화해도 분석이 세분화될 뿐, 결과에는 차이가 없습니다. 이제 신규 주택은 가격이 높을수록 더 많이 지어진다는 사실을 나타내는 신규 주택의 공급곡선(s^*)을 따라 지어집니다. 왼쪽에서 오른쪽으로 올라가는, 즉 우상향하는 공급곡선 말입니다. 그런데 신규 주택 공급은 일정한 기간에 걸쳐 이뤄지므로 이 곡선이 바로 주택의 유량 공급곡선이지요. 분양가 상한제가 없다면 신규 주택은 이 곡선 상의 한 점, 즉 기존 주택 시장에서 결정된 가격(P^*)에 해당하는 양(q^*)만큼 지어집니다.

오명민 그럼 정부가 분양가 상한제로 신규 주택 가격을 시장 가격보다 더 낮게 규제하면 어떤 일이 벌어질까요? 즉 주택 가격이 너무 높으므로 이를 낮추기 위해 분양가 상한제(P_{max})를 실시하면 말입니다.

박 사장 시장에서 거래되는 기존 주택의 가격을 규제할 수는 없으므로 신규 주택의 분양가를 낮게 규제하여 기존 주택 가격을 낮춰보려는 의도를 가진 것이 분양가 상한제입니다. 그런데 그 결과는 어떠할까요?

김 교수 우선 분양가 상한제가 없을 때 기존 주택 시장과 신규 주택 시장이 어떻게 관련을 맺고 있는지를 알아보아야 할 것입니다. 이 경우에는 일정한 기간 동안에 기존 주택 중에서 노후화되어 멸실되는 주택의 양과 신규 주택의 양이 동일(각각 q^*)하여 저량 공급에 변화가 없습니다. 따라서 저량 수요에 변화가 없다면 주택 가격(P^*)에도 변화가 없습니다. 그런데 정부가 분양가에 상한선을 설정하면 신규 아파트는 이전보다 유량 공급곡선상의 낮은 가격(P_{max})에 해당하는 양(q_{max})만큼 지어지므로 신규 주택의 양은 감소합니다. 즉 신규 주택의 양이 기존 주택 중에서 노후화되어 멸실되는 주택의 양보다 더 적어 주택 총량은 감소하게 됩니다. 따라서 시간이 지남에 따라 저량 수요에 변화가 없더라도 주택 가격은 올라갑니다. 즉 주택 시장은 오른 가격(P^{**})과 줄어든 주택 총량(Q^{**}) 수준에 머물게 됩니다.

오명민 그렇다면 분양가 상한제가 주택 가격을 낮추는 것이 아니라 도리어 올리는 결과를 초래한다는 말씀입니까?

김 교수 그렇습니다. 주택 가격이 올라가면 신규 주택 공급이 늘어 가격이 예전 수준으로 다시 떨어져야 하지만, 분양가 상한제에 묶여 있으므로 이런 조정이 일어날 수 없습니다.

오명민 그럼 분양가 상한제와 주택 투기와는 어떻게 관련되는 것인가요?

박 사장 분양가 상한제 하에서는 누군가가 시장 가격보다 더 낮은 분양가에 분양받겠지요? 이 분양 차익, 즉 시장 가격에서 분양가를 뺀 차이만큼의 이익은 최초로 분양받은 사람이 얻게 됩니다. 그리고 그 차이가 적지 않다면 분양 차익을 얻으려는 사람들이 모여들겠지요. 미래의 이익이 거의 확실하게 보장된다고 생각할 수 있으니까요.

오명민 그럼에도 불구하고 정부는 주택 가격 상승의 원인을 투기꾼의 행위로 몰아가는 경향을 보이고 있지 않습니까?

김 교수 그렇습니다. 그런데 그것을 투기라고 한다면, 이런 경우 투기가 성행하는 이유는 분양가 상한제라는 말 자체가 이미 미래에 이익이 보장된다는 사실을 암시하고 있기 때문입니다. 미래의 불확실성이 거의 없는 상황에서 분양 신청자가 몰려드는 것은 당연하지요. 정부가 그런 현상을 투기라고 몰아세운다면 그 원인은 신규 주택 가격 규제, 즉 분양가 상한제에 있습니다. 그래서 투기는 결과이지 원인이 아닙니다. 정부는 원인과 결과를 뒤바꿔 말하고 있는 것입니다.

주택 보유세 중과

오명민 주택과 관련된 또 한 가지는 주택에 대한 재산세를 중과하는 것인데, 이는 어떤 결과를 초래하게 됩니까?

박 사장 재산세를 새롭게 부과하거나 중과하면 주택 가격이 주춤하는 경향을 보이는 것 같습니다. 그런데 장기적으로도 그럴까요? 재산세가 주택 시장, 따라서 주택 가격에 미치는 영향은 어떠합니까?

김 교수 우리가 앞에서 기존 주택을 원하는 이유는 안락한 주거 생활을 위한 것이라고 했습니다. 이는 우리가 주택의 수명이 다 할 때까지 주택에서 그런 주거 서비스를 받는다는 것을 의미합니다. 그래서 주택의 시장 가격은 이와 같은 미래의 서비스의 흐름을 현재 가치로 환산하여 모두 합한 것입니다.

오명민 그런 서비스를 어떻게 화폐로 측정할 수 있습니까?

박 사장 임대 주택에 매달 지불하는 임대료를 생각할 수 있는데, 이를 적정 이자율로 할인하여 합하면 주택 가격을 추산할 수 있겠습니다. 또는 현재의 주택 가격은 미래의 서비스의 가치를 할인하여 합한 것이므로 그 가격과 주택 수명을 고려하여 매 기간의 서비스의 가치를 역으로 계산할 수 있을 것입니다.

김 교수 그렇습니다. 이제 그런 예비 지식을 바탕으로 재산세가 주택 가격에 미치는 영향을 장·단기로 나눠 분석해 볼 수 있겠습니다.

오명민 여기에서 장·단기는 어떤 구분에 의한 것입니까?

박 사장 여기에서 단기란 재산세가 부과됐을 때, 신규 주택의 건설과 기본 주택의 멸실에는 시간이 걸리므로 단기적으로 주택의 양에는 변화가 없고 가격에만 영향을 미치는 기간을 말합니다. 반면에 장기란 재산세가 주택 공급에도 영향을 미쳐 가격과 양에 모두 영향을 미치는 기간을 의미합니다.

김 교수 정확하게 지적해 주셨습니다. 우리는 앞에서 주택 가격은 주택이 제공하는 미래의 서비스의 흐름을 현재 가치로 환산하여 모두 합한 것이라고 했지요? 그런데 정부가 재산세를 매긴다는 것은 그 만큼을 정부가 가져간다는 것입니다. 그러니까 단기적으로 주택 가격은 매 기간의 재산세의 현재 가치를 모두 합한 것만큼 떨어집니다.

오명민 그래서 정치인들이 주택 가격을 안정시킨다는 명분으로 재산세 인상을 꺼내드는군요.

김 교수 그렇습니다. 단기적 목표를 중시하는 정치인들이 재산세 중과 유혹에 빠지는 이유입니다. 물론 빈부 격차 해소나 조세 수입을 늘리려는 의도도 있겠지요.

오명민 그럼 재산세가 장기적으로 주택 공급에는 어떤 영향을 미칩니까?

김 교수 기본적으로 분양가 상한제와 같은 결과를 초래합니다. 재산세 부과로 주택 가격이 단기적으로 떨어지므로 신규 주택양이 기존 주택 중에서 멸실되는 주택의 양보다 적어지겠지요. 따라서 주택의 총량이 감소하여, 수요에 변화가 없더라도, 주택 가격은 올라갑니다. 즉 분양가 상한제와 같은 결과를 초래합니다. 분양가 상한제의 경우에는 가격 규제로 주택이 덜 지어지고, 재산세 부과의 경우에는 세금 때문에 주택이 덜 지어지기 때문입니다.

박 사장 그런데 주택을 2채 이상 보유하는 사람들을 다주택자로 분류하여 보유세를 더욱 무겁게 매기는가 하면, 주택을 팔 때 매기는 양도소득세를 중과하는 경우가 있는데, 이에 대해서는 어떻게 생각해야 할까요?

오명민 다주택자를 주택 투기꾼으로 간주하여 그러는 것 같습니다만.

김 교수 우선 다주택자에게 세금을 중과하면 수요가 감소하여 단기적으로 주택 가격이 떨어지므로 자금이 약간 부족하여 주택을 구입할 수 없었던 사람들은 이제는 주택을 구입할 수 있겠지요? 그런데 엄밀하게 말하자면 대부분의 무주택자는 주택을 구입할 자금이 없어 무주택자입니다. 그래서 다주택자

규제로 주택을 살 사람이 적어지면 주택은 덜 지어지겠지요. 따라서 임대 주택(셋집)의 공급이 줄어들고 임대료는 올라갑니다. 다주택자에 대한 중과세가 주택난을 완화하는 것이 아니라 부추기는 결과를 초래하는 것입니다.

오명민 그럼 투기적 행위에 대해서는 어떻게 생각해야 합니까?

김 교수 투기란 비래의 이익을 기대하면서 소득과 부를 특정 자산의 형태로 옮겨가는 행위라고 했습니다. 주택도 예외가 아닙니다. 언제 어느 곳에 어떤 주택을 소유할 것인가는 거주의 목적도 있지만 불확실한 미래에 대비하여 이익을 기대하며 하는 의사결정입니다. 투기라면 미래에 대한 예측이 틀렸을 경우에는 당연히 손해를 볼 가능성도 있어야 합니다. 그런데 정부의 주택 정책이 장기적으로 거의 대부분 주택 가격을 올리는 것들이어서 손해를 볼 확률이 아주 낮습니다. 거의 확실한 이익이 보장되는 상황에서 투기 행위가 성행하는 것은 당연하겠지요. 그래서 앞에서도 강조했습니다만, 투기는 결과이지 원인이 아니라는 것입니다.

박 사장 재건축 아파트 초과 이익 환수제는 어떻습니까? 일정 금액 이상의 이익에 대해서는 정부가 환수하여 불로소득을 없애겠다는 취지인데요.

김 교수 우선 용어가 규정하는 개념이 명확하지 않으면 많은 문제를 일으킬 수 있다는 사실을 알 필요가 있습니다. 초과 이익 환수라는 용어도 마찬가지입니다. 초과 이익이라는 개념이 있으려면 적정 이익이라는 개념이 있어야 하는데, 경제학에 이런 개념은 없습니다. 따라서 초과 이익도 정의할 수 없습니다. 또한 환수라는 용어는 무언가 준 것을 다시 반환받는다는 것인데 정부가 준 것이 없으니 환수라는 용어도 타당하지 않습니다. 아마도 재건축할 때 생기는 이익을 몰수한다는 것이겠지요.

오명민 재건축 시 생기는 과도한 이익을 정부가 가져간다는 것은 사회 정의에 부합하는 측면도 있지 않을까요?

김 교수 이 점에 대해서는 바로 다음 장의 횡재에서 자세히 논의할 수 있습니다. 요점은 비록 그것이 횡재라고 하더라도 재산의 소유권자에게 귀속시키는 것이 정의에 부합한다는 것입니다. 물론 행운에 의한 이익도 있을 것입니다. 그러나 행운에 의한 이익과 불확실한 미래에 대비한 의사결정에 의한 이익을 구분할 수 있는 과학적 방법은 없습니다. 그런 이익을 초과 이익이라는 이름으로 몰수하면 얻을 수 있는 이익이 없기 때문에 아무도 자원 사용에 신중을 기하지 않을 것입니다.

박 사장 그럼 그 문제는 다음 장에서 다시 논의하기로 하겠습니다.

수요 감소와 공급 증가 효과

오명민 그런데 정부의 간섭이 없는 상태에서 주택 수요가 줄거나 공급이 늘면 가격은 확실히 떨어지겠지요?

김 교수 그렇습니다. 수요가 줄거나 공급이 늘면 장기적으로도 주택 가격은 떨어집니다. 우선 수요가 줄어들어 가격이 떨어지는 경우를 볼까요?

오명민 설명 부탁드립니다.

김 교수 이 부분은 <부록 2>의 (그림 4)를 참조하시기 바랍니다. 괄호 안의 기호는 (그림 4)에 표기된 것입니다. 수요가 감소(D^*에서 D^{**}로 감소)하여 단기적으로 주택 가격이 떨어지면(P^*에서 P^{**}로 하락) 신규 주택 양이 이전보다 감소(q^*에서 q^{**}로 감소)하겠지요? 따라서 시간이 지나면서 한동안 멸실되는 주택의 양(q^*)이 신규 주택의 양(q^{**})보다 많을 것입니다. 그에 따라 주택 총량이 이전보다 줄어들어(Q^{**}) 가격은 처음에 떨어진 수준(P^{**})보다는 더 높아질 것이며, 신규 주택 공급량도 처음 가격이 떨어졌을 때보다는 더 많을 것입니다. 그리고 멸실되는 주택 양도 점차 감소할 것입니다. 주택 총량이 줄었으니까요. 이제 시간이 더 지나 주택 시장에 더 이상의 변화가 없게 되면 가격은 처음 수준과 수요 감소로 떨어진 수준 사이(P^{***})에 자리 잡을 것입니다. 또 이 가격에서 신규 주택 양과 멸실되는 주택 양(q^{***})이 같아지므로 주택 총량은 처음 보다 적은 수준(Q^{***})에 머무르면서 모든 조정이 끝날 것입니다. 즉 기존 아파트에 대한 수요가 줄었으니 가격이 떨어지고 주택 총량이 줄어든 것은 당연한 결과이지요. 요약하자면 가격은 떨어지고 주택 양은 감소한 수준에서 변화가 멈추게 됩니다. 가격이 최종적으로 어디에 머물 것인가는 가격이 변화할 때 신규 주택이 얼마나 민감하게 반응하느냐에 따라 달라지겠지만, 적어도 처음의 가격(P^*)보다 높아지는 일은 생기지 않는다는 것입니다.

오명민 그렇다면 신규 주택 공급이 늘어나 가격이 떨어지는 경우에는 어떻게 될까요?

김 교수 마찬가지 논리를 적용하여 분석하면 될 것입니다. 이 부분은 <부록 2>의 (그림 5)를 참조하시면 더 이해하기 쉬울 것입니다. 이제 건축업자들이 미래에 주택 가격 상승으로 돈을 벌 수 있을 것으로 예상하고 일정 기간 동안 신규 주택 공급을 증가(q^* 에서 q^{**} 로 증가)시킨다고 합시다. 즉 신규 주택의 공급곡선이 우측으로 이동(s^* 에서 s^{**} 로 이동)하는 것이지요. 따라서 한 동안은 일정 기간에 지어지는 신규 주택 양(q^{**})이 멸실되는 양(q^*)보다 많으므로 총 주택 양은 증가(Q^* 에서 Q^{**} 로 증가)하고, 수요에 변화가 없다면 가격은 하락(P^* 에서 P^{**} 로 하락)하겠지요. 그런데 가격이 떨어지므로 신규 주택은 처음 증가한 양보다는 더 적게 지어지고, 따라서 주택 총량도 애초의 양과 처음 신규 주택의 공급 증가로 늘어난 양의 사이(Q^{***})에 머물 것입니다. 가격도 애초의 가격과 신규 주택 공급이 늘어 떨어진 가격의 사이(P^{***})에 머물 것입니다. 또 이 가격에서 신규 주택 양과 멸실되는 주택 양(q^{***})도 같아집니다. 요약하자면, 가격은 떨어지고 주택 총량은 증가한 상태에서 신규 주택 양과 멸실되는 주택 양이 같아져 변화를 멈추게 됩니다. 적어도 처음의 가격보다 높아지는 일은 없겠지요. 이와 같이 시장에서 주택에 대한 수요가 줄거나 공급이 늘면 그에 따른 조정이 일어나 가격은 떨어집니다.

박 사장 그래서 주택처럼 신규 공급에 시간이 걸리는 물건은 수요와 공급, 그에 따른 가격과 총량의 변화를 장·단기적 관점에서 모두 살펴봐야 할 것 같습니다.

오명민 그렇다면 특정 지역에서 주택 수요는 늘어나는데 신규 공급이 늘어날 여지가 없는 경우에는 어떻게 해야 할까요? 사실 주택을 둘러싼 사회적 갈등은 바로 여기에 있는 것 같은데요.

김 교수 좋은 질문을 제기하셨습니다. 박 사장은 어떻게 생각하시는지요?

박 사장 글쎄요. 별다른 방법이 없을 것 같습니다만.

김 교수 더 이상 주택을 지을 수 있는 공간이 없다면 별다른 방법이 없겠지요. 그러나 이 경우에도 시장 조정에 맡겨두는 것이 가장 효과적일 것입니다.

오명민 시장 조정이라고 하면 어떤 것을 말씀하시는지요?

김 교수 이를테면 낡은 주택을 재건축하여 더 높은 층의 주택을 짓는다거나 사무실을 주택으로 전용하여 주택 공급을 늘리는 것 등이 되겠지요. 그런 조정이 다 끝난 후에 가격이 높은데도 불구하고 큰 기회비용을 지불하면서 그 지역에서 살고자 하는 사람들은 살도록 하는 것 외에는 다른 방법이 없습니다. 어느 체제에서나 모든 사람들이 원하는 장소와 원하는 주택에서 살 수는 없다는 것은 사실로서 받아들여져야 하겠지요. 방법이 없는데 정부가 마치 특단의 대책이 있는 것처럼 공언하는 것은 주택 가격 안정에 도움이 되지 않고 문제만 복잡하게 만들 뿐입니다.

오명민 그럼 그런 특정 지역의 주택에 높은 재산세를 매기는 방법에 대해서는 어떻게 생각해야 할까요? 이를테면 재산세를 많이 거둬 사회 복지 재원으로 사용하는 것도 좋은 방법일 것 같습니다만. 그렇게 해도 어차피 그 지역에 주택이 덜 지어지거나 하는 일이 없을 테니 말입니다.

박 사장 그런 생각에도 일리가 없는 것은 아닌 것 같습니다. 그 지역에 사는 부자들은 그 정도의 세금 부담 능력도 있을 테니까요.

김 교수 그런 점도 없지는 않습니다. 그러나 이 경우에는 두 가지 사항을 검토해 볼 필요가 있습니다. 우선 재산세를 중과하면 그 재산세를 부담할 수 있는 경제적 능력이 있는 사람들만 그 지역에 거주할 수 있을 것입니다. 즉 정부가 부자 순으로 줄을 세우는 것과 같은데, 그것이 바람직한지에 대해서는 의문입니다. 물론 시장에서 특정 상품의 구매는 높은 가격을 지불할 용의가 있는 사람들부터 이뤄집니다. 그러나 시장에서 일어나는 모든 거래 행위에는 시장에 참여하는 모든 사람들의 자발적 의사가 반영되어 있습니다. 세금으로 강제로 줄 세우는 것과는 다릅니다.

박 사장 다른 검토 사항은 무엇입니까?

김 교수 이는 더 근본적인 문제가 될 것 같습니다. 세금이 과중하면 그 지역은 장기적으로 더 이상 사람들이 원하는 거주지가 되지 못할 것입니다. 즉 부자라고 하더라도 그 지역을 떠날 것이며, 그 결과 그 지역은 좋은 거주지로서의 지위를 상실할 것입니다. 사람들이 선호하는 거주지로서의 지역이 파괴된다는 것이지요.

박 사장 그렇겠습니다.

오명민 마지막 질문입니다. 모든 사람들이 자기 집을 가지지 못한 상태에서는 임대 주택이 필요할 텐데요, 이를 위해 이른바 공공 임대 주택을 많이 지어 공급하면 어떨까요?

박 사장 임대 주택 공급이 필요하다는 사실에는 공감하지만, 그것이 공공 임대 주택이어야 하는지에 대해서는 의문입니다.

오명민 그 이유가 뭐지요?

박 사장 자원이 효율적으로 관리되려면 그 여하에 따라 이윤과 손실이 생겨야 하는데, 공공 임대 주택을 관리하는 공공 기관에는 그런 유인이 없습니다. 임대료도 시장 임대료보다 낮게 책정될 가능성이 높고요. 그래서 공공 임대 주택은 장기적으로 부실화될 가능성이 아주 높습니다.

김 교수 임대 주택도 민간 기업이 지어 운영하는 것이 가장 효율적일 것입니다. 민간 기업은 이윤과 손실이라는 시장경제 체제에서 활동하니까요.

박 사장 주택 문제도 결국 시장에 맡기는 것이 바람직하다는 말씀이군요.

김 교수 그렇습니다. 주택이라고 해서 특별한 물건이 아닙니다. 다른 물건과 마찬가지로 시장 기능에 의해 조정되도록 하는 것이 가장 바람직합니다. 그럼 주택 문제에 대한 논의는 이 정도로 마무리하고 다음 주제로 넘어가도록 할까요?

13

횡재

박 사장 알겠습니다. 그럼 우리 사회에서 항상 논란이 되고 있는 횡재橫財에 대해서 논의해 보는 것이 어떻겠습니까? 이 역시 주택 투기 및 재산권과 관련되는 주제인 것 같아서 말입니다.

오명민 횡재는 불로소득이므로 국가가 몰수해야 되는 것 아닐까요?

박 사장 글쎄요. 인간 세상에 불로소득이라는 것이 있을까요? 설령 있다고 하더라도 그것을 누가 가져야 정의로운 것일까요?

김 교수 꽤 어려운 문제입니다. 특히 논리보다는 사람들의 정서가 많이 개입되는 문제라서 그렇습니다.

박 사장 우선 우리 주변에서 횡재라고 부를 수 있는 것들에는 어떤 것들이 있을까요?

김 교수 홍수나 지진 등으로 인해 입은 뜻밖의 손실을 의미하는 횡액橫厄에 대해서는 다른 사람들이 그에 대한 권리를 주장하지 않습니다. 얻을 수 있는 이익이 없기 때문이지요. 문제는 횡재입니다. 우리 주변에서 쉽게 들 수 있는 사례가 재건축 아파트 가격이 올라 얻은 이익이나 도심 개발로 주변 땅값이 올라 얻은 이익 등입니다. 이들 이익은 불로소득이므로 국가가 몰수해야 한다는 것입니다.

오명민 우선 불로소득과 횡재를 같은 뜻으로 사용해도 되는 것인가요?

김 교수 불로소득과 횡재를 같은 의미로 사용해도 문제가 없습니다. 불로소득이란 나무에 올라가서 과일을 따는 수고를 하지 않고 바람이 불어 떨어진 것들을 얻은 것이라는 점에서 횡재windfall profits라고 부를 수 있습니다.

박 사장 그러나 사람들이 어떤 소득의 원천을 잘 모르기 때문에 불로소득이라고 부르는 경우도 있을 것 같습니다. 투기꾼이 얻는 소득 같은 것 말입니다.

김 교수 그렇습니다. 사실 따지고 보면 우리가 사는 세상에 불로소득은 없습니다. 그러니까 100% 횡재라고 할 수 있는 것이 없다는 말입니다.

박 사장 어쨌든 논란의 핵심은 그 횡재라는 것이 누구에게 귀속되어야 하느냐는 것이 되겠군요. 이는 불로소득이므로 재산 소유자라고 해도 그것을 가질 자격이 없다는 주장이 있을 수 있고, 반면에 횡재가 생기는 재산의 소유자들은 그에 대한 권리를 주장할 수 있으니까 말입니다.

김 교수 바로 그 문제입니다. 누가 무엇을 가질 자격이 있느냐의 문제는 경제적 문제일 뿐만 아니라 윤리적 문제이기도 합니다. 그래서 경제학이 완벽한 해결책을 제시해 주는 것은 아닙니다. 다만 경제학은 이런 문제의 본질을 명확하게 설명할 수 있고, 그에 대한 정책에 따라 서로 다른 결과가 나오므로 논쟁을 해결하는 데 일정 부분 기여할 수 있습니다. 즉 윤리적 문제를 판단하는 데에 도움을 줄 수 있다는 것입니다.

박 사장 그렇겠습니다. 실제로 문제의 핵심이 무엇인지, 해결해야 할 사안이 무엇인지도 잘 모르면서 논쟁을 벌이는 경우도 많으니까요.

김 교수 그럼 이제 아파트 재건축에 대해 생각해 봅시다. 우선 낡은 아파트를 재건축하면 상당히 큰 부가가치가 생기겠지요? 낡아서 저평가된 아파트를 새로 건축하여 시장에서 제대로 평가받기 때문입니다. 이에 따라 부가가치가 증가하므로 사회 전체의 부도 증가하겠지요? 그렇다면 이렇게 증가한 부를 누가 가져야 하느냐는 것이 문제의 핵심입니다.

오명민 재건축 아파트 주인은 부가가치를 증가시키는 데 아무런 공헌도 하지 않았으므로 그렇게 증가한 부는 국가에 귀속시키는 것이 사회 정의에 부합하지 않을까요?

박 사장 그런 주장에도 일리가 있는 것 같지만, 사람들의 의사결정과 자원의 효율적 사용 측면에서 보면 문제가 달라질 것 같습니다.

김 교수 그렇습니다. 문제는 다시 불로소득이라는 횡재가 존재하느냐는 것입니다. 사람들이 특정 장소에 아파트를 살 때 고려하는 주요 사항은 거주와 재산 증식입니다. 아파트를 재산 증식의 수단으로 활용하는 것을 도덕적으로 비난하는 경향이 있지만, 이에 대한 논거를 찾기는 어렵습니다. 어떤 사람이 어디에 어떤 아파트를 소유하고 거주할 것인가에 대한 결정은 잘 알 수 없는 미래의 불확실한 상황에 대처하는 판단이기 때문입니다.

박 사장 그러니까 이른바 횡재라고 하는 것은 뜻밖에 얻은 것이 아니라 상당 부분 의사결정자의 판단에 따른 것이라는 말씀이군요. 물론 운運에 의한 부분도 있을 수 있겠지만, 그런 판단에 의한 이익과 순전히 행운에 의한 이익을 구분할 수 있는 과학적 방법은 찾기 어렵다는 말씀인가요?

김 교수 그렇습니다. 그래서 이러한 이익을 조세로 몰수하면 사람들은 자원 사용에 있어 신중을 기하지 않습니다. 이윤 동기가 박탈되면 사람들이 자원을 효율적으로 사용하려는 유인이 없어지기 때문입니다. 즉 재산권이 확실하게 보호되지 않으면 사람들이 신중하게 행동하지 않으므로 자원은 비효율적으로 사용된다는 것입니다.

오명민 사실상 횡재는 없다는 것과 설령 횡재가 있다고 가정하더라도 그런 것들은 자원의 소유자에게 귀속시키는 것이 자원의 효율적 사용을 위해 바람직하다는 말씀이군요.

박 사장 그럼 그런 것들을 재산 소유자에게 귀속시키는 것이 정의로운가를 따져보는 것이 좋을 것 같습니다.

김 교수 앞에서 우리가 논의한 도덕, 정의, 소유의 관계에 기초하여 박 사장이 정리해 보시지요.

박 사장 알겠습니다. 앞에서 우리는 도덕 규칙은 남을 강제하고 지배함으로써 남에게 해를 끼치는 행동을 하지 않도록 모두에게 요구되는 것이며, 모든 사람들이 자발적으로 받아들이는 것이라고 했습니다. 또 도덕 규칙을 지키는 것이 정의며 도덕 규칙은 생명과 재산 소유의 안정성을 위한 것이므로, 소유의 안정성을 둘러싼 도덕 규칙을 지키는 것이 정의라고 했습니다. 즉 소유의 안정성을 보장한다는 것은 사람들이 이를 위한 도덕 규칙을 잘 지킨다는 것을 의미하므로, 그것이 곧 정의의 실현이라고 할 수 있습니다. 그러므로 특정 재산으로부터 발생하는 이익의 원천이 무엇이든지 그것을 재산 소유자로부터 빼앗는 것은 그의 처분권을 박탈하여 소유의 안정성을 해치는 것입니다. 따라서 횡재가 전적으로 운에 따른 것이라고 하더라도 재산 소유자에게 귀속시키는 것이 사회 질서 유지와 정의에 부합하는 것이라고 정리할 수 있겠습니다.

오명민 그런데 사람들이 이런 논리를 쉽게 받아들이지는 않을 것 같습니다.

김 교수 아마도 그럴 것입니다. 그러나 이런 논리가 받아들여지지 않는다면 번영하는 사회의 기본 틀이 무너진다는 것은 확실한 사실입니다. 현상에 대한 깊은 관찰과 사색으로 자신을 설득하는 수밖에 없을 것입니다. 종국적으로 자신을 설득하는 주체는 자신이니까요.

오명민 자신을 설득하는 주체는 자신이라는 말이 가슴에 와 닿습니다. 결국 관찰하고 사색하는 과정에서 깨달음을 얻어야 하겠습니다.

14

주식회사

박 사장 지금까지는 인간, 시장, 그리고 그와 관련된 개념과 실제에 대해 살펴보았습니다. 다음에는 기업과 관련된 주제에 대해 논의해 보는 것이 어떻겠습니까? 기업에 대한 긍정적 평가도 많지만 비판과 오해와 편견도 많은 것 같으니 말입니다. 우선 기업의 형태에 대해 논의해 보는 것이 어떻겠습니까?

오명민 그게 좋겠습니다. 기업의 형태에는 합명회사, 합자회사, 주식회사 등이 있는 것으로 알고 있습니다. 이와 같은 회사의 태동 배경이나 이유가 따로 있습니까?

박 사장 물론입니다. 회사 형태도 사회 환경의 변화에 따라 상업 활동에 적합하도록 진화한다고 말할 수 있겠지요.

김 교수 그렇습니다. 회사 형태도 변화해 온 것이 사실입니다. 초창기의 회사 형태는 합명회사合名會社였는데, 인적 유대가 강한 2인 이상의 가족이나 가까운 친척들이 자본을 모아 설립한 회사지요. 그런데 이 회사의 특징은 회사에 출자한 사원들이 무한 책임을 졌다는 것입니다. 만일 경영자가 경영을 잘못하여 회사가 망했을 때 회사를 청산하여 빚을 갚아야 하는 경우가 생기는데, 빚이 회사를 팔아 확보한 돈보다 더 많은 경우에는 사원들이 자신들의 재산을 팔아 빚을 갚아야 한다는 것입니다. 또 다른 특징은 사원들 중에서 어떤 출자자가 출자금을 회수하려고 할 때는 나머지 사원들이 만장일치로 동의해야 가능하다는 것입니다. 그만큼 출자금의 양도가 어렵다는 것이지요. 이런 상황에서 누군가가 회사를 경영할 텐데, 회사가 망했을 경우에는 경영자가 사원들에게 끼치는 피해가 클 수밖에 없고, 또 이를 회피할 방법도 없겠지요.

오명민 사람들이 그런 위험을 안다면 출자하는 사람들이 없거나 소수에 불과하여 회사 설립에 필요한 자본을 모으기가 어려울 것 같습니다. 회사가 번창하기도 어렵겠고요.

김 교수 그렇습니다. 우선 경영자가 경영을 잘못하여 회사가 어려움에 처했을 때 사원들이 손해를 입게 되는데, 경제학 용어를 사용하자면, 이를 외부불경제external diseconomy라고 할 수 있습니다. 외부불경제란 어떤 사람의 행동이 의도하지 않게 다른 제3자에게 피해를 주지만 그 피해를 배상하지 않는 경우를 말합니다. 이 때 그 피해를 외부비용이라고 합니다. 생산과정에서 발생하는 공해가 외부불경제의 대표적 사례인데 공해가 제3자에게 끼치는 피해가 외부비용이 되겠습니다.

오명민 그에 반해 외부경제external economy라는 개념도 있는 줄로 압니다만.

박 사장 그렇습니다. 외부경제는 외부불경제와는 반대로 어떤 사람의 행동이 의도하지 않게 제3자에게 이익을 주지만 그에 대한 보상을 받지 못하는 경우를 말하게 되겠지요. 이는 집 정원에 예쁘게 핀 꽃을 보고 지나가는 사람들이 즐거움을 얻지만, 주인이 그에 대한 보상을 받지 못하는 경우 말입니다. 이 때 느끼는 즐거움이 외부편익이 되겠습니다.

김 교수 합명회사의 경우에는 경영자가 잘못할 경우 사원들에게 끼치는 외부불경제가 매우 클 수 있습니다. 더구나 사원들이 출자금을 회수하고 회사에서 빠져나오기가 어려우므로 더욱 그러합니다. 그래서 출자자와 대규모 자본을 모으기가 어렵습니다.

박 사장 그런 형태의 회사가 번창하기는 어렵겠습니다. 그렇다면 다른 형태의 회사, 즉 이런 문제를 좀 더 완화할 수 있는 형태의 회사가 나오지 않을까요?

김 교수 그렇습니다. 그것이 바로 그 이후에 나온 합자회사合資會社입니다. 그 특징은 각 1인 이상의 무한 책임 사원들과 유한 책임 사원들이 함께 회사를 만드는 것입니다. 출자할 자본이 없지만 경영 능력이 있는 사람은 유한 책임 사원으로 참여하면 되겠지요. 무한 책임 사원은 합명회사의 경우와 같으나 유한 책임 사원은 회사가 망했을 때 최대로 자신이 출자한 금액만큼만 손해를 볼 뿐, 사유 재산을 팔아 회사의 빚을 갚아야 하는 것은 아닙니다. 즉 회사에 대한 책임에 한계가 있다는 것입니다.

박 사장 그렇다면 경영자의 잘못으로 유한 책임 사원들에게 끼치는 피해가 감소하므로 합명회사보다 자본 모으기가 좀 더 용이하고 또 모으는 자본 규모도 더 커지겠습니다.

김 교수 맞습니다. 그렇지만 무한 책임 사원의 경우에는 별반 달라진 것이 없겠지요. 따라서 이런 외부불경제를 더욱 줄이는 형태로서 주식회사가 출현하게 됩니다.

오명민 그런 역사적 배경이 있군요. 그래서 현대의 대부분의 나라에서 주식회사가 주류를 이루고 있군요.

박 사장 그렇습니다. 그럼 이제부터 주식회사에 대해 본격적으로 논의해 보는 것이 좋겠습니다. 즉 주식회사는 어떻게 경영진이 출자자들에게 끼치는 외부불경제를 줄이는지에 대해서 말입니다. 이제부터 주식회사의 출자자를 주주라고 부르도록 하겠습니다.

김 교수 박 사장이 창업하여 지금 경영하고 있는 주식회사는 합자회사에 이어 경영진이 주주들에게 끼치는 외부불경제를 더욱 줄이는 형태로 발전했습니다. 즉 주식회사는 외부불경제에 따른 외부비용을 줄이는 방법으로 재산권이 수정되면서 오늘날과 같은 형태가 된 것입니다. 주식회사의 경영권을 의미하는 재산권에 3차례의 수정이 가해지면서 변화해 온 것입니다.[1]

오명민 3차례나 수정이 가해졌다는 것은 회사에 대한 인식과 이를 둘러싼 환경도 많이 변해왔다는 사실을 의미하겠군요.

김 교수 그렇습니다. 우선 주식시장에 상장된 주식회사에는 많은 주주들이 있다는 사실을 잘 아실 것입니다. 이들은 모두 주식을 소유하는 회사의 주인입니다. 그런데 그렇게 많은 주주들이 투자 계획, 상품 제조, 판매 계획 등에 참여하여 의사결정을 한다면 의사결정비용이 엄청나게 크게 들어가겠지요? 아마도 아무런 의사결정을 하지 못하는 경우도 자주 발생할 것입니다. 즉 주주가 많아져 출자 자본이 증가하면 수익도 그보다 더 크게 증가할 수 있지만, 이러한 수익 증가는 의사결정비용의 증가에 의해 곧 압도될 것입니다. 따라서 대부분의 의사결정이 소수의 대표단에 위임되는데, 이는 곧 이 대표단이 주식회사의 사실상의 주인de facto owner, effective owner이 된다는 사실을 의미합니다. 이제부터 이를 이사회라고 부르도록 하지요. 즉 매일매일 주식회사의 자원을 획득, 배분, 처분할 수 있는 권한을 의미하는 재산권이 다수의 주주에서 소수의 이사회로 바뀜으로써 의사결정비용이 대폭 줄어듭니다. 주식회사에 관한 제1차 재산권 수정이 이뤄진 것입니다.

오명민 그런데 이사회의 대표로서 대표이사가 있지 않습니까? 특별한 의미와 기능이 있습니까?

김 교수 그렇습니다. 이사회를 대표하는 사람으로서 일반적으로 가장 많은 주식을 보유한 최대주주가 이사들의 조언을 얻어 최종적인 의사결정을 하는 통제주주controlling minority shareholder의 기능을 합니다. 통제주주에 대해서는 기업에 대해 논의할 때 더 설명할 기회가 있을 것입니다.

박 사장 제1차 재산권 수정으로 주식회사 내의 의사결정비용이 크게 감소한다는 말인데, 그렇게 되면 많은 주주들은 의사결정에 참여하지 못하므로 이사회의 결정에 따라 어떤 주주들에게는 외부비용이 크게 증가할 수 있지 않을까요? 이 문제는 어떻게 해결되는지요?

김 교수 맞습니다. 분명히 그럴 수 있습니다. 따라서 이럴 경우 주주들이 당면하게 되는 외부비용을 줄이는 방법으로 유한 책임 원리가 도입됩니다. 즉 주주들은 주식회사가 망했을 경우 최대로 자신이 출자한 금액만큼만 손해를 보게 되는 것이지요. 이것이 주식회사에 관한 제2차 재산권 수정입니다.

박 사장 그렇다고 하더라도 주주는 크고 작은 손해를 볼 수 있는데 이런 외부불경제를 더욱 줄이는 방법은 없는 것인지요?

김 교수 앞에서 합명회사의 무한 책임 사원이 자신이 보유한 출자금 지분을 다른 사람에게 양도하기 위해서는 나머지 사원들의 만장일치 동의를 받아야 한다고 했지요? 지분을 양도하고 빠져나오기가 대단히 어렵다는 것이지요.

오명민 그래서 회사가 망할 것 같다고 생각하면서도 빠져나올 수 없어 출자금은 물론 사재私財를 몽땅 잃어버리는 경우도 발생할 수 있겠습니다.

김 교수 그렇습니다. 그래서 주식회사 제도의 경우에는 주주의 뜻에 따라 주식시장에서 언제든지 주식을 팔고 빠져나올 수 있도록 한 것입니다. 즉 주주는 자신이 원하면 제3자의 동의나 허가 없이 언제든지 주식을 팔고 떠날 수 있습니다. 이것이 바로 주식회사에 관한 제3차 재산권 수정입니다.

오명민 그럼 지금까지의 논의를 정리해보겠습니다. 주식을 보유하는 주식회사의 주인인 주주들은 매우 많은데, 이들이 모두 의사결정에 참여한다면 의사결정비용이 커지므로 소수의 대표단인 이사회에 의사결정 권한을 위임하는 제1차 재산권 수정이 이뤄지고, 의사결정에 참여하지 못하는 주주들의 외부비용을 줄이기 위해 이들에게 유한 책임이 부여되는 제2차 재산권 수정이 이뤄지며, 주주들은 자신이 원하면 언제든지 주식을 팔고 떠날 수 있도록 제3차 재산권 수정이 이뤄졌다는 것입니다.

김 교수 그렇습니다. 매일매일 주식회사 내의 의사결정 권한을 가진 대표이사를 포함한 이사회가 사실상의 주인이 되며, 나머지 주주들은 넓은 의미에서는 회사의 주인이지만 그들이 실제로 보유하는 것은 회사가 아니라 주식이라는 것입니다. 즉 나머지 주주들은 보유하는 주식의 주인이라는 것입니다. 이와 같은 과정을 거쳐 오늘날과 같은 주식회사 형태가 되었다는 것이지요.

오명민 주식회사 제도가 발달된 나라에서는 큰 비용을 들이지 않고 주식을 쉽게 팔거나 살 수 있는 주식시장이 잘 발달돼 있으므로 그런 작동이 가능하겠습니다.

박 사장 그런데 주주나 투자자들이 주식시장에서 주식을 팔거나 사는 행위는, 물론 돈을 벌기 위한 행위입니다만 다른 기능은 없는지요? 이를테면 그들이 생각하는 회사의 상태를 경영진에 전달하는 신호 역할을 한다는 생각이 듭니다. 즉 각 기업에 대한 시장 신호를 창출하는 기능을 하는 것 같습니다만, 어떻습니까?

김 교수 정확하게 지적하셨습니다. 주주나 투자자들이 주식시장에서 주식을 팔고 떠난다는 것은 회사의 전망을 어둡게 본다는 신호이며, 주식을 산다는 것은 회사의 전망을 밝게 본다는 신호입니다. 따라서 주식시장은 이런 신호를 경영진에게 전달함으로써 경영진을 견제하는 역할을 함과 동시에 주주나 투자자들의 손해를 줄일 수 있는 탈출구 역할도 합니다.

오명민 그런데도 사람들은 주식시장을 그저 돈 놓고 돈벌이하는 투전판으로만 생각하는 경향이 있습니다만. 그 이유가 무엇일까요?

박 사장 물론 사람들이 주식시장에 참여하는 이유는 돈을 벌기 위한 것이지요. 주식을 낮은 가격에 사서 높은 가격에 팔아 얻는 자본이득과 주주로서 기업 성과에 따라 받는 배당 소득이 그것이지요. 그런 과정에서 주식시장은 각 기업이 자본을 얼마나 효율적으로 사용하고 있는지에 대한 정보를 생산하여 기업에 알려줌으로써 기업으로 하여금 소비자들이 원하는 물건을 생산하는 생산구조를 갖추도록 유도하는 중요한 기능을 합니다. 그럼에도 불구하고 사람들이 주식시장을 투전판 정도로 생각하는 이유는 아마도 주식회사에 대한 이해 부족 때문일 것입니다. 사실 주식시장뿐만 아니라 일반적인 경제 현상에 대한 일반 사람들의 이해는 상당히 부족한 편입니다. 그러니 특정 현상에 대해 논리보다는 감정이 앞선 목소리를 내는 것이지요.

김 교수 그렇습니다. 물론 모든 사람들이 경제 현상에 대해 잘 이해하면 좋겠지만, 그렇지 못한 것이 사실입니다. 그런데 일반 사람들의 생각이 여론에 큰 영향을 미치지는 못합니다. 문제는 사안에 대해 정확하게 이해하지 못하고 논리적 근거와 역사적 경험에 기초하지 않은, 정제되지 않은 정의와 공정 등의 개념을 강조하는 지식인들이지요.

오명민 인간 세상에 대한 자신의 관觀을 가지는 것이 참으로 어렵다는 생각이 듭니다.

15
자본가, 기업가, 경영자

박 사장 그럼 이것으로 주식회사에 대한 논의를 마치고 실제로 기업을 설립하고 운영하는 자본가, 기업가, 경영자에 대해 논의해 보는 것이 좋을 것 같습니다. 어떻습니까?

오명민 좋습니다. 사람들이 혼동하는 자본가, 기업가, 경영자에 대한 이해가 명확해질 것 같습니다.

박 사장 그럴 것 같습니다. 우선 자본가에 대해 논의해 보겠습니다.

김 교수 자본가는 생산을 위한 자본을 조달하는 기능을 하는 사람입니다. 그런데 자본은 저축을 통해 조달되고 저축은 사람들의 시간선호時間選好, time preference에 의해 결정된다는 사실을 알 필요가 있습니다.

오명민 시간선호란 무엇을 의미합니까?

김 교수 일반 사람들에게는 좀 낯선 개념입니다만, 실제로 사람들은 시간선호에 입각하여 행동하고 있으므로 이해하는 데 별다른 어려움이 없을 것입니다. 간단히 말하자면 사람들은 현재의 자원을 동종동량同種同量의 미래의 자원보다 더 선호한다는 것입니다. 아주 당연한 말이지 않습니까?

오명민 한 가지 예를 들어주시면 좀 더 쉽게 이해할 수 있을 것 같습니다.

김 교수 그럼 질문을 하나 드리지요. 오늘의 1백만 원과 1년 후의 1백만 원 중에서 어느 것을 더 선호하느냐는 질문입니다.

오명민 그야 당연히 오늘의 1백만 원을 더 선호하지요. 1년 후의 1백만 원은 오늘의 1백만 원보다 가치가 더 낮을 테니까요.

김 교수 그렇습니다. 모든 사람들은 1년 후의 1백만 원보다 오늘의 1백만 원을 더 가치 있게 생각합니다. 그런데 오늘의 1백만 원과 1년 후의 1백만 원은 같은 액수의 돈이지요? 즉 동종동량이지요? 또 오늘은 현재이고 1년 후는 미래이지요? 그래서 시간선호는 사람들이 현재의 자원을 동종동량의 미래의 자원보다 더 선호한다는 것을 말합니다.

박 사장 그럼 특정 개인에게 오늘의 1백만 원과 1년 후의 1백만 원이 똑같은 가치를 가지도록 하려면 어떻게 해야 합니까?

김 교수 그야 1년 후의 1백만 원에 웃돈을 얹어줘야 하겠지요. 물론 그 웃돈의 크기는 사람에 따라 다르겠지요. 시간선호는 주관적인 것이기 때문입니다. 어쨌든 그 웃돈이 바로 이자이고 그 비율이 이자율이지요. 그리고 오늘과 1년 후 사이에는 시간이 있지요? 그래서 이자는 시간에 대한 보상이자 비용입니다. 그러니까 이자율은 현재의 자원에 대해 동종동량의 미래의 자원을 할인하는 비율이자, 미래의 자원에 대해 동종동량의 현재의 자원을 할증하는 비율이 됩니다. 물론 어느 것을 기준으로 하느냐에 따라 구체적인 수치는 약간 달라지지만 말입니다.

박 사장 그럼 시간선호가 음陰이 될 수는 없겠군요.

김 교수 그렇습니다. 모든 사람들에게 시간선호는 언제나 양陽입니다. 영零과 무한대(∞) 사이에 존재하지요. 시간선호가 영이라면 미래의 자원을 현재의 자원에 대해 전혀 할인하지 않는다는 것이고, 무한대라면 미래의 자원은 현재의 자원에 비해 아무런 가치가 없다는 것을 의미합니다. 두 극단적인 경우이지요.

오명민 그런데 시간선호가 영이 되는 경우와 무한대가 되는 경우가 과연 있는가요? 만일 시간선호가 영이라면 사람들의 어떤 특징을 말하게 되는 것일까요? 또 무한대의 경우에는 어떻습니까? 예를 들어 설명해 주시지요.

김 교수 시간선호가 영인 사람은 극단적으로 현재의 소비를 일절 하지 않고 저축만 할 수도 있겠지요. 그런데 이런 사람은 없겠지요? 지독한 수전노라고 하더라도 소비를 일절 하지 않고 생존할 수는 없을 테니까요. 반면에 시간선호가 무한대인 사람은 오늘의 소비가 너무나 절박한 나머지 저축을 일절 할 수 없겠지요. 이런 경우는 소득이 워낙 적어 소득의 전부를 소비에 충당하는 경우가 되겠습니다. 가난한 국가의 사람들이 이런 현상을 보이는 것은 오늘을 살기 위한 절박한 소비에도 못 미칠 정도로 소득 수준이 워낙 낮기 때문입니다.

오명민 엉뚱한 질문이라고 생각합니다만, 만일 사람들이 시간선호를 갖지 않는다면 어떤 일이 일어날까요?

김 교수 사람들이 시간선호를 갖지 않는다면, 예를 들어 내구도가 무한이거나 거의 무한인 토지 등의 가격이 매겨지지 않겠지요. 토지로부터 미래에 얻을 수 있는 소득을 할인하여 현재가치로 환산한 것이 토지 가격이 될 텐데, 시간선호를 갖지 않는다면 할인율이 없기 때문입니다. 이 경우에 특정 토지는 그에 상응하는 토지와 직접 바꾸는 거래에 의해 교환될 수 있을 뿐입니다. 그래서 시간선호를 부정하는 것은 행동하는 인간의 중요한 속성을 부정하는 것이 됩니다.

오명민 그렇겠습니다. 그렇다면 시간선호와 저축 간에는 어떤 관계가 있습니까?

김 교수 그와 관련하여 다른 질문을 드리겠습니다. 어떤 사람의 한 달 봉급이 4백만 원이라면, 그 중에서 얼마를 소비하고 얼마를 저축하겠느냐는 질문입니다. 개인의 시간선호에 따른 소비와 저축에 대해 논의하기 위한 질문입니다.

오명민 그 사람이 미래에 하고 싶은 일이 많다면 오늘을 즐기며 사는 사람들보다 미래를 위한 저축을 많이 할 것 같습니다.

박 사장 이 때 중요한 사항이 바로 시간선호가 되겠군요.

김 교수 그렇습니다. 바로 그 답변 안에 시간선호가 반영되어 있습니다. 오늘을 즐기려는 사람은 그렇지 않은 사람보다 아무래도 현재의 소비를 더 많이 하고 저축을 덜 하겠지요. 현재의 자원에 대한 미래의 자원의 할인율이 높다는 것이지요. 반면에 현재의 소비도 중요하지만 미래의 삶도 중요하게 생각하는 사람은 그렇지 않은 사람보다 저축을 더 많이 할 것입니다.

박 사장 그럼 개인의 시간선호에 따라 저축과 소비가 결정되겠군요. 즉 개인의 주관적 시간선호에 따라 그 사람의 소비/저축 비율이 결정되겠습니다.

김 교수 그렇습니다. 그런데 이 대목에서 한 가지 유의할 점은 저축과 이자율은 시간선호에 의해 결정되는 한 가지의 동일한 현상을 달리 표현하는 것이라는 사실입니다.

오명민 사람들은 흔히 저축이 증가하면 이자율이 내려가고 저축이 감소하면 이자율이 올라가는 것으로 이해하고 있습니다. 그런데 그것이 틀린 설명인가요? 즉 저축 변화가 이자율 변화를 초래한다는 설명이 틀린 것인가요?

김 교수 틀린 설명입니다. 개인의 시간선호는 현재의 자원과 미래의 자원 간의 할인율 또는 할증률을 결정하고, 그에 따라 소득 중에서 오늘의 소비와 미래의 저축이 결정된다고 했지요? 따라서 시간선호에 따라 이자율과 저축이 동시에 결정되는 것입니다. 어느 하나가 다른 하나를 결정하는 것이 아니라는 말입니다.

박 사장 그런데 어떤 개인의 시간선호가 이전보다 더 미래 지향적이 된다면 저축이 증가할 것입니다. 또 이는 미래의 자원을 현재의 자원에 비해 덜 할인하게 된다는 뜻이므로 이자율은 낮아질 것입니다. 따라서 저축이 증가하면 이자율이 낮아진다는 설명이 틀린 것은 아닌 것 같습니다만.

김 교수 아닙니다. 하나의 동일한 현상을 달리 표현한 것을 두 사물 간의 인과관계나 상관관계로 파악하는 것은 잘못입니다. 즉 저축 증가와 이자율 하락은 동일한 현상을 저축과 이자율 측면에서 달리 설명했을 뿐입니다. 어떤 개인의 시간선호가 이전보다 더 미래 지향적이 되었다는 사실이 저축 증가와 이자율 하락이라는 하나의 현상을 초래하는 것인데, 이를 마치 양자 간에 인과관계나 상관관계가 있는 것처럼 파악하는 것은 틀린 것입니다. 인과관계를 따지자면 시간선호 변화가 원인이고 저축과 이자율의 변화가 결과라는 것입니다.

오명민 그럼 이자가 있으므로 저축을 한다는 설명도 잘못된 것인가요?

김 교수 그렇습니다. 이자가 있으므로 저축을 하는 것이 아니라, 앞에서 설명한 바와 같이 시간선호에 의해 소비와 저축이 결정됩니다. 누구든지 자신의 행동을 관찰해보면 잘 알 수 있을 것입니다.

박 사장 알겠습니다. 그럼 이제 시간선호에 의해 결정된 저축을 바탕으로 자본이 형성된다는 논의를 할 수 있을 것 같습니다.

김 교수 그렇습니다. 자본가는 바로 시간선호에 따른 자신의 저축과 타인의 저축을 차입하여, 이를 바탕으로 자본재를 획득하는 사람입니다. 아무래도 자신의 저축 자산이 많겠지요.

박 사장 앞에서 자본재에는 시간이 저장되어 있다는 점을 강조했습니다. 자본재를 이용하면 짧은 시간에 많은 소비재를 생산할 수 있으므로 사람들에게 물질적 풍요를 선사할 수 있다고 했습니다. 그렇다면 자본가는 왜 자본재를 획득해서 생산에 투입하는 것일까요? 물론 돈을 벌기 위해서겠지요? 그렇다면 자본가가 돈을 버는 방법과 그 돈의 속성은 무엇입니까?

김 교수 이 대목에서 우리는 자본가, 기업가, 경영자를 구분하여 그 기능과 소득의 원천을 확실히 할 필요가 있겠습니다. 우선 자본가는 앞에서 말씀드린 바와 같이 저축을 바탕으로 자본재를 획득하여 생산에 투입하는 기능을 하는 사람입니다. 그런데 이를 설명하기 위해서는 현재의 자원과 미래의 자원에 대한 자세한 설명이 필요합니다.

박 사장 아까 논의한 현재의 자원 및 미래의 자원과 같은 것인가요?

김 교수 시간선호에서는 동종동량의 현재의 자원과 미래의 자원을 비교했는데, 여기에서는 자원의 종류가 다릅니다. 여기에서 말하는 현재의 자원은 소비재를 말하며, 미래의 자원은 생산에 투입되는 자원을 말합니다. 즉 현재의 자원은 당장 먹을 수 있는 식품, 입을 수 있는 옷, 거주할 수 있는 주택, 여가를 즐기는 데 소요되는 자원, 말하자면 사람들이 당장 소비할 수 있는 자원을 말하는 것입니다. 반면에 미래의 자원은 근로자의 노동과 토지 소유자들의 토지 서비스 등으로서 당장 소비할 수 있는 자원이 아니라 시간이 걸리는 생산에 투입되어 미래에 완성되는 물건의 생산에 기여하는 자원을 말합니다.

박 사장 분명히 다른 것 같습니다. 그렇다면 여기에서 말하는 현재 및 미래의 자원과 시간선호와는 어떤 관련이 있습니까?

김 교수 만일 시간선호가 없다면 자본가는 노동과 토지 서비스 등의 미래의 자원을 시간과 상관없이 미래의 완성품을 생산하는 가장 효율적인 방법에 투입할 것입니다. 즉 시간이 많이 걸리더라도 가장 효율적인 방법에 투입할 것입니다. 그러나 시간선호의 존재는 이에 대한 제약이 됩니다. 가장 효율적인 방법을 찾아 생산하는 데 긴 시간이 걸린다면 그런 방법으로면 미래에 완성되는 물건의 가치는 크게 할인될 테니까요. 그러니까 시간선호는 노동과 토지 서비스라는 미래의 자원을 투입하는 데 있어 하나의 가이드 역할을 한다는 점과, 그에 따라 자본가가 제공하는 현재의 자원에도 영향을 미친다는 점에서 관련이 있습니다.

오명민 이해하기 쉽지 않습니다.

김 교수 물론 이해하기 쉽지 않을 수 있습니다. 생산구조의 길이와 관련되는 것이니까요. 다만 미래의 자원을 생산에 투입하는 일이 시간선호와 무관하지 않다는 정도로 알고 넘어가는 것이 좋겠습니다.

박 사장 생산구조를 갖추는 데도 시간선호가 작용한다는 것으로 이해하면 될 것 같습니다. 시간에 구애되지 않고 마냥 효율적인 방법만 찾고 있을 수는 없을 테니까요.

오명민 그럼 다시 돌아가서 노동자나 토지와 같은 미래의 자원 소유자는 현재의 자원을 가지고 있지 않은데, 어떻게 현재의 소비 생활을 할 수 있습니까?

박 사장 그러니까 누군가가 노동자와 토지 소유자들에게 그들이 당장 필요로 하는 임금과 임대료의 형태로 현재의 자원을 제공하고 그들이 소유하는 미래의 자원을 구매하는 사람이 있어야 하겠지요.

김 교수 그렇습니다. 그런 기능을 하는 사람이 바로 자본가입니다. 앞에서 말씀드린 바와 같이 자본가는 자신과 남의 저축을 차입하여 노동자와 토지 등의 생산요소 소유자들에게 현재의 자원을 제공하고, 미래의 자원인 이들 생산요소를 구매, 자본재를 획득하여 미래에 완성되는 소비재 생산에 투입합니다.

오명민 미래에 완성되는 소비재를 그 때 판매하여 생산요소 소유자들에게 현재의 자원으로 줄 수도 있지 않을까요?

김 교수 생산에 시간이 아주 짧게 걸리는 물건의 경우에는 그럴 수도 있겠지요. 그러나 보통 생산에는 상당한 시간이 걸립니다. 여러 단계를 거쳐 생산되는 대부분의 물건의 경우에는 더욱 그러하지요. 바다에 긴 다리를 건설하는 토건 회사나 배를 만드는 조선회사를 생각해보십시오. 따라서 최종 소비재를 판매하여 현재의 자원을 마련하기 전에 생산요소 소유자들에게 현재의 자원을 제공해야 하는데, 그것이 바로 자본가가 동원한 저축에서 나온다는 것입니다. 앞으로 특정하지 않으면 원자재는 토지에 포함된 것으로 간주합니다.

오명민 그렇다면 자본가의 저축이든 다른 사람들의 저축이든, 사회 전체적으로 저축이 없거나 빈약한 나라에서는 자본재를 획득하기가 어렵고, 따라서 자본 축적이 어렵겠습니다.

박 사장 아무래도 그러하겠지요?

김 교수 그렇습니다. 소득이 아주 낮으면 오늘의 절박한 소비를 충당하기에도 부족하므로 저축할 여력이 생기지 않습니다. 저축이 없어 자본가가 나타날 수도 없고, 따라서 자본을 축적할 수 없습니다. 대량 생산이 가능한 자본주의적 생산 방식을 갖출 수 없는 것이지요. 즉 시간이 저장되어 있는 자본재를 획득할 수 없으므로 짧은 시간에 많은 소비재를 생산할 수 없어 곤궁한 생활을 벗어나지 못하는 것입니다.

박 사장 그렇다면 경제 성장은 자본 축적 없이는 불가능하겠습니다.

김 교수 그렇습니다. 사실 경제 성장의 역사는 자본 축적의 역사와 같습니다.

오명민 그렇다면 이런 기능을 하는 자본가가 얻는 소득의 속성이나 원천은 무엇입니까?

박 사장 자본가는 현재의 자원을 제공하고 미래의 자원을 사는 기능을 하는 사람이라는 점에 단초가 있을 것 같습니다.

김 교수 그렇습니다. 자본가는 현재와 미래 간에 자금을 중개하는 기능을 하는데, 현재와 미래 간에는 시간이 있지요? 그래서 이자는 시간의 비용이라고 했지요? 따라서 자본가의 소득의 속성은 이자입니다. 물론 물건의 생산과 판매가 차질 없이 진행돼야 이자 수입을 얻을 수 있겠지요.

박 사장 자본가가 현재와 미래 간에 자금을 중개하는 기능을 한다고 하셨는데, 이는 자본가가 금융기관과 마찬가지로 자금을 중개하는 기능을 한다는 말인가요?

김 교수 아마도 처음 듣는 얘기라서 좀 생소할 수 있겠습니다만, 박 사장도 실제로 그렇게 하고 있습니다. 자본가는 금융기관과 마찬가지로 현재와 미래 사이에서 자금을 중개하는 기능을 합니다. 즉 자본가는 시간시장time market에 참여하는 사람입니다.[1]

박 사장 시간시장이라는 말은 처음 들어봅니다만.

김 교수 그럴 것입니다. 대부분의 사람들에게 생소한 용어니까요. 시간시장이란 여기에서 말하는 현재의 자원과 미래의 자원이 거래되는 시장을 말합니다. 그리고 시간시장에는 금융기관이 주도하는 시간시장과 자본가들이 주도하는 시간시장이 있습니다.

박 사장 금융기관이 주도하는 대부시장은 대체로 익숙합니다만, 자본가들이 주도하는 시간시장이라는 용어는 아주 생소합니다.

김 교수 먼저 대부시장을 볼까요? 우리가 금융기관에서 당장 쓸 수 있는 현금(자금)을 빌리면 현금이 없었을 때는 할 수 없었던 일을 할 수 있게 되지요? 즉 지금 바로 사용할 수 있는 현재의 자원인 현금을 빌려 오늘의 기회를 얻게 되는 것입니다. 그 대가로 우리는 미래의 자원을 금융기관에 주지요. 여기에서 미래의 자원이란 미래에 현금화될 것으로 기대되는 신용증서입니다. 그런데 미래의 현금은 현재의 현금에 대해 할인되므로 이자가 붙어야 하겠지요? 이와 같이 대부시장에서 현재의 자원과 미래의 자원이 거래되고 그 대가는 이자로서 금융기관의 수입이 됩니다. 물론 금융기관의 이자 수입은 신용증서가 부도나지 않고 거래가 차질 없이 종결돼야 얻을 수 있습니다.

박 사장 그렇겠습니다. 그렇다면 자본가의 경우에는 어떠한지요?

김 교수 현재의 자원을 제공하고 미래의 자원을 산다는 점에서 기본적으로 마찬가지입니다. 다만 자본가는 미래에 완성되는 물건을 생산하는 데 투입되는 노동이나 토지 서비스와 같은 미래의 자원을 사고 그 소유자들에게 임금과 임대료(지대)의 형태로 현재의 자원인 현금 등을 제공하는 것입니다. 즉 금융 중개를 하는 것입니다. 물론 미래에 완성되는 물건은 자본가가 제공하는 현재의 자원에 대해 할인되므로 이자가 붙어야 하겠지요?[2] 그래서 이자가 자본가의 수입이 됩니다. 물론 그런 과정이 차질 없이 이뤄져야 이자 수입을 얻을 수 있겠지요. 사람들이 잘 인식하지 못하지만, 이런 형태의 시간시장 거래 규모가 금융기관에 의한 시간시장 거래 규모보다 훨씬 더 큽니다.

오명민 자본가의 소득의 속성이 이자라는 사실과 자본가가 금융 중개 기능을 한다는 사실을 처음 알았습니다.

박 사장 자본가가 얻는 소득의 속성이 이자라는 사실을 잘 알았습니다. 그렇다면 포클레인과 같이 생산된 자본재produced capital goods에 돌아가는 소득은 무엇입니까?

김 교수 참으로 의미 있는 질문입니다. 포클레인은 생산된 자본재이지요? 포클레인을 만들기 위해서는 노동자와 토지가 필요하겠지요? 원자재는 토지에 포함되어 있다는 사실을 상기하기 바랍니다. 그리고 포클레인 제작에는 시간이 걸립니다. 그래서 포클레인에 돌아오는 수입은 이를 만드는 데 들어간 노동자에 대한 임금, 토지에 대한 임대료, 그리고 이들을 고용해서 포클레인을 생산하는 자본가의 시간에 대한 이자로 모두 지급됩니다. 그러니까 생산된 자본재 자체에 돌아가는 소득은 없습니다.

오명민 사실 사람이 아닌 무생물에 돌아가는 소득이라는 표현 자체가 이상합니다. 그것만으로도 생산된 자본재에 돌아가는 소득은 없다는 사실을 유추할 수 있겠습니다.

박 사장 그렇겠습니다. 다음으로 기업가의 기능에 대해 알아볼까요? 사람들은 흔히 자본가와 기업가를 같은 기능을 하는 사람으로 생각하는 경향이 있는데, 분명히 다른가요?

김 교수 분명히 다릅니다. 위에서 본 바와 같이 자본가는 저축을 바탕으로 자본재를 획득하는 기능을 하는 사람입니다. 그리고 기업가는 이런 자본의 운영을 포함하여 근로자의 고용, 생산 라인의 설치 및 폐기 등, 생산 전반에 대해 판단하고 의사결정을 하는 사람입니다. 이런 차이는 지금부터 하는 기업가에 대한 논의 과정에서 자연스럽게 밝혀질 것입니다.

박 사장 또 기업가의 기능은 기업이 일단 설립되고 나면 끝난다는 인식도 있는 것 같은데, 이런 인식에도 문제가 있는 것은 아닌지요?

김 교수 기업가를 그렇게 인식해 온 것도 사실입니다. 그러나 기업가의 기능은 새로운 기업의 설립뿐만 아니라 기존의 기업 활동에도 핵심적 요소입니다. 기업이 존재하는 한, 기업가의 기능은 항상 존재합니다. 이 또한 기업가에 대한 논의가 진행되는 과정에서 밝혀질 것입니다.

오명민 그럼 우선 기업가를 어떤 존재로 보아야 할까요?

김 교수 기업가에 대한 시각은 몇 가지가 있습니다만, 우리는 불확실성 하에서 판단하고 의사결정을 하는 기능을 하는 사람이라고 정의하겠습니다. 그런 행동을 하는 가장 큰 이유는 물론 자신의 소득인 이윤을 얻기 위한 것입니다. 좀 더 구체적으로 정의하자면, '기업가란 불확실한 상업 세계에서 제반 시장 환경을 판단하고 의사결정을 함으로써 새로운 이윤 기회를 발견하고 만들기 위해 행동하는 사람'이라고 할 수 있겠습니다.

박 사장 여기에서 유의해야 할 용어가 불확실성, 의사결정, 이윤 기회, 그리고 행동인 것 같습니다.

김 교수 그렇습니다. 하나하나 살펴보기로 하겠습니다. 우선 중요한 용어가 '불확실성'인데, 이에 대해 논의하기 위해서는 약간의 확률 이론이 필요합니다.

오명민 기업가에 대해 알기 위해 확률 공부를 해야 한다고요? 사람들이 기업가에 대해 잘못 이해하는 이유를 알 것 같습니다.

김 교수 그다지 어려운 것은 아닙니다. 여러분들도 이미 배워서 아는 것들입니다. 우선 위험risk과 불확실성uncertainty을 구분할 필요가 있습니다.

오명민 위험과 불확실성이 서로 다른 것인가요?

김 교수 사람들이 보통 위험과 불확실성을 같은 의미로 사용하는 경우가 많은데, 사실은 서로 다른 개념입니다. 위험은 급간 확률class probability과 관련되는 것입니다. 계급 확률이라고도 합니다.

오명민 예를 들어 설명해주시면 이해하기가 쉬울 것 같습니다.

김 교수 전등을 생산하는 회사에서 불량품이 전혀 안 생길 수는 없겠지요? 불량품이 생긴다는 것은 전등 생산에 위험이 있다는 것을 의미합니다. 물론 물리적 사고에 따른 위험과는 다른 것이지요. 그런데 그 회사는 상당 기간 동안 축적된 자료를 통해 평균적인 불량률을 알 수 있을 것입니다. 이를테면 전등 1,000개를 생산할 때 불량품이 대략 10개 정도 발생한다면 불량률이 1%라는 것이지요. 그러나 1,000개 중 어느 전등이 불량품이 될지는 알 수 없습니다. 즉 위험은 어떤 사건이나 현상이 속하는 동질적 특성을 가진 집단 전체에 대해서는 아는 바가 있으나 하나하나의 사건이나 현상에 대해서는 그것이 그 집단에 속한다는 사실 외에는 아는 것이 전혀 없는 경우의 확률과 관련됩니다. 1,000개의 전등 중 10개 정도의 불량품이 발생하리라는 것은 예상할 수 있지만 어느 것 10개가 불량품이 될지는 알 수 없다는 것이지요. 따라서 이런 경우에는 경험적 확률(1%)과 그에 따른 손해액(이를테면 불량 전등 1개 당 2,000원)을 알 수 있는 위험이 발생하는데, 이는 생산 비용으로 계산됩니다. 그러니까 전등 1,000개를 생산하는 데 불량품 위험에 따른 비용은 20,000원이 되는데, 이는 생산 비용에 더해집니다. 따라서 위험은 앞으로 설명할 기업가의 소득인 이윤의 원천이 아닙니다.

박 사장 급간 확률 개념을 적용하는 다른 사례를 들어본다면 무엇이 있습니까?

김 교수 모든 보험은 급간 확률 개념을 적용한 것입니다. 자동차 보험이 대표적입니다. 보험회사는 보험 가입자들을 가급적이면 동일한 집단으로 나누어 각각의 사고 확률과 손해액 자료를 축적하여 보험료를 산정합니다. 물론 그 집단 전체에 대해서는 평균적 사고 확률과 손해액을 알 수 있지만, 가입자 중 어느 누가 언제 어떤 사고를 낼지는 알 수 없습니다. 그래서 경험적 확률과 그에 따른 손해액 자료가 없으면 보험 시장이 생길 수 없습니다.

박 사장 그럼 이윤의 원천은 무엇입니까?

오명민 이윤이라고 하면 흔히 총수입에서 총비용을 차감한 것을 말하는데, 이는 틀린 개념인가요?

김 교수 일반적인 경제학 교과서에는 보통 이윤이 그렇게 설명되어 있습니다만, 이는 순수입을 말할 뿐, 이윤의 원천이나 속성을 설명하는 개념이 아닙니다. 이런 개념은 이윤의 원천과 속성, 그리고 그것이 누구에게 귀속되는가에 대한 것 등, 이윤에 관한 논의에 아무런 도움이 되지 않습니다.

박 사장 그럼 이윤은 불확실성과 관련된 것이겠군요?

김 교수 그렇습니다. 이윤의 원천은 바로 불확실성입니다. 그러니까 우선 불확실성이 무엇을 의미하는지를 알아봐야겠지요?

오명민 불확실성도 위험과 같이 확률과 관련하여 설명이 가능한 개념인가요?

김 교수 그렇습니다. 위험이 급간 확률과 관련된 것이라면 불확실성은 사례별 확률case probability과 관련되는데, 이는 어떤 사건이나 현상을 하나의 집단 내에 동질화할 수 없는 경우의 확률입니다. 그 이유는 어떤 사건이나 현상들은 서로 유사한 점도 있으나 각각 고유하므로 동질화하여 하나의 표본을 구성할 수 없기 때문입니다. 즉 그런 사건이나 현상에 대해 우리가 아는 사항도 있지만 모르는 사항도 많다는 것입니다. 앞의 급간 확률에서는 어떤 사건이나 현상들이 모두 동질적 특성을 가진 집단에 속하지만, 사례별 확률에서는 그런 사건이나 현상들이 동질적 특성을 가진 집단에 속하지 않습니다.

오명민 그럼 예를 들어 설명해주시기 바랍니다.

김 교수 예를 들어 동일한 호텔업에 종사하는 두 기업가가 사업하는 방식에는 유사한 점도 있지만 서로 다른 점도 많으므로 두 기업가를 하나의 동질적 집단에 포함시킬 수 없습니다. 매번 반복하여 동일한 시행을 하는 동전 던지기에서와 같이 하나의 표본으로 구성할 수 없다는 것입니다.

박 사장 기업가의 세계가 그런 것 같습니다. 기업가들은 각각 고유하다는 말이지요. 그래서 기업가들과 관련된 통계적 확률이 있을 수 없습니다. 사건이나 현상을 집단화할 수 없으므로 경험적 확률도 당연히 없지요. 하나의 집단으로 동질화할 수 있어야 독립적인 반복 시행을 통해 경험적 확률을 알 수 있으니까요.

김 교수 그렇습니다. 불확실성에 직면한 기업가가 사업의 성공 여부 등에 대해 판단하는 확률은 순전히 개인적이며 주관적인 것입니다. 이론이나 경험적 확률을 바탕으로 한 통계적 추론에서 얻어질 수 있는 것들이 아닙니다. 그래서 불확실성 하의 확률을 사례별 확률이라고 부릅니다. 그러니까 기업가는 통계적 확률도 알 수 없는 불확실한 세계에서 자신의 판단과 성공 여부에 대한 주관적 확률에 의거하여 사업을 하는 사람이지요.

박 사장 그래서 이윤의 원천은 바로 불확실성이라는 말씀이군요. 그리고 이윤은 그런 불확실성을 성공적으로 떠맡은 데 대한 보상이고요.

김 교수 그렇습니다. 미래에 대한 모든 것, 즉 소비자 선호, 물건 가격, 이를 만드는 데 들어가는 생산요소의 가격 등을 모두 알 수 있다면 이윤은 존재하지 않습니다. 그러니까 이윤은 불확실성 하에서 달성한 목표의 가치와 목표 달성을 위해 사용한 수단의 가치 간 차이로서 회계적인 것뿐만 아니라 심리적 만족감도 포함하는 주관적인 것입니다. 따라서 이윤이 얼마인지는 기업가 자신만이 알 수 있습니다.

오명민 그런데 실제로 기업의 이윤이 수치로 발표되고 있지 않습니까?

박 사장 그렇습니다. 그러나 그것은 기업의 대외적 실적 발표나 조세를 부과하기 위해 법적으로 산정한 회계적 이윤일 뿐입니다. 목표와 수단의 가치를 모두 따져 산정한 것이 아닙니다. 그럴 수도 없습니다.

오명민 그렇다면 기업가가 이런 불확실성을 떠맡는 구체적 방법은 무엇입니까? 즉 불확실성을 떠맡는 정신을 기업가 정신이라고 한다면 기업가 정신은 구체적으로 어떻게 발휘됩니까?

김 교수 기업가는 시장에서 저평가되었다고 판단되는 생산요소를 발견하고, 이를 이용하여 물건을 생산한 후 팔아서 이윤을 얻습니다. 예를 들어 현재 밀가루로 빵을 만들고 있는

데, 다른 물건인 라면을 만들어 판다면 더 많은 이윤을 얻을 수 있으리라고 판단하여 실행하는 것 등입니다. 즉 밀가루가 시장에서 저평가되어 있다고 판단하는 것입니다. 물론 어떤 결과가 나올지는 실제로 해 봐야 알 수 있는데, 우리는 이를 상업실험commercial experiment이라고 합니다. 실험 결과 기업가의 판단이 맞은 것으로 밝혀지면 돈을 벌고, 틀린 것으로 밝혀지면 손해를 보게 되지요.

오명민 그런데 그런 이윤 기회는 시장에서 객관적인 지표로 나타나므로 누구나 알 수 있고 또 이윤을 실현할 수 있는 것 아닌가요?

김 교수 물론 소비자 심리나 구매 행동 연구 등에서 소비자들이 원하지만 그런 기능을 가진 물건들이 없으므로 이들을 생산하여 공급하면 이윤을 얻을 수 있다는 객관적 지표가 제시되는 경우도 있습니다. 그러나 그런 객관적 지표라는 정보에 대한 이해와 해석도 결국 주관적일 수밖에 없습니다. 사람마다 판단이 다를 수 있으니까요. 또 이윤을 실현할 수 있는 기회를 만들려는 사람은 그에 합당한 생산요소를 동원할 수 있어야 합니다. 요점은 누군가를 객관적으로 기다리고 있는 이윤 기회라는 것은 없으며, 이윤 기회는 미래지향적인 기업가의 실제 행동에 의해 포착되고 만들어진다는 것입니다.

박 사장 그래서 기업가의 세계는 불확실성의 세계이며, 그런 불확실성 하에서 판단하고 의사결정을 하는 사람이 바로 기업가라고 하겠습니다. 물론 모든 의사결정이 그런 점을 포함하고 있지만요. 그렇다면 기업가의 판단에는 구체적으로 어떤 요소들이 동원됩니까?

김 교수 기업가의 판단이 정형화되고 우리가 알 수 있는 구체적인 메카니즘에 의해 이뤄질 수 없다는 사실은 이미 짐작했을 것입니다. 미래의 불확실성을 다루는 일에 대한 정보를 얻을 수 있는 시장이 없으니까요. 그렇다고 해서 자신과 기업의 운명을 가름하는 판단을 주먹구구식으로 할 수는 없겠지요? 기업가는 자신의 미래에 대한 예측이 맞을 수 있도록 불확실성을 인식하는 능력을 키울 것입니다. 그래서 기업가적 판단에는 직관과 창의성이 중요한 요소가 됩니다만, 과거의 경험과 불확실성을 다룰 수 있다는 확신을 바탕으로 연마된 솜씨가 더 중요한 요소가 되겠지요. 구체적으로는 미래의 소비자 선호의 변화와 그에 따른 각종 생산요소의 가격 변화, 특정 생산 라인의 신설 및 폐기 등의 기업 내 자원 배치 등에 관한 판단 말입니다. 즉 기업가는 현재 시장에서의 자원배분에는 뭔가 잘 조정되지 않은 부조화maladjustment의 문제가 있다는 판단 하에 새로운 변화를 구하는 것입니다. 이 자원배분의 부조화에 대해서는 곧 논의할 기회가 있을 것입니다. 아무튼 기업가의 판단 메카니즘을 정형화할 수는 없지만, 그렇다고 해서 이를 딱히 베일 속에 가린 것이라고 말할 수는 없습니다.

오명민 그렇다면 기업가는 그런 판단과 그에 따른 의사결정을 어떻게 실천하는지요?

김 교수 어떤 기업가에게나 자신의 사업 전망, 즉 사업의 성공 확률을 주관적으로 판단하는 추정치가 있습니다. 그리고 기업가의 이런 추정치는 다른 사람들의 추정치와는 다른 경우가 많습니다. 예를 들어 어떤 사업 전망에 대해 다른 사람들은 부정적인 데 반해 기업가는 상대적으로 긍정적인 사람입니다. 그러니까 기업가 자신의 추정치로써는 다른 사람들, 이를테면 자원(자금)을 가진 사람들에게 불확실한 미래에 대한 자신의 예상을 설명하고 공감을 얻어내기가 매우 어렵습니다. 사실 불확실성은 어떤 사람이 미래에 대해 추정하는 능력보다는 자신의 추정을 다른 사람들에게 설명하고 소통할 수 있는 가능성과 관련되는데, 부정적인 사람들을 설득하기가 쉽지 않겠지요? 그래서 기업가는 자신이 소유하는 재산을 바탕으로 자신의 판단과 의사결정을 실험하게 됩니다. 즉 기업가는 자신이 미래에 대해 해박한 지식을 갖고 있기 때문이 아니라 자금 소유자들에게 미래에 대한 자신의 믿음을 설명하고 소통하기 어렵기 때문에 기업을 설립한다는 것이지요. 노동과 토지, 그리고 자본 등의 자원을 고용하여 기업을 만들고 자신의 의사결정을 실천하는 것이지요. 따라서 소유하는 재산이 없으면 기업가적 판단과 의사결정을 실천할 수 있는 바탕이 없는 셈입니다. 이 점에 대해서는 다음 장의 기업에 대한 논의에서 재론할 것입니다.

오명민 그렇다면 시장에 이윤은 항상 존재하는 것입니까? 만일 그렇다면 그 이유는 무엇일까요?

박 사장 매우 흥미로운 질문입니다. 하나의 사업 기회에서 이윤은 사라지지 않고 영원히 존재하는 것일까요? 사실 대부분의 기업은 특화된 물건을 생산하여 판매하면서 유지되고 있으니까요.

김 교수 아주 흥미로운 질문인데, 이는 이윤의 기능과 함께 살펴보아야 할 것입니다. 우선 이윤의 기능은 무엇일까요?

오명민 개인적으로는 기업가들이 불확실성에 잘 대처해야 하는 유인을 제공하는 것이 아닐까요? 자신의 수입과 직결되니까요.

박 사장 그렇습니다.

김 교수 물론 개인적 차원의 기능이 일차적으로 아주 중요하겠지요. 그런데 이윤이 개인적 차원을 넘어 사회적 기능을 한다면 이윤의 존재가 자원배분에 미치는 영향을 따져봐야 할 것입니다.

박 사장 말씀을 듣고 보니 그렇겠습니다.

김 교수 상업 세계에 이윤이 존재한다는 것은 시장이 뭔가 부조화 상태에 있다는 것을 뜻한다고 했지요?

오명민 좀 어려운 용어이기는 합니다만.

김 교수 시장의 부조화란 현재의 자원배분이 소비자들의 요구를 가장 효율적으로 만족시킬 수 있도록 되어 있지 않다는 것입니다. 그런데 이는 불완전하고 항상 변화하는 인간 세상에서는 불가피하게 나타나는 현상입니다. 기업가는 바로 이런 사정을 발견하여 이윤 기회로 삼는 것이지요. 즉 앞에서 언급한 바와 같이 기업가는 저평가되었다고 판단하는 생산요소를 발견하여 더 효율적인 데에 배분함으로써 이윤을 얻는 것입니다. 물론 기업가의 판단이 사후적으로 맞은 것으로 판명되면 부조화를 해소함으로써 자원배분을 효율적으로 만들고 이윤을 얻을 것입니다. 만일 그런 판단이 사후적으로 틀린 것으로 판명되면 자원배분을 비효율적으로 만들고 그에 대한 대가로 손실을 입는 것입니다.

박 사장 그럼 그런 이윤 기회는 영원히 존재할까요? 이윤 기회가 사라진다면 기업가가 벌 수 있는 소득이 없고, 따라서 자원배분의 부조화를 해소하여 이윤을 벌 동기가 사라질 텐데 말입니다.

김 교수 어떤 하나의 사업 기회에서 생긴 이윤 기회는 시간이 갈수록 점점 사라지는 경향을 보입니다. 왜냐하면 그런 기회를 처음 발견한 기업가가 이윤을 얻는 과정에서 시장에 부조화가 있다는 사실이 널리 알려지면서 여러 새로운 기업가들이 사업에 참여하여 생산이 증가하면 물건 가격은 떨어지고, 그 물건을 만드는 데 들어가는 생산요소의 가격은 올라가기 때문입니다. 그러나 인간 세상은 완전하지 않을 뿐만 아니라 변화무쌍하므로 부조화는 언제나 존재하고, 따라서 이윤 기회가 완전히 사라지는 것은 아닙니다. 다만 처음보다는 그 크기가 감소하는 경향을 보이겠지요. 냉방기나 컴퓨터를 생각해보면 쉽게 알 수 있을 것입니다.

박 사장 그래서 기업가들은 또 다른 이윤 기회를 찾는 데 노심초사하겠군요.

김 교수 그렇습니다. 기업가들이 노심초사하는 이유는, 이윤이 사람들을 만족시키기 위해 최선의 방법으로 자본을 사용하는 기업가에게 자본의 통제를 넘기는 기능을 하기 때문입니다. 사람들의 욕구를 만족시키지 못하여 이윤을 내지 못하고 손실을 본 기업가가 퇴출되는 이유가 바로 여기에 있습니다.

오명민 그런데 사람들은 흔히 돈이 돈을 번다고 합니다만.

김 교수 일반 사람들은 보통 기업가가 실제로 하는 일 없이 물려받은 재산으로 많은 돈을 번다고 생각할지 모르지만, 그의 머릿속은 항상 복잡하고 번다하기 짝이 없습니다. 물론 어느 조직이든지 그 조직의 장長은 그렇습니다. 수많은 사람들의 생계가 자신의 의사결정에 달려있기 때문입니다. 그래서 돈이 자동적으로 돈을 번다는 생각은 틀린 것입니다. 가진 재산이 아무리 많아도 기업가의 미래에 대한 판단과 의사결정에 따라 돈을 벌기도 하고 망할 수도 있으니까요. 아마도 불확실한 미래를 예측하는 일만큼 어려운 일은 없을 것입니다.

오명민 삼성 그룹의 이건희 총수가 말했듯이 "10년 후에는 무얼 먹고 사나?"는 화두는 바로 이런 사정을 말하는 것일까요?

김 교수 그렇습니다.

박 사장 그렇다면 미래의 예측에 실패하여 자원배분을 해치고 손실을 보는 기업가에 대해서는 어떻게 생각해야 할까요?

김 교수 실패한 기업가는 시장에서 고평가된 생산요소를 저평가된 것으로 오판함으로써 자원배분의 효율성을 해치지만, 그렇다고 그들이 비난의 대상이 될 수는 없습니다. 그들은 손해를 보는 것으로 시장에서 대가를 치릅니다. 그런데 인간이 완전하지 않는 한, 이런 일은 언제 어디에서나 일어날 수 있습니다. 이런 사실에 불만을 가진 사람이 있다면, 그 자신이 스스로 기업가가 되어 성공하면 될 것입니다. 또한 실패한 기업가에게 시장에서 손실을 보는 것 이외의 책임을 묻는다면 아무도 기업을 설립하고 운영하지 않으려 할 것입니다.

오명민 그런데 어떤 기업이 많은 이윤을 벌었기 때문에 그 일부를 근로자들에게도 나눠줘야 한다는 주장이 있는데, 이에 대해서는 어떻게 생각해야 할까요?

박 사장 지금까지 논의한 바에 따르면 이윤은 기업가에게 귀속되는 소득이므로 이윤을 회사의 이해 당사자들에게 나눠줘야 한다는 주장은 설득력이 없지요. 혹여 기업가가 그 중 일부를 나눠준다면 그것은 기업가의 선심으로 생각해야 할 것입니다.

김 교수 그렇습니다. 그런 주장은 이윤의 속성에 대한 이해 부족에서 생기는 일입니다. 이를테면 이윤과 순수입을 혼동하는 설명 같은 것 말입니다.

오명민 기업가들이 너무 많은 돈을 벌기 때문에 노동자들의 소득이 낮다는 주장도 있습니다. 만일 평등한 소득을 위해 기업가가 번 이윤의 일부를 정부가 세금으로 거둬 이를 노동자들에게 재분배한다면 어떤 일이 일어날까요?

김 교수 반복되는 얘기입니다만, 우선 이윤은 미래의 불확실성을 성공적으로 떠맡는 데 대한 보상이므로 사전에 미리 정해지는 것이 아닙니다. 반면에 노동자나 토지 소유자 등이 받는 임금이나 임대료는 사전에 계약된 것입니다. 따라서 이윤의 많고 적음이 임금이나 지대에 영향을 미치는 것이 아닙니다. 물론 계속해서 돈을 많이 버는 기업은 그 가치가 높아지므로 임금과 지대 등이 높아지는 경향을 보이겠지요. 그러나 정부가 이윤에 대해 중과세하면 기업가들은 불확실한 미래에 도전하는 정신을 상실하겠지요? 따라서 자본도 축적되지 않을 것이며 생산 상태는 고착되어 더 이상의 발전이 없을 것입니다. 기업가는 이윤을 개인 소득으로 가져가지 않고 기업에 투자하니까요. 중과세는 소유의 안정성을 위협하여 종국에는 사회를 퇴보시킬 것입니다.

박 사장 마지막 질문입니다. 자본가의 소득인 이자와 기업가의 소득인 이윤을 실제로 분리할 수 있을까요? 물론 개념적으로는 가능하지만요.

김 교수 실제로는 어렵습니다. 이자와 이윤은 합금처럼 뒤엉켜 있다고 표현하는 것이 적절할 것입니다. 그런데 기업가가 되려면 꽤 많은 자본을 가져야 합니다. 그래서 우리는 보통 이를 자본가-기업가capitalist-entrepreneur라고 표현합니다.

박 사장 이제 자본가와 기업가에 대한 논의가 마무리된 것 같습니다. 그럼 경영자에 대한 논의를 해봐야 되겠지요?

오명민 경영자는 현재 회사의 경영을 직접 맡고 있는 사람인데, 자본가-기업가와 관련해서 논의할 필요가 있을 것 같습니다.

김 교수 그렇습니다. 자본가-기업가는 저축을 바탕으로 자본재를 획득하고 불확실한 미래를 예측하는 것을 주요 기능으로 하여 이자와 이윤을 얻는 사람이라고 정리할 수 있겠습니다. 따라서 새로운 사업 분야에 들어가거나 기존의 사업 분야를 접는 결정, 새로운 설비를 설치하거나 기존의 설비를 폐기하는 등의 결정, 즉 사업에 관한 총체적 판단과 결정은 전적으로 이들이 하게 되겠지요. 그렇다면 경영자는 이들을 보좌하여 업무를 수행하는 기능을 사람이라고 할 수 있겠습니다.

박 사장 그 말씀은 곧 경영자는 자본가-기업가를 도와 업무를 수행한다는 뜻이겠군요.

김 교수 그렇습니다. 경영자는 자본가-기업가의 지시를 받아 업무를 수행하고 그에 대한 대가로 봉급을 받습니다. 물론 업무 수행에 대한 평가도 받습니다. 그런데 경영자는 자본가-기업가에 의해 고용된 사람이므로 도덕적 해이moral hazard의 문제를 야기할 수 있습니다.

오명민 도덕적 해이가 무슨 말씀이신지요?

박 사장 도덕적 해이란 용어는 보험시장에서 많이 사용되는 것인데, 예를 들어 자동차 손해 보험에 가입한 사람이 사고가 날 경우에는 보험회사가 처리할 것이므로 부주의하게 운전하는 경향을 말하는 것이지요. 지금 우리의 논의에서는 고용된 경영자는 회사가 자신의 소유가 아니므로 회사의 이익보다는 자신의 이익을 위해 행동하려는 경향을 의미합니다. 따라서 자본가-기업가는 경영자의 이런 도덕적 해이 현상을 막기 위해 경영을 잘하여 회사 가치가 높아지면 주식의 일부를 주겠다는, 이른바 스톡옵션 등의 장치를 마련하여 시행하고 있습니다. 경영을 잘 하는 경우에는 보너스를 두둑하게 준다는 것이지요.

김 교수 그렇습니다. 주인과 대리인의 복무 태도에는 분명히 차이가 있습니다. 자본가-기업가는 회사가 망하면 자신의 재산을 잃지만 경영자는 그만 두면 되니까요. 즉 경영자는 경영을 잘못하여 회사가 입은 손실에 대해 금전적 책임을 지지 않습니다. 이로부터 경영자는 자본가-기업가가 얻는 이자와 이윤에 대한 청구권이 없다는 사실도 명확하게 드러납니다. 경영 능력을 제공하는 경영자에게 그런 청구권이 없듯이 노동자나 토지 제공자들에게도 그런 청구권이 없습니다.

오명민 그런데 일부 학자들을 비롯하여 많은 사람들이 소유와 경영이 분리돼야 한다고 주장하는데, 이런 주장은 잘못된 것입니까?

김 교수 물론 잘못된 주장이라고 생각합니다. 우선 소유와 경영의 분리는 그런 구조가 더 효율적이어서 자유 시장에서 자연스럽게 진화한 것이 아니라 부에 대한 시기와 질투심이라는 대중적 정서가 정치에 영향을 미쳐 만들어진 구조라는 것이지요. 우리가 앞에서 논의한 정의란 사적 소유가 보장될 때 실현된다는 사실을 기억하기 바랍니다. 짧게 얘기해서 어느 조직이든지 주인이 없으면 그 조직은 망가지기 마련입니다. 특히 돈 잘 버는 기업에 주인이 없으면 그 기업은 온갖 사람들의 먹잇감으로 전락하게 되겠지요?

박 사장 충분히 이해가 됩니다. 그런데 자본가-기업가의 판단이 틀려서 회사가 망하게 되었을 경우 이들에게 민·형사상의 책임을 물어야 할까요? 흔히 횡령이나 배임죄로 처벌되는 경우가 많던데요.

오명민 누구든지 회사 돈을 횡령하거나 의도적으로 회사의 이익에 반하는 의사결정을 하는 등, 신의 성실 의무를 다하지 않았을 경우에는 당연히 민·형사상 책임을 물어야 하지 않을까요?

김 교수 그렇습니다. 그러나 분명히 회사에 이익이 된다고 여긴 경영 판단이 결과적으로 회사에 손해를 끼치게 되었을 경우에는 처벌하지 않아야 합니다. 이를 '경영 판단 존중의 원칙business judgment rule'이라고 하는데, 이는 자본가-기업가의 창의적이며 모험적인 의사결정을 존중한다는 취지입니다. 물론 횡령은 명백하게 식별할 수 있지만 배임은 판단하기 어려운 경우도 많이 있습니다. 그리고 대부분의 나라에서는 배임도 형사 사건이 아니라 민사 사건으로 다룹니다. 자본가-기업가와 여타 주주가 관련된 민사적 사안이니까요.

오명민 지금까지의 자본가, 기업가, 경영자에 대한 논의가 이들의 본질과 사회적 기능을 이해하는 데 커다란 도움이 되었습니다. 이제 이에 대한 논의는 이쯤에서 마무리하고 다음 주제로 넘어가는 것이 좋겠습니다.

16

기업

오명민 자본가-기업가와 경영자에 대해 논의했으니 이제 이들이 설립하고 운영하는 기업에 대해 논의하는 것이 순서일 것 같습니다.

박 사장 아주 적절한 제안입니다. 그렇게 합시다. 우선 기업이 생기는 이유에 대해 생각해 보는 게 어떨까요? 우리 주변에는 많은 기업들이 있는데 우리는 별다른 생각 없이 기업은 으레 그렇게 있는 것이라고 생각하는 경향이 있습니다. 그러나 기업이 생기는 이유에 대한 논의도 적지 않을 것 같습니다.

김 교수 그렇습니다. 거래비용설과 재산권설로 나눠볼 수 있는데, 서로 관련되는 사항도 많습니다.[1] 우선 거래비용설을 중심으로 살펴보지요. 물건을 만드는 방법에는 두 가지가 있다는 사실로써 설명할 수 있습니다. 첫째는 시장거래market transaction, 다시 말하면 외부거래external transaction를 통해 물건을 만드는 방법입니다.

오명민 예를 들어 설명해주시면 좋겠습니다.

김 교수 그럼 그 물건이 나무 책상이라고 해 보지요. 나무 책상을 만들기 위해 산의 나무를 베는 일부터 시작한다고 하면 제작자는 나무를 베는 벌목공, 나무를 제재소製材所로 옮기는 트럭 운전수와 적당한 크기와 모양으로 사르는 제재공, 목수, 페인트공 등의 기술자, 그리고 못, 끌, 톱, 대패, 망치 등의 재료와 장비 및 도구가 필요하겠지요? 그런데 이런 재료, 기술자, 재료, 장비 관련 시장들이 아주 잘 발달되어 있으면 제작자는 시장거래를 통해 책상을 만들 수 있습니다. 먼저 산 주인이 누구인지를 알아내어 만나서 나무를 사고, 벌목공을 찾아 나무 베는 일을 의뢰하고, 트럭 운전수를 찾아 벤 나무를 제재소로 옮기도록 하고, 목수를 찾아 원하는 모양의 책상을 만들도록 의뢰하고, 마지막으로 페인트공으로 하여금 페인트를 칠하도록 하면 책상이 완성될 것입니다.

박 사장 시장에 그런 일을 해 줄 수 있는 사람들이 있다면, 그런 방식으로 책상을 만드는 일이 가능하겠습니다. 그러나 매우 번거롭지 않을까요? 매번 그런 일을 반복해야 하니까요. 예를 들어 일정량의 책상을 만들어 판 후에 책상을 또 만들기 위해서는 똑같은 일을 반복해야 하니까요.

김 교수 그렇습니다. 번거롭기 짝이 없지요. 번거롭다는 말은 시간과 노력, 그리고 돈이 많이 들어간다는 것인데, 이와 관련되는 비용을 시장거래 비용이라고 합니다. 즉 시장을 이용하여 생산하는 데에 들어가는 제반 비용을 말합니다. 이를테면 산 주인이 누구이며 벌목공, 목수, 페인트공은 어디에서 찾아야 하며, 이들을 찾은 다음에 나무 가격과 임금은 얼마를 지불해야 하는지 등을 협상하고 계약하는 데 들어가는 비용 등이지요. 물론 제작업자는 가장 낮은 나무 가격과 임금을 지불하고 계약할 수 있는 사람들을 찾고자 할 것입니다. 중요한 사실은 시장을 이용하여 책상을 제작하는 데에도 이런저런 거래비용이 들어간다는 것입니다.

오명민 그렇다면 제작자는 더 낮은 비용으로 책상을 만들 수 있는 다른 방법이 있는지를 찾아보겠군요. 이를테면 필요한 재료와 장비 등을 사들이고 인력을 고용하여 직접 제작하는 방법, 즉 자체적으로 기업을 설립하여 책상을 만드는 두 번째 방법 말입니다.

김 교수 그렇습니다. 만일 시장을 활용하여 더 낮은 비용으로 책상을 제작할 수 있다면 그렇게 할 것입니다. 그러나 그렇지 않은 경우도 있습니다.

박 사장 그래서 기업이 생긴다는 말씀인 것 같습니다.

김 교수 그렇습니다. 기업은 시장거래 비용을 절약하기 위해 생긴다고 할 수 있습니다. 기업을 조직하면 시장을 이용하는 데 따르는 거래비용을 절약할 수 있다는 것입니다. 즉 기업은 시장거래를 조직 안에서의 내부거래internal transaction로 전환함으로써 시장거래 비용을 절감하는 장치로서 등장하는 생산 주체라고 할 수 있습니다.

오명민 그러나 그 대신 다른 비용이 발생할 수 있지 않을까요? 조금 전에 말씀드린 바와 같이 필요한 재료와 장비 등을 사들이고 사람들을 고용하여 제작하는 방법을 택하는 데 따르는 비용 말입니다.

박 사장 그렇겠습니다. 기업을 만들려면 먼저 사람들을 고용해야 하는데, 이들을 채용하고 관리하는 데 들어가는 비용 등도 있겠지요.

김 교수 그렇습니다. 기업 내에서 고용을 계약하고 집행하며 정보를 소통하는 일, 직원들이 열심히 일할 유인誘因을 제공하며 성과를 평가하는 등, 여타 조직에서와 같은 비용이 발생합니다. 이를 시장을 이용하는 데 따른 외부거래 비용에 대비하여 내부거래 비용이라고 부릅니다. 그리고 내·외부 거래비용의 크기가 기업의 크기를 결정하는 중요한 요인이 됩니다.

오명민 예를 들어 설명해주시지요.

김 교수 예를 좀 더 풍부하게 하기 위해 책상의 예에서 자동차의 예로 바꿔서 알아볼까요? 잘 아시다시피 자동차에는 2만

개가 넘는 부품이 들어갑니다. 운전자가 자동차를 쓰기에 편리하게 만들수록 부품 수가 늘어납니다. 이를 외부거래와 내부거래에 비춰 설명해 보지요.

박 사장 그리하면 이해하기가 쉬울 것 같습니다.

김 교수 우선 거래비용이 전혀 없는 인간 세상은 없으므로 거래비용의 유무가 아니라 다소에 비춰 설명하는 것이 좋겠지요? 자동차 관련 시장이 아주 발달되어 있어 모든 부품을 시장에서 구매하여 사용하는 비용이 이들을 직접 만들어 사용하는 비용보다 더 낮다면 자동차는 시장거래를 이용하여 제작하는 것이 경제적일 것입니다. 이 경우에는 시장거래만 있고 내부거래는 없겠지요. 이는 곧 기업이 설립되지 않는다는 말입니다.

오명민 그러나 시장이 그렇게 발달하기는 어렵고, 따라서 모든 거래가 시장에서 이뤄질 수는 없기 때문에 내부거래도 있을 것 같습니다.

김 교수 그렇습니다. 물론 아주 중요한 부품 덩어리인 엔진도 시장에서 구매하여 조립할 정도로 자동차 관련 시장은 아주 잘 발달되어 있습니다. 그래서 자동차 회사는 시장거래를 주로 하면서 새시 제작 및 조립과 관련된 내부거래를 하는 회사라고 생각할 수 있습니다. 즉 자동차 회사가 실제로 생산하는 부품은 자동차 외형을 결정하는 프레스 제품인 섀시와 그와 관련된 용접, 회사에 따라서는 엔진을 비롯한 몇 개의 중요 부품을 생산하며 나머지 부품은 모두 시장거래를 통해 구매하여 조립합니다. 반복하자면, 자동차 회사는 주로 외부거래를 하며 디자인, 중요 부품 제작, 조립, 그리고 내구도 실험 등과 관련된 내부거래를 하는 회사입니다.

박 사장 그러니까 자동차는 관련된 부품 산업이 잘 발달되어 있지 않으면 제작할 수 없겠군요.

김 교수 그렇습니다. 사실 자동차와 같이 수많은 부품이 들어가는 물건은 관련 시장이 잘 발달되어 있지 않으면 제작할 수 없습니다. 시장에서 대부분의 부품을 구매할 수 없다면 내부에서 자체 제작해야 하는데, 내부거래 건수가 증가할수록 비용이 빠르게 증가하기 때문입니다.

박 사장 그렇다면 기업 운영자는 어떤 거래는 시장거래로 하고 어떤 거래는 내부거래로 할 것인지를 결정해야 하겠습니다.

김 교수 그렇습니다. 그런데 그 기준은 무엇이겠습니까?

오명민 각각의 거래비용의 크기가 되겠지요.

김 교수 당연한 말입니다. 기업은 각 거래에 대해 외부거래와 내부거래를 비교하여 비용이 저렴한 거래를 택합니다. 즉 추가되는 거래를 시장거래로 하는 데 따르는 한계비용과 내부거래로 하는 데 따르는 한계비용을 비교하여 구매buy 또는 제작make을 결정합니다. 구매는 시장거래, 제작은 내부거래를 말하는 것입니다.

오명민 그럼 기업의 크기는 내부거래의 많고 적음에 따라 결정될 것 같습니다.

김 교수 그렇습니다. 시장거래의 한계비용이 내부거래의 한계비용보다 더 작으면 시장거래를, 반대의 경우에는 내부거래를 택할 것입니다. 따라서 기업은 시장거래의 한계비용과 내부거래의 한계비용이 같아질 때까지 커질 것입니다. 자체적으로 제작하는 부품이 많아져 내부거래가 증가할수록 기업의 규모가 커지는데, 기업의 크기가 그렇게 결정된다는 것이 거래비용설이 제시하는 바입니다.

박 사장 분명히 일리가 있는 논설입니다. 그러나 만일 모든 거래의 내부거래 비용이 시장거래 비용보다 더 작다면 기업의 규모는 계속 커질 수 있는데, 이는 우리가 현실에서 관찰하는 바와는 다르지 않습니까?

김 교수 아주 잘 지적하셨습니다. 그와 같은 논리에 따르면 기업의 규모는 계속 커질 수 있다는 가능성을 배제할 수 없습니다. 극단적으로는 기업의 규모에 한계가 없어 모든 거래가 하나의 거대한 기업 안에서 내부거래로 이뤄질 수 있다는 것이지요. 그런데 현실에서는 그렇지 않습니다.

박 사장 이는 물론 현실의 모든 거래에서 내부거래 비용이 시장거래 비용보다 더 작은 것은 아니기 때문이겠지요?

김 교수 물론 그렇습니다. 그러나 이 거래비용 이론에 따르면 모든 거래가 내부거래가 될 가능성을 배제할 수 없습니다.

오명민 그렇다면 기업의 규모에 한계가 있다는 점을 어떤 다른 논리로 설명할 수 있습니까?

김 교수 여기에서 우리는 앞에서 논의했던 사회주의 경제계산 논리를 인용할 수 있습니다.

박 사장 경제계산이란 시장정보, 특히 자본재의 시장가격을 이용하여 여러 가지 대안적 생산 방법의 상대적 효율성을 평가하는 것을 말하는데, 사회주의 국가에는 사유 재산권이 없어 자본재를 공유하므로 자본재 시장이 없고, 자본재 가격이 없어 대안적 방법 간의 상대적 효율성을 알 길이 없다는 것이었지요. 그런데 기업의 크기에 관한 설명에 경제계산 논리가 인용된다는 점이 상당히 흥미롭습니다.

김 교수 중요한 사실은 내부거래가 많아질수록 시장거래는 그만큼 줄어든다는 것입니다. 그렇지요? 예를 들어 자체 제작하는 자동차 부품 수가 많아질수록 시장에서 구매하는 부품 수가 줄어들 것입니다. 즉 중간재로 사용되는 부품 시장들이 점점 사라질 것입니다. 그렇게 되면 그런 중간재의 시장 가격을 알 수 없어 내부거래 비용과 비교할 수 없게 되겠지요? 따라서 기업은 어느 거래가 더 효율적인지를 판단할 수 없게 됩니다. 즉 구매와 자체 제작 중 어느 것이 더 나은 방법인지를 알 수 없게 되겠지요. 그래서 자체 제작이 마냥 늘어날 수는 없습니다. 내부거래가 증가하면서 기업이 커지는 데에 한계가 있다는 것입니다. 이는 곧 거래비용 외에도 경제계산 비용이 존재하므로 모든 거래가 내부거래로 전환되어 하나의 거대 기업에 흡수·통합되는 일은 일어날 수 없다는 것을 뜻합니다. 여기에서 경제계산 비용이란, 중간재의 시장거래가 내부거래로 전환되어 계산할 수 없는 영역이 확대되는 데에 따른 불합리성, 잘못된 자원배분, 손실, 궁핍 등으로부터 유발되는 비용을 말합니다.

오명민 그럼 시장거래가 내부거래로 전환될수록 시장거래 비용, 내부거래 비용, 경제계산 비용이 어떻게 변화하는지를 명확히 하여 논의를 정리하는 것이 좋겠습니다.

박 사장 시장거래가 줄고 내부거래가 늘어나면 세 가지 비용은 모두 증가하겠습니다. 우선 중간재를 구매할 수 있는 시장이 줄어들어 구매가 어려워지므로 시장거래 비용이 증가합니다.[2] 다음으로 내부거래가 증가하면 처음에는 추가적인 비용이 감소하다가 결국 증가하겠지요? 마지막으로 내부거래가 증가할수록 비교·계산할 수 없는 영역이 늘어나므로 이 비용 역시 증가합니다. 따라서 기업의 크기는 특정 거래에 따른 시장거래 비용이 내부거래 비용과 경제계산 비용을 합한 것과 같아질 때까지 커질 것입니다. 그래서 사회에는 시장만, 또는 기업만 있을 수는 없고, 시장과 기업이 동시에 존재하게 되겠지요.

오명민 그럼 이러한 논의가 현실 문제에 대해 말해주는 것은 무엇일까요?

김 교수 사람들은 흔히 가장 강력한 경쟁력을 가진 단 하나의 기업이 모든 거래와 그에 따른 이익을 독차지할 수 있다고 생각하는데, 그런 일은 일어날 수 없다는 것입니다. 즉 사회주의 국가에서처럼 자본재를 국가가 독점적으로 소유하지 않는 한, 자유시장에는 많은 종류와 크기의 기업이 공존한다는 것이지요.

박 사장 거래비용과 관련하여 기업의 태동 이유에 대한 이해가 한결 높아진 느낌입니다. 그런데 기업의 태동 이유를 조금 다른 각도에서 찾아볼 수는 없는지요? 자본가-기업가는 미래의 전망, 즉 미래에 소비자 선호는 어떻게 변화할 것인지, 이를 목표로 생산되는 물건의 미래 가격과 그 물건을 만드는 데 소요되는 생산요소들의 가격 등은 어떻게 변화할지 등에 대해 예측하고 어떤 방법으로 생산할지를 결정하는 기능을 하는 사람인데, 이런 자본가-기업가와 관련하여 기업의 태동 이유를 설명할 수 있을 것 같습니다만.

김 교수 좋은 질문입니다. 기업을 만들어 자본을 조달하고 의사결정을 하는 자본가-기업가의 기능과 관련이 없을 수 없겠지요? 그런데 생산과 판매 등과 관련된 모든 사항이 알려져 있고, 이를 바탕으로 완전한 계약서를 작성할 수 있으며, 계약과 관련된 어떤 문제가 발생할 때 이를 교정할 방법을 모두 알고 있으며, 또 이런 일들을 수행하는 데 소요되는 비용이 없다면 굳이 기업을 조직할 필요가 없을 것이며, 따라서 자본가-기업가가 등장할 일이 없겠지요?

박 사장 그렇겠습니다. 거래비용 이론은 설령 생산과 관련된 모든 사항이 알려져 있고, 이를 바탕으로 완전한 계약서를 작성할 수 있으며, 계약과 관련되어 어떤 문제가 발생할 때 이를 교정할 방법을 알고 있다고 하더라도 이를 시장에서 실제로 실행하는 데에는 비용이 들어가므로 이를 절감하기 위해서 기업이 생긴다는 점을 설명하고 있지요. 따라서 이와 관련된 판단을 하는 자본가-기업가가 존재하겠지요? 더구나 모든 사항이 알려져 있지도 않고, 따라서 완전한 계약서를 작성할 수 없을 뿐만 아니라 문제 발생 시 그 교정 방법도 완전하게 알지 못한다면, 이를 파악하고 비용을 지불하면서 처리할 누군가가 있어야 할 것입니다. 즉 자본가-기업가가 존재해야 할 것 같습니다.

김 교수 맞습니다. 사람들의 인식 능력이나 정보 획득에 소요되는 비용 때문에 인간은 이미 알려진 사항 중에서도 일부만 획득할 수 있을 뿐입니다. 특히 미래에 일어날 수 있는 모든 사항을 완전하게 알지 못하므로 시장에서의 계약은 불완전합니다. 모든 세상사가 그러하듯이 생산에서도 우리가 사전에 미리 알 수 없는 불확실성이 존재합니다. 따라서 이런 불확실한 상황에서 누가 의사결정권을 가질 것인가가 중요한 문제로 대두됩니다. 즉 누군가가 자원의 활용 등에 관한 불확실성에 직면하여 판단하고 의사결정을 해야 할 텐데, 우리는 이런 의사결정 권한을 잔여 통제권residual rights이라고 합니다. 그리고 잔여 통제권을 행사하는 사람이 바로 자본가-기업가입니다. 그러니까 자본가-기업가는 미리 정해진 일을 단순하게 수행하는 관리자가 아니라 불확실성을 전제로 존재하는 주체입니다.

박 사장 그러니까 기업이 만들어지는 이유에는 비용을 절약하려는 점도 있지만 불확실성으로 말미암아 완전한 계약을 할 수 없는 경우에 자산에 대한 잔여 통제권을 행사하기 위한 수단으로 만들어진다는 것이군요.

김 교수 예를 들어 갑과 을 두 기업이 있는데, 갑이 생산하는 물건에는 을이 생산하는 물건이 부품으로 반드시 들어가야 하며, 을이 생산하는 부품은 갑이 아닌 다른 기업이 생산하는 물건에는 전혀 쓸모가 없는 것이라고 해 봅시다. 즉 을이 부품을 만들기 위해 하는 투자는 전적으로 갑을 위한 것이고(특수 관계 투자) 갑 또한 을이 공급하는 부품이 없이는 물건을 만들 수 없습니다. 물론 갑은 자신에게 부품을 공급할 수 있는 여러 기업을 상대로 경쟁시킨 결과 을을 선택하여 계약을 했고, 을은 이를 이행하기 위해 시설 투자를 했습니다. 그런데 계약이 맺어지고 시설 투자가 이뤄진 다음에는 갑과 을은 각자의 이익을 위해 기회주의적 행동을 할 수 있습니다. 즉 갑은 을의 부품이 없으면 물건을 만들 수 없으므로 을의 볼모가 될 수 있고, 을은 갑이 아니면 부품을 판매할 곳이 없으므로 갑의 볼모가 될 수 있습니다. 이런 경우 갑과 을은 서로 미래의 불확실한 상황에 놓이게 될 수 있습니다. 즉 서로 다른 각자의 유인을 효과적으로 일치시킬 수 있는 완전한 계약을 할 수 없다는 것입니다. 따라서 갑이 을의 기업을 사버리거나 또는 을이 갑의 기업을 사버리면, 기회주의적 행동을 할 수 있는 여지가 없어집니다. 잔여 통제권이 분명해지니까요. 갑과 을 간의 시장거래가 갑 또는 을의 내부거래로 전환되어 새로운 기업이 탄생한다는 것입니다. 재산권설이 강조하는 측면입니다. 갑과 을이라는 두 기업 간 시장거래가 합병 후에는 내부거래로 되므로 기업의 규모는 당연히 더 커지겠지요.

박 사장 이와 관련하여 두 가지 질문이 있겠습니다. 이 합병 역시 거래비용을 줄이는 방편인가라는 질문과 갑과 을 중 누가 누구의 자산을 사게 되는가라는 질문입니다.

김 교수 거래비용에는 탐색, 협상, 계약에 따른 사전적 비용과 계약서에 없는 사안이 발생했을 경우에 이를 마무리하는 사후적 비용 등이 있습니다. 모두 다 인간 세상이 완전하지 못하므로 발생하는 비용이지요. 시장거래 비용을 절약하기 위해 기업이 생긴다는 이론에서의 거래비용은 주로 사전적 비용을 강조한 것이고 기회주의의 해소를 위해 기업이 생긴다는 재산권설은 사후적 비용을 강조한 것입니다. 그런데 크게 보면 이 또한 시장거래를 내부거래로 전환함으로써 거래비용을 절약하기 위한 방편이라고 할 것입니다. 그래서 두 이론의 관련성이 많다는 것입니다.

오명민 그럼 갑과 을 중 누가 누구의 재산을 사서 합병하게 될까요?

김 교수 만일 갑이 을을 합병해서 얻을 수 있는 추가적 이득이 합병하지 않은 상태에서 을로 인해 얻는 이득보다 더 크다고 판단한다면 갑이 을을 합병할 것입니다. 반대의 경우에는 을이 갑을 합병하겠지요. 이 점에서 기업가의 판단이 중요하게 작용할 것입니다.

박 사장 그런데 지금까지의 논의에도 기업가의 기능이 전혀 없는 것은 아니지만, 기업가가 주도하는 기업의 탄생 이유는 강조되지 않은 측면이 있는 것 같은데, 그 점에 대한 논의가 필요할 것 같습니다.

김 교수 그렇습니다. 기업이 거래비용을 절감하고 특수 관계적 생산 설비를 둘러싼 기회주의를 해소하는 방편으로 생기는 것은 사실이지만, 모든 일은 기업가의 판단을 기초로 이뤄집니다. 즉 기업은 기업가의 판단과 비전을 실현하기 위해 생기는 것입니다. 일반 사람들은 특정한 사업 현안에 대한 기업가의 판단과 비전을 잘 알아듣거나 공감하지 못합니다. 즉 기업가는 그들과 소통하기 어려우므로 자신의 판단과 비전을 실현하기 위한 자원을 그들로부터 지원받을 수 없습니다. 따라서 기업가는 자신의 판단과 비전을 실험하고 실천하기 위해 기업을 만드는데, 이는 곧 자신의 재산을 가져야 한다는 것을 의미합니다. 아무도 그의 말을 알아듣거나 공감하지 못하므로 자신이 스스로 자신의 재산을 바탕으로 실험하고 실천하는 수밖에 없겠지요. 즉 자신이 모든 잔여 통제권을 행사할 수 있는 재산을 가져야 한다는 말입니다. 자본가-기업가와 관련된 재산권설의 핵심이라고 할 수 있지요.

오명민 실례를 들어 설명해주실 수 있는지요?

박 사장 정주영 현대그룹 총수가 주도한 사우디아라비아의 주베일 항만 건설 공사를 기억할 것입니다. 1976년 7월~1979년 12월에 걸쳐 진행된 건설은 크게 호안 공사와 방파제 공사, 안벽 공사, 해상유조선 정박시설 공사 등이었습니다. 이 중 30만 톤급 유조선 네 척이 동시에 정박할 수 있는 해상유조선 정박시설 건설에서 정주영 총수의 판단이 빛났습니다. 그것은 이 건설에 사용된 가로 18m, 세로 20m, 높이 36m, 무게 400톤의 재킷 89개를 비롯한 모든 철 구조물을 울산 현대조선에서 만들어 1만 200km 떨어진 현장까지 해상으로 운송

한 것입니다. 1만 5800 톤급과 5500 톤급 바지선 두 척을 연결해 1만 마력의 터그보트로 예인하는 수송 방식으로 총 19회에 걸쳐 태평양과 인도양을 거쳐 공사 현장으로 재킷을 실어 나른 것입니다.

김 교수 그렇습니다. 여기에서 우리는 기업가의 판단과 비전을 위해서는 기업가는 이를 실천할 수 있는 자신의 기업을 가져야 한다는 것을 알 수 있습니다. 즉 기업의 재산에 대한 '소유'를 의미하는 잔여 통제권을 가져야 한다는 것입니다. 재산을 많이 가진 부자들 중에서도 당시 정주영 총수의 그런 결정을 받아들여 공사를 하도록 자금을 지원할 사람은 아무도 없었을 것이기 때문입니다. 이는 곧 기업가의 판단을 다른 사람들에게 소통시키는 것이 매우 어렵다는 것을 뜻합니다. 따라서 기업가는 자신의 판단과 비전을 실현하기 위해 잔여 통제권을 행사할 수 있는 기업을 만드는 것입니다.

오명민 다른 사례로서는 어떤 것들이 있을까요?

김 교수 삼성그룹의 전자사업, LG그룹의 화학사업 등도 모두 그렇게 생긴 것들입니다. 삼성그룹이 반도체 사업에 투자한 것은 삼성그룹의 운명을 좌우하는 것이었지요. 만일 실패한다면 그룹 전체가 몰락할 수도 있는 불확실성으로 가득 찬 것이었으니까요. 그러나 이병철-이건희 삼성그룹 총수는 일반인들과는 달리 이 사업이 성공할 것이라는 판단을 한 것이며,

그러한 판단을 삼성그룹의 명운을 걸고 실천한 것입니다. 자신들이 잔여 통제권을 행사할 수 있는 재산이 있었기 때문입니다.

박 사장 만일 기업가가 자신의 뜻대로 운영하고 또 책임질 수 있는 기업 또는 기업집단이 없다면 이런 거대하고 결과가 매우 불확실한 투자는 할 수 없겠습니다.

김 교수 그렇습니다. 기업가는 불확실성의 세계에서 새로운 이윤 기회를 찾아내고 또 만드는 모험적이며 창의적이며 경쟁적이며 낙관적인 존재입니다. 그래서 기업은 각종 거래비용을 줄이려는 목적에 더하여 기업가가 자신의 판단과 비전을 실현하기 위해 설립하는 것입니다.

오명민 그런데 어떤 사안에 대한 판단은 시장이나 조언자들로부터 얻을 수 있지 않습니까?

김 교수 그럴 수 없습니다. 앞에서 논의한 대로 '판단'을 사고팔 수 있는 시장도 없고 전문가들의 조언도 궁극적으로 기업가 자신이 판단해야 하기 때문이지요. 또한 기업가의 판단은 보통 사람들의 판단과 달라 기업가가 자신의 판단과 믿음을 그들에게 설명하고 설득하기 어렵습니다. 위에서 예로 든 현대그룹 정주영 총수의 판단을 일반인들이 납득하겠습니까?

박 사장 종합하자면 이렇게 되겠군요. 기업은 시장 메카니즘을 이용하는 비용을 줄이려는 동기도 있지만, 기업가가 자신의 판단과 비전의 실현을 위해 만드는데, 이는 기업가가 소유하는 재산이 없으면 실천할 수 없기 때문입니다. 기업가는 소유하는 재산으로 스스로 기업을 만들어 불확실한 미래에 대한 자신의 판단을 실천한다는 것입니다. 그리고 사전적 판단이 사후적으로 맞은 것으로 밝혀지면 돈을 벌고, 틀린 것으로 밝혀지면 손해를 본다는 것입니다.

김 교수 그렇습니다.

오명민 그런데 기업은 흔히 집단을 형성하고 있는 경우가 많은데요, 그럴만한 이유가 있는가요? 즉 모기업parent company이 여러 계열기업affiliates을 거느리고 기업집단conglomerate을 형성하고 있지 않습니까?

박 사장 그렇습니다. 그런데 한국뿐만 아니라 많은 나라의 기업집단은 계열기업형입니다. 물론 미국처럼 계열기업형이 아닌 다사업부서형(M-형multi-divisional form)으로 된 거대 기업도 있습니다. 여러 개의 관련 및 비관련 사업부서가 하나의 거대한 기업에 소속되어 있는 형태지요. 미국의 GE가 대표적입니다. 이는 모두 아마도 기업이 성장하면서 사업 영역을 넓혀가는 데 효과적이기 때문일까요?

김 교수 그렇습니다. 기업집단은 세계 각국에 존재하니까요.

오명민 그렇다면 우선 이런 기업집단이 생기는 이유가 무엇일까요? 각국에 존재하는 일반적 현상이라면 거기에는 그럴만한 이유가 있을 것 같습니다.

박 사장 사실 사업을 하는 데 시장에서 해결할 수 없는 것들이 많습니다. 상거래와 관련된 법적 제도가 미비한 경우도 많습니다. 기업집단은 아마도 시장의 이런 점, 즉 시장의 불완전성을 보완함으로써 문제를 스스로 해결하는 수단으로 만들어진다는 생각이 듭니다.

김 교수 그렇습니다. 대규모 기업집단은 상거래에 관한 제도적 장치가 미비하고, 정부 정책을 예측하기 어려운 환경에서 생산물 시장, 자본 시장, 그리고 노동 시장에 적합한 형태로 적응해 만들어진 진화의 산물입니다.

오명민 그럼 시장별로 구체적으로 설명해 주시지요.

김 교수 우선 생산물 시장을 볼까요? 신흥 산업 국가의 생산물 시장은 통신 기반 시설이 취약하고 독립적인 정보기관의 부재와 정보 분석가들의 낮은 자질 등으로 판매자와 구매자 간에 정보 부족 문제가 심각합니다. 이런 상황에서 기업은 자신의 지명도를 높여 알릴 필요가 있는데, 여러 가지 상품에 대한 통일적 이미지를 구축하는 과정에서 다각화 경영으로 기업집단이 형성됩니다. 특히 해외 무역으로 성장하는 경우, 기업들은 많은 비용을 들여 국제시장에 진입하는 데 필요한 정보를 생산·가공·확보하여, 여러 가지 상품에 유용하게 적용하는 과정에서 기업집단으로 발전한 것입니다. 이런 정보는 시장에서 구매할 수 없는 것인데, 한 제품에 적용한 정보는 별다른 비용을 더 들이지 않고 새로운 제품에 적용할 수 있으니까요. 또한 신흥 산업 국가는 상거래에 관한 법률 체계가 미비하고 일관성이 부족하기 때문에 법적 통로를 통해 계약 이행 문제를 해결하기가 쉽지 않은데, 이런 경우 외국 기업이 신흥 시장에 진출하려 할 때, 기업집단은 평판과 성과를 기반으로 그들을 인도할 수 있으며 경쟁에서 우위를 점할 수 있는 이점을 가질 수 있습니다.

박 사장 자본시장에서는 어떠합니까?

김 교수 선진국 투자자들은 믿을 만한 회계 보고서, 투자 분석가들의 활발한 활동, 독자적인 언론 등을 통해 획득한 적절한 정보에 기초하여 투자할 수 있지만, 신흥 시장에서는 정보 부족과 불투명한 보장성으로 말미암아 투자자들이 새로운 기업에 투자하는 것을 꺼리게 됩니다. 이런 경우 기업집단은 좋은 평판을 바탕으로 자본시장에서 우위를 점하여 용이하게 외부 자본을 조달할 수 있습니다. 또한 기업집단은 내부적으로 마련한 자본을 바탕으로 새로운 벤처 캐피털 자본가로서의 기능을 수행하며 대자본 출자를 가능케 함으로써 전자산업이나 자동차산업 같은 대형 프로젝트를 성사시키는 기능을 할 수 있습니다. 그러니까 기업집단이 자본시장에서 얻을 수 있는 이점이 많다는 것이지요.

오명민 다음으로 노동시장과 관련해서는 어떤 이점을 가지고 있습니까?

김 교수 신흥 산업 국가는 흔히 고급 인력의 부족 현상에 직면하게 되는데, 이런 경우 기업집단은 장래성 있는 노동자나 경영자를 발굴하고 전문적인 경영 능력을 개발하는 데 유리합니다. 즉 내부 노동시장을 발전시켜 시장에서 채용하기 어려운 인력을 양성하는 것입니다.

박 사장 그 외의 이점은 없는지요?

김 교수 신흥 산업 국가에는 산업 관련 정부 정책이 많습니다. 따라서 정부 정책을 예측하고 그에 적응하는 데에 많은 비용이 소요되는데, 집단 내의 어떤 한 부서나 계열사가 이러한 문제로 곤란을 겪을 때, 기업집단은 정치인이나 관료들과의 관계에서 얻은 풍부한 경험과 튼튼한 연줄을 바탕으로 중재자 역할을 수행할 수 있는 이점을 가집니다.

오명민 이와 관련하여 기업집단과 정부 간의 유착이 사회적 문제로 떠오르는 경우도 있습니다. 그 이유는 무엇이며 이에 대한 해결책이 있는지요?

김 교수 기업집단과 정부 간의 유착이란 바로 위의 기업집단의 이점에서 지적한 과정에서 일어나는 부정적 측면입니다. 그러나 유착의 궁극적인 원인 제공자는 자원배분의 강제력을 가진 정부라는 사실을 인식할 필요가 있습니다. 정부가 그런 일에 개입할 힘을 가지지 않는다면 시장에 남는 것은 경쟁뿐이니까요. 이에 대해서는 제19장의 정부의 기능과 역할에서 자세하게 논의할 것입니다.

박 사장 신흥 시장은 발달 상태가 미흡하므로 시장거래가 활발하게 일어날 수 없을 것 같은데, 이와 관련하여 기업집단이 가지는 이점은 없을까요?

김 교수 충분히 제기할 수 있는 질문입니다. 신흥 시장에서는 시장의 발달 상태가 미흡하기 때문에 새로운 사업 기회를 내부화하는 데 따르는 경제계산 문제가 발생할 수 있습니다. 즉 기업의 제작 또는 구매 결정에서 잣대로 삼을 수 있는 시장거래가 없거나 미미하기 때문에 자원의 기회비용을 잘 알 수 없다는 것이지요. 이런 경우 경제계산 문제를 완화할 수 있는 방법으로 독립적인 사업부서나 계열기업들을 설립하여 상호간의 거래를 통해 서로가 서로에게 외부 시장 기능을 함으로써 시장 정보를 창출하고, 이를 자본의 기회비용으로 활용할 수 있습니다.[3]

오명민 기업집단이 생기는 데에는 그만한 이유가 있군요. 사실 기업집단이 있는 나라와 없는 나라의 물질적 삶을 비교하면 기업집단의 존재를 중요하게 인식할 수 있습니다. 그럼에도 불구하고 사람들의 기업집단에 대한 반감이 강한 편인데, 이는 아마도 적은 지분으로 여러 기업들을 지배하는 데에 대한 반감인 것 같습니다. 실제로 그런 문제가 있는 것 아닙니까?

김 교수 우리가 주식회사 제도에서 논의한 대로 통제주주가 기업의 사실상의 주인이 된다는 점에서 문제가 없다고 생각합니다. 정서적인 측면에서는 부의 집중 현상에 대한 반감이라고 생각하지만, 사실 대부호와 일반인들 간의 부의 차이를 문제시할 필요가 있을까요?

박 사장 일반인들이 느끼는 감정을 어떻게 할 수는 없을 것입니다. 시간이 지나면서 이해할 수 있기를 기대하면서 기업집단에 대한 논리적 홍보를 강화하는 일밖에는 달리 뾰족한 방법이 없을 것 같습니다.

김 교수 그렇습니다. 기업집단이 없는 나라는 모두 가난하다는 사실도 알 필요가 있습니다. 돈을 많이 버는 주체가 없으니까요.

오명민 그런 점을 홍보하는 것이 상당히 효과적일 것 같습니다. 한국에서는 이른바 재벌이 많은 비판을 받고 있지만, 그런 기업집단이 없는 나라는 모두 가난하다는 사실 말입니다.

김 교수 좋은 생각입니다.

박 사장 그럼 이제 이를 바탕으로 기업집단의 형태와 그렇게 발전한 이유에 대해 논의해 보도록 하지요.

김 교수 박 사장이 위에서 말씀하신 바와 같이 기업집단에는 모든 사업부서가 한 기업 안에 소속된 M-형과 여러 개의 독립된 기업들로 이뤄진 계열기업형이 있습니다. 그런데 M-형은 주로 통제주주가 없는 경우에 형성되며 계열기업형은 통제주주가 확실한 통제권을 가지는 경우에 형성되는 것이 일반적입니다. 이에 대한 논의를 하기 위해서는 기업지배구조에 대한 논의가 먼저 있어야 합니다.

오명민 통제주주가 어떤 주주인지 다시 한 번 설명 부탁드립니다.

김 교수 주식회사에 대한 논의에서 주식회사의 사실상의 주인은 소수의 대표단이라고 했습니다. 그런데 대표단의 대표는 주식을 많이 보유한 주주가 되는 것이 보통이지요. 대개 50%를 밑도는 주식을 보유하지만, 최대주주인 셈이지요. 그러니까 통제주주란 적은 지분이지만 최대주주로서 기업의 사실상의 주인 역할을 하며 기업집단을 지배하는 주주를 말합니다. 그런데 이는 사회적으로 민감한 문제이기도 합니다.

오명민 기업지배구조가 기업집단의 주인에 대한 것이라면, 굳이 민감한 문제일 이유가 있을까요? 기업이 있으면 누군가 주인이 있어야 하는 것은 당연한 것 아니겠습니까?

박 사장 사실 그렇습니다. 그러나 아마도 큰 부와 관련된 문제이므로 그런 것 같습니다. 그럼 우선 기업지배구조를 어떻게 정의할 수 있을까요?

김 교수 기업지배구조란 자본을 출자한 주주들이 자신들의 자본을 운영·관리하는 경영자의 경영을 규율하기 위한 메커니즘을 말합니다. 즉 자본을 출자한 주주들이 자신들의 이익에 충실하도록 경영자를 규율하는 메커니즘을 말합니다.

오명민 그렇다면 이 문제는 왜 생기는 것입니까?

김 교수 기업지배구조 문제가 대두되는 이유는 한 개인이 회사를 100% 소유하고 직접 경영을 하지 않는 한, 출자자와 경영자가 달라지기 때문입니다. 출자자의 목적은 출자한 자본의 이익을 크게 하는 것이지만, 경영자의 목적은 경영자 자신의 이익을 크게 하는 것이 될 수 있으니까요. 즉 출자자들은 경영자가 자신들의 이익을 최우선하는 경영 활동을 하기를 원하므로 기업지배구조 문제가 대두됩니다. 출자자들은 그렇게 함으로써 출자자-경영자 간에 생길 수 있는 대리인 문제를 최소화하고자 하는 것이지요. 그 정상에 통제주주가 있는 것이지요.

오명민 그럼 각국의 기업지배구조와 관련된 기업집단의 형태는 서로 다른가요?

박 사장 보통은 통제주주가 존재하는 집중 소유형이 일반적입니다. 기업집단의 사실상의 주인인 통제주주가 장악하고 지배하는 것이 출자자들과 경영자 간의 대리인 문제를 최소화하여 출자자들의 이익을 위할 수 있는 가장 좋은 방법이라고 여겨지니까요. 물론 미국처럼 통제주주가 없는 M-형의 기업집단이 존재하기도 합니다만.

오명민 그렇다면 한국에서는 기업집단의 계열기업들이 모두 통제주주의 지배를 받는다는 점에서 소유 구조가 집중 소유형이며, 기업집단의 총수가 통제주주가 되겠군요.

김 교수 그렇습니다.

오명민 그런데 여러 개의 기업들을 계열기업으로 거느릴 것이 아니라 모든 사업부서들을 한 기업 안에 편입시키는 M-형이 통제하기에 더 낫지 않을까요? 그렇게 하면 통제가 더 쉬울 것 같습니다만.

김 교수 그럴 수도 있습니다. 계열기업을 설립하는 경우에는 설립비용 등, 제반 비용이 M-형의 사업부서로 편입되는 경우에 비해 더 높다고 할 수 있습니다. 또 계열기업마다 별도로 이사회를 구성해야 하고 노사관계 등 독자적인 기업 문화가 형성될 가능성이 크기 때문에 다각화된 기업집단의 관점에서 볼 때 M-형에 비해 관리비용도 높아집니다. 그런 점에서 M-형이 일반적으로 더 바람직해 보이기도 합니다.

박 사장 그렇다면 많은 기업집단들이 M-형보다는 계열기업 형태를 하고 있는 이유는 무엇입니까?

김 교수 몇 가지 장점을 제시할 수 있습니다. 첫째, 의사결정 권한을 총수에게 집중함으로써 의사결정비용을 줄일 수 있을 뿐만 아니라 신속한 의사결정을 내릴 수 있습니다. 둘째, 어느 한 계열기업이 경영실패로 파산할 경우 다른 계열기업들에 부담을 주지 않고 파산 절차를 밟을 수 있습니다. 따라서 계열기업형은 사업 환경이 불안정하여 파산 위험이 높을 때 선호된다고 할 수 있습니다. 셋째, 외부에서 자금을 차입할 때 계열사 간 상호지급 보증이 가능하다는 것입니다. 금융시장이 발달되어 있지 않은 상황에서 외부 차입은 피하기 어려운데, 계열사 간 상호 지급보증을 통해 이 문제를 상대적으로 수월하게 해결할 수 있다는 것이지요. 자금을 공급하는 금융회사의 입장에서도 M-형 전체의 재무 상황이나 영업 상황을 파악하는 것보다 독립적인 계열기업과 일부 관련 계열기업의 상황을 파악하는 것이 훨씬 더 용이하겠지요. 넷째, 똑같은 논리가 외국 기업을 비롯한 타 기업과의 기술제휴 건에도 동일하게 적용될 수 있습니다.

박 사장 그렇다면 통제주주가 없는 분산 소유형은 어떻게 생긴 것입니까?

김 교수 기업집단의 소유 구조가 집중 소유형이 아니라 분산 소유형이 된 것은, 경제적인 이유에서가 아니라 소수가 차지하는 부의 집중을 막으려는 의도의 정치적 이유에서 그렇게 된 것입니다.[4] 물론 분산 소유형에는 통제주주가 없습니다. 이런 경향은 미국과 영국에서 두드러지게 나타나는데, 이들 두 나라에서는 20세기 초 반反기업 정서를 반영한 반反트러스트법 등으로 집중 소유형 기업집단을 해체하였기 때문입니다. 또한 사회주의적 성향이 강한 유럽국가에서 집중 소유형이 많은 것은 기업가들이 소유 집중block share holding을 통해 재산권을 보호하기 위한 것입니다.[5]

박 사장 그러니까 만일 어떤 사업을 계열기업을 설립하여 하려면 그 기업을 확실하게 통제할 수 있어야 하겠습니다. 그렇지 않다면 M-형 안에 편입시켜 통제하는 것이 낫겠습니다.

김 교수 그렇습니다. 비유하자면, 아직 결혼하지 않은 자녀가 분가를 요청할 경우에 여러분들은 어떤 점을 고려하여 결정하겠습니까? 자녀가 분가하여 성실한 생활을 할 것으로 믿는다면 허락하겠지만, 그렇지 않으면 허락하지 않을 것입니다. 마찬가지로 설립한 계열기업이 모기업의 의사와는 반대로 독자적 행보를 보일 것을 우려한다면 계열기업으로 독립시키지 않을 것입니다. 그래서 통제를 확실하게 할 수 있을 때 독립 법인으로 계열기업을 설립할 것입니다.

오명민 그럼 미국과 영국 등을 제외하면 대부분의 나라에는 집중 소유 구조인 계열기업형이 많겠습니다.

김 교수 그렇습니다. 한국, 일본, 인도 등의 후발 공업 국가들뿐만 아니라 유럽 대륙 국가의 공업화 초기 단계에서도 찾아볼 수 있습니다. 앞에서 잠깐 언급한 바와 같이, 유독 미국의 다각화된 기업집단은 M-형이 일반적인데, 그 이유는 위에서 설명한 바와 같이 반트러스트법 등으로 통제주주로부터 계열기업들을 박탈하고 해체해버렸기 때문입니다. 그런데 통제주주가 없는 상태에서 계열기업을 설립하면 그 계열기업에 대한 통제권을 상실함에 따라 의사결정비용이 높아집니다. 이런 상황에서 다각화를 추진하는 기업집단이 추가적인 의사결정비용을 부담하지 않고 이득을 도모하는 유일한 방법은 여러 사업부서를 하나의 조직 내에 통합하는 방법, 즉 M-형으로 다각화하는 것입니다.

오명민 그렇다면 마지막으로 통제주주에 의한 대리인 문제는 없는 것인가요? 즉 통제주주와 소액주주 간에는 아무런 문제가 발생하지 않을까요? 통제주주가 소액주주들에게는 전혀 알리지 않고 주식을 팔고 떠나버리는 사태에 대한 언론 보도도 있었던 것으로 기억합니다만.

김 교수 그런 경우도 있을 수 있습니다. 이는 다시 의사결정비용과 외부비용의 문제가 되는데요, 주식회사 제도의 운행 원리를 상기해 봅시다. 주식을 공모하는 자본가-기업가의 입장에서는 자신의 의사결정 권한이 주식 공모로 늘어난 주식에 의해 제한받는다면, 의사결정 권한의 분산에 따른 자본가-기업가가 당면하는 외부비용과 이를 제거하기 위한 의사결정비용이 추가되고 그 크기가 예측하기 힘들다는 점 때문에 주식 공모의 유인을 가지지 못할 것입니다. 반면에 주식 공모에 참여하는 개인 입장에서는 의사결정에 참여하지 못하게 되면 높은 외부비용을 부담해야 합니다. 따라서 주식 공모자의 의사결정 권한이 침해받지 않으면서 주식 공모에 참여하는 사람들의 외부비용을 동시에 낮출 수 있는 방법이 모색되어야 하는데, 이를 해결하는 방법이 주식 공모자인 통제주주에게 의사결정권을 위임하고, 주식 공모 참여자인 소액주주에게는 자신이 보유한 주식을 자유롭게 팔 수 있도록 허용하는 것입니다.

오명민 그렇다면 문제가 다시 제14장에서 논의한 주식회사의 재산권 수정 문제로 귀결되는데요? 즉 의사결정 권한은 소수의 대표단에 일임하고 소액주주들은 자신의 이해관계에 어긋나는 대표단의 의사결정으로 기대 이익을 초과하는 외부비용의 발생이 예상될 때 주식을 매도하는 방법 말입니다.

김 교수 그렇습니다. 그것이 현재까지 발전된 주식회사 제도에서 기대할 수 있는 최선의 방책입니다. 그런데 지배주주는 특정 의사결정과 관련된 가장 큰 이해관계를 가지므로 자신의 이해관계에 반하는 의사결정을 내릴 수는 없습니다. 그러므로 소액주주들이 사후적으로 피해를 입는다고 하더라도 지배주주가 이를 고의적으로 했다고 생각하기는 어렵습니다. 물론 기업 청산 시와 같이 아주 예외적인 경우에는 청산에 대한 정보가 공개되기 전에 통제주주가 자신의 주식을 처분함으로써 소액주주에게 피해를 끼치는 행위가 가능하겠지요. 그러나 이런 예외적인 경우를 방지하고자 이사회의 모든 결정을 사전에 공개하도록 하거나 통제주주의 특정한 의사결정에 따른 피해를 모두 보상하도록 한다면 주식회사 제도 자체의 운행이 불가능할 것입니다. 그러니까 이런 예외적인 경우는 효율적인 자본 조달을 위한 주식회사 제도를 운영하는 데 불가피하게 수반되는 비용으로 볼 수 있으며, 그런 일이 발생하는 경우에는 사후적으로 처리하는 것이 바람직할 것입니다.

오명민 기업에 대해 한결 더 깊게 이해하게 되었습니다. 다음 주제로는 어떤 것이 좋을까요?

17

경제 성장

박 사장 지금까지는 재산권, 시장질서, 경쟁, 복지, 주식회사, 자본가-기업가, 경영자, 기업 등에 대해 논의했는데요, 이는 경제의 기초적 토대에 관한 것이라고 할 수 있을 것 같습니다. 그런데 사람들의 삶이 윤택해지려면, 이를테면 1인당 소득이 높아지는 등, 경제가 성장해야 하는데, 지금부터는 경제 성장이란 무엇이며 또 경제 성장은 어떤 시스템에서 가능한지에 대해 논의해 보는 것이 좋겠습니다.

오명민 경제 성장이라고 하면 보통 생산의 증가를 의미하는 것이 아닌지요?

김 교수 사람들은 흔히 경제 성장을 단순히 생산 증가로 이해하는 경향이 있습니다. 그러나 경제 성장은 유·무형의 산출물 증가를 통한 부의 증가를 말합니다. 그런데 부는 사람들이 산출물에 부여하는 가치입니다. 즉 우리가 앞에서 논의한대로

부는 사람들에게 양陽의 가치를 주는 것입니다. 물론 주관적인 것이지요.

오명민 그러니까 이를테면 쓰레기를 많이 생산하는 경제는 성장이 아니라 퇴보하는 경제라고 해야겠군요. 쓰레기는 사람들에게 음陰의 가치를 주는 것이니까요.

김 교수 그렇습니다. 경제 성장은 부의 증가를 말하고, 또 그렇게 이해해야 성장에 대한 체계적인 논의를 할 수 있습니다.

오명민 어떤 체계적인 논의를 말씀하시는지요?

김 교수 우선 사람들이 흔히 생산의 증가를 부의 증가와 같은 의미로 사용하는 이유에 대한 것입니다. 자본가-기업가들은 여러 가지 물건들을 만들어 시장에서 팔아보는데, 잘 팔리는 물건도 있지만 잘 팔리지 않는 물건도 있겠지요? 사람들을 만족시키지 못하는 물건, 즉 사람들이 가치를 부여하지 않는 물건은 팔리지 않겠지요? 그리고 그런 물건은 결국 시장에서 퇴출되겠지요? 그래서 사람들이 양의 가치를 부여하는 물건만 생산되어 시장에서 판매된다는 점에서는 경제 성장을 생산의 증가로 표현해도 별다른 문제가 없습니다.

오명민 그렇다면 경제 성장을 생산의 증가라고 하면 무엇이 문제가 됩니까?

박 사장 아마도 누가 경제 성장을 잘 이끌어갈 수 있을지에 관한 문제가 아닐까요?

김 교수 그렇습니다. 이에 대해 논의하기 위해서는 우선 누가 사람들의 선호와 가치를 잘 알 수 있느냐의 문제를 검토해 봐야 할 것입니다. 경제 성장이란 사람들의 선호를 충족시켜 그들이 부여하는 가치를 증가시키는 것이니까요. 물론 누가 불확실한 미래를 예측하는 능력이 상대적으로 뛰어나느냐 하는 문제도 포함됩니다.

오명민 이에 대해서는 제15장~제16장의 자본가-기업가와 기업에 대한 논의에서 이미 밝혀지지 않았습니까? 그런 일은 자본가-기업가가 가장 잘 한다는 사실 말입니다.

김 교수 그렇습니다. 되풀이하자면, 이들은 반복적인 시장실험을 통해 사람들의 선호를 알아냅니다. 물론 어떤 물건을 생산하기 전에 사람들의 선호를 연구하고 시장조사를 하는 등, 정보 획득에 심혈을 기울이겠지요. 실패하면 손해를 보니까요. 그러나 어떤 물건이 잘 팔려 돈을 벌 수 있는지, 또 어떤 물건이 잘 안 팔려 손해를 보는지는 실제로 해 봐야 알 수 있습니다.

박 사장 그런 사실도 이미 논의가 되었습니다.

김 교수 그렇습니다. 강조할 사항은 자본가-기업가는 이윤과 손실 체제라는 시장에서 활동한다는 것입니다. 사람들이 만족하는 물건은 자본가-기업가에게 돈을 벌게 하고 만족하지 않은 물건은 손해를 끼치므로 자본가-기업가는 그런 물건들이 어떤 것인지를 알기 위해 노심초사하고 심혈을 기울인다는 것입니다. 적은 실패와 많은 성공을 통해 사람들의 선호를 알아내는 기업가가 유능한 자본가-기업가인 셈이지요.

오명민 그렇다면 이제 사람들이 흔히 정부가 경제 성장을 주도해야 한다는 생각에는 문제가 있다는 점을 확실히 말할 수 있겠습니다.

김 교수 그렇습니다. 우선 정치인이나 정부 관료는 자본가-기업가와는 달리 이윤과 손실 체제에서 행동하는 사람들이 아닙니다. 그들은 시행한 정책의 결과에 대해 별다른 책임도 지지 않습니다. 따라서 그들은 소비자들이 어떤 물건에 가치를 부여하는지를 잘 알 수 없습니다. 이로부터 정치인이나 정부 관료들이 경제 성장을 주도할 수 없다는 사실이 명백해집니다.

오명민 그래서 경제 성장을 단순히 생산 증가로 정의하면 상당한 문제를 일으키게 되겠습니다. 정부가 성장을 주도하면 사람들이 원하지 않은 것들도 생산되어 성장이 이뤄지지 않을 테니까요. 사람들이 별로 다니지도 않는 곳에 큰 비용을 들여 다리를 건설하는 사례처럼 말입니다. 결국 경제 성장을 주도하는 주체는 자본가-기업가를 중심으로 한 기업이 되겠습니다.

김 교수 맞습니다. 그래서 경제 성장을 부의 증가라고 정의해야 정확하고 일관성 있게 논의할 수 있습니다.

박 사장 이제 경제 성장에 대한 모호한 개념들이 명확해졌습니다. 그렇다면 경제 성장을 위해서는 어떤 생각과 조치들이 필요할까요?

김 교수 무엇보다도 정부가 경제 성장을 주도할 수 있다는 생각을 버리는 것이 중요합니다. 정부는 그저 시장에서 도덕 규칙과 법 규율을 위반하는 거래자를 식별하고 선도하며 또 처벌하는 기능 수행에 그쳐야 한다는 것입니다. 이는 곧 사유재산을 존중하고 보호하며 자본가-기업가들이 창의적이며 도전적 역량을 마음껏 발휘할 수 있도록 그들의 자유를 보장한다는 것을 의미합니다. 즉 정부 관료와 정치인들이 세상이 돌아가는 원리와 이치를 깨닫고, 상업 활동을 시장에 맡길 수 있도록 그들이 지적으로 성숙하고 겸손해야 한다는 것을 의미합니다.

박 사장 결국 경제 성장을 위해서도 시장경제를 창달해야 한다는 말씀으로 이해됩니다. 그럼 경제 성장의 의미와 이를 주도하는 주체에 대해서는 이 정도로 마무리하고 2007~2008년 미국에서 발생한 금융위기 주제로 넘어가 보도록 하겠습니다.

18

금융위기

오명민 대부분의 언론 보도에 따르면 2007~2008년 미국에서 발생한 금융위기는 금융산업에 대한 정부 규제가 느슨해서 생긴 것이라고 하는데, 맞는 진단인가요? 또 역사적으로 꽤 여러 차례의 금융위기가 있었는데, 이런 위기의 원인과 결과, 그리고 예방과 극복 방안은 무엇입니까?

김 교수 그런데 일반인들이 금융위기를 이해하는 데는 어려움이 있습니다. 대부분의 경제학 교과서에는 나오지 않는 내용이기도 합니다.

박 사장 그렇다면 자세한 논의는 생략하고 개괄적인 사항만 말씀해 주시지요. 우선 경기순환business cycle과 경기변동business fluctuation이 같은 현상을 달리 표현하는 것인지요? 대부분의 경제학 교과서에는 경기순환과 경기변동을 구분하지 않고 같은 것으로 사용하는 경우가 많습니다만.

김 교수 경기순환과 경기변동은 판이한 두 현상입니다. 경기순환이란 경제 전체가 활황인 붐boom에 이르렀다가 그 때 만들어진 거품이 터지는 버스트bust 현상에 관한 것으로서, 화폐 공급이 크게 증가한 결과로 초래되는 인위적인 현상을 말합니다. 즉 경기순환은 통화 당국이 특정 목적을 위해 통화 공급을 크게 늘려 만들어내는 현상인데, 그런 원인에 따른 진행 과정과 결과적 현상은 규칙적으로 반복됩니다. 즉 그런 원인이 있으면 그에 따른 똑같은 진행 과정과 결과가 나타난다는 것입니다. 반면에 경기변동은 소비자의 선호 변화, 가뭄, 홍수, 지진 등의 자연 변화, 노동의 질적 및 양적 변화, 원자재의 고갈 및 새로운 발견 등에 의한 경제 데이터의 변화에 따른 경제 변화를 의미합니다. 그런 변화들은 규칙적으로 반복되는 현상이 아니며, 우리가 그런 것들이 경제에 미칠 영향을 충분히 설명할 수는 있지만, 변화 자체를 없앨 수는 없습니다. 인위적으로 만들어지는 현상이 아니라 자연적 현상이니까요.

박 사장 그렇다면 경기순환이란 통화 당국에 의해 만들어진다는 것이네요.

김 교수 그렇습니다. 일단의 경제학자들은 2007~2008년 미국에서 발생한 글로벌 금융위기의 원인이 금융규제 완화와 정부의 조정 실패라고 진단합니다. 또 이를 극복하기 위한 정책으로 금융규제를 강화하고 양적 완화라는 비전통적 방법으로 통화 공급을 늘리고 재정을 확대 투입할 것을 제안했지요. 실제로 미국을 비롯한 유로존, 한국, 일본 등도 이런 정책을 시행했습니다.

박 사장 그것이 이른바 현대의 거시경제학, 즉 케인즈 경제학이 아닌가요? 그럼 그에 대한 다른 학파의 진단과 처방은 어떤 것입니까?

김 교수 오스트리아 학파는 미국의 금융위기를 2000년 이후 상당 기간의 저금리 정책에 의한 통화 공급 증가로 생긴 경기순환론으로 설명합니다. 자본가-기업가들이 신용 증가를 사람들의 시간선호가 이전보다 더 미래 지향적이 되어 저축이 증가한 것이라는 집단적인 착각cluster of error을 일으켜 과오투자malinvestment를 한 결과라는 것입니다. 따라서 신용 증가를 멈추고 시장 조정에 의해 과오투자가 정리되도록 정부가 개입하지 않아야 해결된다는 점을 강조합니다.

오명민 그런데 통화 공급 증가와 신용 증가는 같은 의미인가요?

김 교수 같은 의미로 사용하고 있습니다. 금융기관이 대출하는 신용 증가를 통해 통화 공급이 증가하니까요. 물론 중앙은행의 뒷받침이 있어야 신용이 계속 증가할 수 있습니다.

박 사장 그런데 자본가-기업가들이 집단적인 착각을 일으킨다는 것이 무슨 뜻인지요?

김 교수 일반인들이 이해하기에는 상당히 복잡한 내용인데요, 들어보시겠습니까? 가급적 쉽고 간단하게 설명하려고 노력하겠습니다.

오명민 어렵겠지만 금융위기를 이해하기 위해서는 꼭 알아야 할 것 같습니다.

김 교수 우선 시간선호에 대한 이해가 있어야 하는데, 이에 대해서는 앞의 자본가-기업가 부분에서 논의했지요? 즉 사람들은 당장 소비에 사용할 수 있는 현재의 자원을 동종동량의 미래의 자원보다 더 선호한다는 사실 말입니다. 그래서 사람들은 오늘의 1백만 원을 1년 후의 1백만 원보다 더 선호합니다. 이는 곧 1년 후의 1백만 원은 오늘의 1백만 원에 대해 할인되며, 오늘의 1백만 원은 1년 후의 1백만 원에 대해 할증된다는 것인데, 그 비율이 곧 시간선호에 따른 이자율입니다. 그리고 사람들은 자신의 시간선호에 따라 소득과 부를 소비와 저축으로 배분합니다.

오명민 그렇게 배분된 저축이 자본가-기업가들의 투자 재원이 된다고 했습니다.

김 교수 그렇습니다. 금융위기 상황과 비교하기 위해, 우선 통화 공급은 증가하지 않았는데 사람들이 이전보다 더 미래 지향적이 되어 오늘의 소비를 줄이고 저축을 늘리는 상황을 고려해 봅시다. 즉 사람들이 미래의 자원을 이전보다 더 중요하게 생각하여 현재의 자원에 비해 덜 할인함으로써 이자율이 낮아지고 저축이 증가하는 상황 말입니다. 이전에 설명한 바와 같이 미래의 자원을 덜 할인한다는 말은 이자율이 낮아진다는 것이며, 이는 곧 저축 증가를 의미합니다. 그런데 저축 증가는 곧 미래의 소비 증가를 의미하므로 자본가-기업가들은 미래에 소비재 생산을 늘리기 위해 자본재에 대한 투자를 늘립니다. 그리고 이러한 투자는 이전의 이자율에서는 실행할 수 없었으나 이제는 이자율이 낮아지고 저축이 증가했기 때문에 가능하게 됩니다.

박 사장 자본재에 대한 투자가 증가하면 생산에 어떤 영향을 미치게 되는 것입니까?

김 교수 자본재에 대한 투자가 증가하면 기존의 자본재를 개선하고 새로운 자본재를 만들기 위해 연구·개발부터 최종 자본재를 완성하기까지의 생산 단계가 길어집니다. 즉 경제의 생산구조가 길어집니다. 우리는 이를 생산구조가 더 자본주의적 양식이 된다고 말하는데, 이는 곧 동일한 시간에 이전보다 더 많은 소비재를 생산할 수 있게 됨을 의미합니다. 이 때 중요한 사실은 사람들이 현재의 소비를 줄이고 저축을 증가시키면 이전보다 더 많은 자원이 소비재 산업에서 자본재 산업으로 옮겨갈 텐데, 사람들이 현재의 소비를 줄이므로 소비재 생산이 줄어도 소비에 문제를 일으키지 않으며, 늘어난 투자는 늘어난 저축으로 뒷받침되므로 공급에도 문제를 일으키지 않습니다. 즉 경제의 소비구조와 공급구조가 어긋나지 않고 맞물려 잘 돌아간다는 것입니다. 이와 같이 일반 사람들이 보기에 엉성하게 보이는 것 같은 경제도 정교한 메카니즘에 따라 작동하는 것입니다.

오명민 경제의 생산구조가 길어진다는 말은 무슨 뜻인가요?

김 교수 사람들이 원하는 것은 최종 소비재인데, 동일한 시간에 이를 더 많이 생산하기 위해서는 성능이 향상된 기계와 장비 등의 자본재를 더 많이 사용해야 하겠지요? 투자가 늘어나고 생산구조가 길어진다는 것은 이런 자본재를 생산하는 단계가 더 많아진다는 것을 의미합니다. 즉 생산성이 더 높은 자본재 생산을 위해 그 단계가 더 많아진다는 것입니다. 자본재에는 시간이 저장되어 있다는 사실을 상기하기 바랍니다.

오명민 이해하기가 쉽지 않습니다. 예를 들어서 설명해주실 수 있을까요?

김 교수 그럼 건축 현장에서 땅을 파고 정리하며 무거운 물건을 옮기는 포클레인 예를 들어볼까요? 예전에는 포클레인이 땅만 파는 단순 기능을 했는데, 요즈음에는 땅 파는 기능도 개선되었을 뿐만 아니라 강고하게 굳은 건축물을 부수기도 하고 무거운 물건을 옮기는 기능까지도 갖추고 있습니다. 기능이 개선된 포클레인을 만들기 위해서는 기계적 측면이나 소재 측면에서 개선을 위한 연구개발도 하고, 장착해서 사용하는 부속물도 더 많이 만들어야 할 것입니다. 따라서 포클레인을 생산하는 단계가 더 많아집니다. 그 만큼 포클레인 생산에 있어서의 분업 구조가 더 다양화된다는 말입니다. 이런 과정을 통해 만들어진 포클레인은 이전과 똑같은 시간에 더 많은 땅을 파고 기존의 건축물을 철거하는 일 등을 함으로써 사람들이 최종적으로 원하는, 이를테면 주택을 더 많이 짓는 데 더 크게 기여하게 된다는 말입니다. 생산 단계가 더 많아짐에 따라 성능이 더 개선된 포클레인을 생산할 수 있다는 것이지요. 그리고 이를 위한 투자는 증가한 저축으로 뒷받침됩니다.

오명민 그러니까 흙을 파는 기능도 개선하고 이에 더하여 여러 가지 기능을 하는 포클레인을 만들기 위해서는 이를 만드는 공정이 이전보다 더 길어진다는 것으로 이해하면 되겠습니다.

박 사장 그렇겠습니다. 그렇다면 금융위기는 사람들의 시간선호는 변하지 않았는데 통화 당국이 상당 기간 저금리 정책으로 통화 공급을 크게 늘려 발생했다는 말이 되는 것인가요?

김 교수 그렇습니다. 사람들의 시간선호가 실제로는 변하지 않았는데 저금리 정책이 상당한 기간에 걸쳐 시행되면 자본가-기업가들은 사람들이 이전보다 더 미래 지향적이 되어 이자율이 낮아지고 저축이 증가한 것으로 오인하여 투자를 늘리게 됩니다. 즉 사람들의 시간선호가 변하지 않았으므로 저축이 증가하지 않았으나 자본가-기업가들은 투자를 뒷받침할 수 있는 저축이 증가한 것으로 착각한다는 것입니다. 신용 증가로 투자 자금이 증가한 것은 사실이지만, 이는 저축에 의해 뒷받침되는 것이 아니라는 것입니다. 비유하자면 더 좋은 성능의 포클레인을 만들 수 있는 철강 등의 자재가 증가한 것이 아닌데, 증가한 것으로 착각한다는 것입니다. 집으로 비유하자면 집을 지을 수 있는 벽돌이 이전과 똑같은 양이 있는데 더 많아진 것으로 착각하는 것입니다.

오명민 저축으로 투자 자금이 증가한 것과 신용 증가로 투자 자금이 증가한 것 간에는 어떤 차이가 있는지 좀 더 자세히 설명해 주시지요.

김 교수 저축은 생산에 참여하여 얻은 소득의 일부를 소비하지 않고 남긴 것입니다. 그러니까 생산에 참여하여 받은 화폐 소득의 일부를 저축한다는 것은 생산물의 일부를 소비하지 않고 남긴다는 것이며, 이것이 투자 자금으로 사용됩니다. 따라서 저축으로 증가한 투자 자금은 실제 생산물, 예를 들어 철강이나 벽돌로 뒷받침된다는 것입니다. 반면에 신용 증가로 증가한 투자 자금은 철강이나 벽돌로 뒷받침되지 않는다는 것입니다. 생산의 결과로 나온 것이 아니니까요. 그러니까 장기간의 저금리 정책으로 증가한 신용을 저축 증가로 오인한 자본가-기업가들이 건축을 시작했으나 도중에 보니 신용 증가에 상응한 철강이나 벽돌 등의 건축 자재들이 없더라는 것입니다.

박 사장 그런 경우에 생기는 문제는 구체적으로 어떤 과정을 통해 일어납니까?

김 교수 우선 자본가-기업가들이 저축이 늘어난 것으로 착각하므로 자본재에 대한 투자를 늘리겠지요? 따라서 이들은 소비재 생산에 투입하는 자원을 줄이고 자본재 산업에 투입하는 자원을 늘릴 것입니다. 즉 사람들의 시간선호가 미래 지향적이 된 경우와 마찬가지로 자본재의 생산 단계를 늘림으로써 생산구조를 길게 만들려고 할 것입니다. 그에 따라 소비재 공급은 줄고 가격은 오릅니다. 사람들의 소비/저축 비율은 변하지 않았으니까요. 또 자본재 산업에 투입된 신용 자금이 소비자들의 임금과 임대료 수입으로 들어와 이들의 화폐 소득이 늘어남에 따라 소비를 늘리려는 여력은 더욱 커집니다. 따라서 자본재에 대한 투자 증가와 소비재에 대한 수요 증가로 경제가 붐 국면에 이릅니다. 그런데 자본재 산업에 투자할 수 있는 저축은 증가하지 않았습니다. 이를테면 집을 완성하는데 필요한 1만 개의 벽돌이 있는 것으로 생각했으나 실제로는 5천 개밖에 없어 집짓기를 완성할 수 없는 것입니다. 따라서 투자 프로젝트가 완성되지 못하고 중간에 멈추게 됩니다. 즉 잘못된 투자가 이뤄졌다는 말인데, 이는 곧 불황은 자본재 산업에서 시작된다는 것을 뜻합니다. 결국 붐을 이루던 경제가 금리 인상과 함께 신용 증가가 중단되면서 거품이 터지는 버스트 국면이 됩니다.

박 사장 그러니까 사람들은 소비/저축 비율을 이전처럼 유지하고자 하는데, 자본가-기업가들은 오늘의 소비가 줄고 저축이 늘어 미래의 소비가 늘 것으로 착각하여 소비재 생산을 줄이고 자본재 산업에 투자하므로 경제의 소비구조와 공급구조가 어긋나 경제가 제대로 돌아가지 않는다는 말씀이군요. 즉 소비자들은 오늘의 소비를 원하는데 자본가-기업가들은 미래의 소비를 대비한 투자를 하므로 소비와 공급이 어긋나서 문제가 생긴다는 것이군요.

김 교수 그렇습니다.

오명민 그러니까 사람들의 시간선호에 의한 주관적 이자율과 시중 금리가 장기간 괴리되면 발생하는 것이 금융위기이고 그 결과가 바로 불황이 되겠군요. 그렇다면 불황에서 빠져나오는 방법은 무엇일까요? 불황은 흔히 경기 침체 국면이라고 알고 있습니다만, 불황의 특별한 의미가 있는지요?

김 교수 그렇습니다. 사람들의 시간선호에 의한 주관적 이자율과 시중 금리가 장기간 괴리되었을 때 발생하는 것이 금융위기입니다. 그리고 그 신호가 바로 불황입니다. 즉 불황은 저금리 정책으로 시장이 심하게 망가져서, 이런 상태로는 경제가 돌아갈 수 없으니 고치라는 신호입니다. 금융위기에서 불황은 신용 증가로 붐을 이뤘던 경제의 잘못된 공급구조가 소비자 선호를 반영하는 소비구조에 다시 맞춰지도록 시장에 의한 구조 조정이 일어나는 기간입니다. 따라서 사람들의 시간선호에 따른 주관적 이자율과 시중 금리가 근접하도록 해야 합니다. 그런데 불황을 극복한다고 초저금리 정책을 통한 양적 완화, 임금 동결 등의 또 다른 정책들을 시행함으로써 구조 조정을 방해하기 때문에 불황이 길어지는 것입니다.

박 사장 불황이 시장 조정을 거쳐 경제의 소비구조와 공급구조가 다시 맞춰지는 기간이라는 설명이 매우 흥미롭습니다.

김 교수 불황은 경제가 붐 기간에 생긴 낭비와 오류를 조정하는 기간이자 소비자 욕구를 효율적으로 충족시킬 수 있는 생산구조를 재정립하는 과정입니다. 조정 과정에서 낭비적 투자가 일소되며, 이런 투자의 일부는 폐기되고 일부는 다른 용도로 전환됩니다. 따라서 불황은 경제의 회복 과정입니다. 물론 그 과정에는 고통이 따르지요.

오명민 그렇다면 불황이 경제를 회복시키는 과정의 특징은 무엇일까요?

김 교수 우선 신용 공급이 중단되면 붐 기간에 이뤄졌던 낭비적 투자가 폐기되거나 최적 용도로 전환되는데, 이는 인위적 붐에 의해 부풀려진 기업이 청산되고, 부채는 청산되거나 채권자에 귀속된다는 것을 의미합니다. 그 이유는 이렇습니다. 신용 증가의 중단과 함께 접어든 불황 기간에는 채무자들이 재무적으로 어려워 부도가 빈발하고 채권자인 금융기관은 예금 인출을 우려하여 자신들의 재무적 건전성을 강화하고자 하므로 신용은 자연스럽게 축소됩니다. 소비자들 역시 이전보다 길어진 자본재 생산 단계에서 얻었던 소득의 감소로 하락한 소비자 물가가 더 하락할 것으로 기대하며 소비를 줄이고 화폐 수요를 늘립니다. 또 채무자는 빚을 갚기 위해 자산을 처분하고 화폐 수요를 늘립니다. 빈번한 기업 부도로 말미암아 자본가-기업가들도 투자에 신중을 기하게 됩니다. 이러한 요인들이 불황의 한 현상으로서의 물가 하락을 초래하는데, 이는 불황의 어두운 면이 아니라 불황 탈출에 유익한 현상입니다. 또 전반적인 물가 하락 과정에서 자본재 가격이 소비재 가격에 비해 더 많이 하락합니다. 이후 일반 물가와 과오투자의 조정에서 연유하는 자본재 가격의 하락으로 자원이 재배치되고 일반 물가가 더 이상 하락하리라는 기대가 불식되어 화폐 수요는 원래 수준으로 복귀합니다. 그 과정에서 이뤄지는 물가 하락이 물론 기업에 불리한 것만은 아닙니다. 기업에 중요한 이윤은 가격과 비용에 의존하기 때문입니다.

박 사장 그렇다면 불황에 빠지지 않기 위해서는 통화 공급 증가로 경기를 부양한다든지 하는 정책을 시행해서 시장을 망가뜨리지 않아야 하겠군요. 또 불황에서 빠져나오는 과정에서도 마찬가지겠습니다. 통화 공급 증가를 멈추고 완성되지 못한 투자 프로젝트는 폐기되거나 투자된 일부 자원이 소비재 산업으로 이동하는 시장 조정을 방해하지 않아야 불황에서 빠져나와 경제가 정상화될 수 있겠습니다.

오명민 그런데 불황 시에는 정부가 통화 공급을 증가시키는 것이 거의 모든 국가에서 상례화 되어 있지 않습니까?

김 교수 그렇습니다. 잘못된 정책이지요. 불황을 극복한다는 명분으로 시행되는 양적 완화, 임금 동결 등은 모두 불황을 깊고 길게 할 뿐입니다.

박 사장 그 동안에 부도 기업도 생기고 저금리 정책을 둘러싼 오류도 밝혀지면 실업 문제가 심각해질 수도 있는데, 큰 문제가 아닐까요?

김 교수 신용 증가가 멈추면 생산요소들이 자본재 산업에서 소비재 산업으로 이동함에 따라 소비구조와 생산구조가 조정되는 과정에서 마찰적 실업이 생깁니다. 그러나 이 실업이 대규모로 생산요소가 이동할 때보다 더 클 이유는 없습니다. 실업 문제가 심각해지는 것은 사실이지만 일시적인 것이며, 시장 과정에 의한 조정이 신속하게 이뤄질수록 실업은 빨리 해소됩니다. 따라서 임금이 시장 임금보다 더 높은 수준에서 동결될 경우 마찰적 실업을 넘어 실업이 심각하게 오래 지속됩니다. 즉 시장에 의한 조정 과정, 다시 말하면 경제의 소비구조와 공급구조가 다시 맞춰지는 과정을 정부가 방해하지 않아야 불황에서 빨리 빠져나올 수 있습니다.

오명민 최근의 금융위기 사례에는 어떤 것들이 있습니까?

김 교수 금융위기는 곧 전반적인 경제위기를 초래하는데요, 최근의 예로서는 일본과 미국의 경우를 들 수 있습니다. 일본은 미국의 경상수지 적자를 해소할 목적으로 1985년 뉴욕시의 플라자 호텔에서 합의한, 이른바 플라자합의 이후 자국 화폐(엔)의 가치 상승으로 수출 기업들이 어려움에 처하자, 내수 증대를 위해 저금리 정책으로 통화 공급을 늘려 한동안 붐을 이뤘습니다. 이후 금리를 올리자 1991년에 주로 오피스 빌딩에 생겼던 거품이 터지면서 불황으로 들어섰습니다. 이후 통화 공급 증가를 멈추고 시장 조정을 방해하지 않았어야 함에도 불구하고 계속 저금리 정책을 시행함으로써 불황을 아주 오래 끌었던 것이지요. 일본 경제가 경험한 10~20년 불황이란 바로 이것을 의미합니다.

박 사장 2007~2008년의 미국의 금융위기도 같은 원인에서 발생한 것이겠지요?

김 교수 그렇습니다. 미국은 연간 6%대를 유지하던 연방기금금리를 2000년 말부터 빠른 속도로 끌어내려 2004년 중반까지 1%대를 유지하다가 이후 다시 5%대로 올리면서 2008년에 거품이 터지고 불황이 시작됐습니다. 거품이 터진 이후 다시 통화 공급을 늘리고 저금리 기조를 유지하여 경제를 회복시키려 했지만, 시장의 구조 조정을 방해함으로써 불황의 골을 깊고 길게 한 것은 일본과 동일합니다. 즉 미국도 상당한 기간 동안 저금리를 유지하면서 경제가 붐을 이뤘는

데, 금리를 올리자 거품이 터지면서 불황으로 진입했습니다. 이후 다시 저금리 정책을 시행하면서 시장 조정을 방해하여 불황이 깊어진 과정과 결과는 그 시간표만 다를 뿐, 일본과 똑 같습니다.

박 사장 지금까지의 분석은 증가된 신용이 자본가-기업가들의 손에 먼저 들어가는 경우를 전제로 한 것 같습니다. 그렇다면 증가된 신용이 소비자들의 손에 먼저 들어가는 경우에는 어떤 일이 발생할까요? 2020년대 초반에 발생한 코로나19 사태를 극복한다는 명분으로 정부가 통화를 증발하여 소비자에게 보조금으로 지급한 경우가 최근의 사례가 될 것 같습니다만.

김 교수 그렇습니다. 지금까지는 금융기관이 자본가-기업가에게 신용을 창조해주는 경우를 살펴보았습니다. 반면에 소비자 신용이 증가하면 우선 소비재에 대한 수요가 증가하여 가격이 오르겠지요? 이에 따라 각 생산 단계에 특화되지 않은 자본재와 노동과 토지 서비스 등의 생산요소가 수익률이 높아진 소비재 산업으로 이동하겠지요? 따라서 자본재 생산 단계는 축소됩니다. 결국 생산 단계가 축소, 즉 경제의 생산구조가 짧아져 이전보다 덜 자본주의적 양식으로 바뀝니다. 그만큼 생산성이 낮아지고 비효율적으로 되어 모두가 이전보다 궁핍해집니다. 경제의 소비구조와 공급구조가 어긋나는 것은 아니지만 생산구조가 짧아져 공급이 원활하지 않은 상태가 되는 것이지요. 이런 상태에서 통화 공급이 늘었으니 물가는 당연히 오릅니다.

박 사장 마지막 질문입니다. 저금리 정책으로 통화 공급을 늘렸지만 물가가 안정적이기 때문에 서둘러 금리를 올리지 않아도 된다는 주장도 있었습니다만.

김 교수 틀린 말입니다. 금리 변화 같은 화폐적 충격이 생기면 그 효과가 경제 전체에 퍼지면서 소비자 물가나 생산자 물가는 서서히 조정되므로, 이런 물가지수를 바탕으로 어느 한 부문(이를테면 주식 시장이나 주택 시장과 같은 자산 시장)에서 즉각적으로 일어나는 문제를 인지하고 분석하며 처리하는 데는 별다른 소용이 없고, 오히려 정보를 왜곡할 수 있습니다. 그린스펀Alan Greenspan 전 미국 연방준비제도이사회 의장도 이 함정에 빠져 증가한 신용이 주택시장에 몰리면서 경제를 크게 왜곡하고 있었음에도 불구하고 소비자 물가만 주시하고 있다가 실수를 범했다는 사실을 간과해서는 안 됩니다.

박 사장 감사합니다. 이것으로 금융위기에 대한 논의를 마칠 때가 된 것 같습니다. 여태까지는 주로 민간의 자율적 활동과 정부의 통화 관리 등에 관한 사항을 논의했는데, 이제 정부의 기능이나 역할에 대해서 논의해 보는 것이 어떻겠습니까? 과연 정부의 기능이나 역할은 전혀 없는 것인지, 아니면 그 기능과 역할이 어떤 부문에 국한돼야 하는지, 또 그 이유는 무엇인지에 대해 논의해 보는 것이 좋겠습니다.

19

정부의 기능과 역할

오명민 지금까지의 논의를 돌아보면 정부가 할 일이 별로 없을 것 같은데요.

김 교수 상업 활동에 관한 한, 기본적으로 민간과 시장에 맡겨야 한다는 점에서 정부가 개입해야 할 여지는 매우 적습니다. 그렇다고 해서 정부가 할 수 있는 일, 그리고 해야 할 일이 전혀 없는 것은 아닙니다.

박 사장 여기에서 우리는 먼저 '기능'과 '역할'이라는 용어에 대해 생각해볼 필요가 있지 않을까요?

김 교수 좋은 의견입니다.

오명민 무슨 차이가 있는가요?

김 교수 인간 세상에서 '기능'은 어떤 시스템이 작동할 때 개인이나 집단이 자연스럽게 맡게 되는 행동 영역과 행동 방식을 뜻합니다. 즉 시스템이 작동하면서 자연스럽게 생기는 행동 영역과 방식이라는 점입니다. 반면에 '역할'은 제3자에 의해 인위적으로 부과되는 행동 영역과 행동 방식을 의미한다는 것입니다.

오명민 그러니까 정부가 하는 일의 성격이 기능이냐 역할이냐의 문제가 되겠군요.

김 교수 그렇습니다. 딱히 구분하기가 어려운 점도 있으나 역할보다 기능을 강조하면 정부가 할 일을 인위적으로 창안하는 것을 줄일 수 있겠지요. 흔히 국가가 생기는 이유라고 말하는 개인의 생명과 자유와 재산을 보호해야 하는 정부의 행동 영역에 따른 일이 자연스럽고 일관성 있게 대두될 테니까요.

오명민 그러니까 기능을 강조하느냐 역할을 강조하느냐에 따라 정부의 영역에 대한 논의가 상당히 달라지겠군요.

박 사장 그렇습니다. 그럼 이제부터 국가의 기능을 수행하는 정부의 기능에 대해 논의해 보도록 하겠습니다.

김 교수 우리가 이 논의에서 항상 염두에 둬야 할 점은 국가의 기능은 국민의 생명과 자유와 재산을 보호하는 것이고, 따라서 국가의 기능을 수행하는 정부는 바로 그런 일을 해야 한다는 것입니다. 이런 기능을 수행하지 못하거나 반대의 행위를 하는 정부는 존재할 이유가 없겠지요.

오명민 바로 그런 일의 핵심은 사유 재산 보호일까요?

김 교수 그렇습니다. 우리가 맨 앞에서 논의한 것처럼 사람들의 상업 활동을 비롯한 모든 활동은 사유 재산을 바탕으로 이뤄집니다. 그리고 사유 재산은 자유, 정의, 평화의 근간입니다. 따라서 정부의 가장 중요한 기능은 개인의 생명과 재산에 대한 소유권을 명확히 하고 보호하는 것입니다. 이는 곧 개인의 자유를 지키는 일이니까요.

박 사장 그렇습니다. 아직 국가가 만들어지기 이전의 상태, 즉 개인들 상호 간의 싸움과 분쟁으로 서로를 해치고 생존기회를 낮추는 상태를 야만의 '자연 상태'라고 부른다면, 인간은 도덕 규칙과 법 규율을 세움으로써 자연 상태를 벗어나 문명사회를 열었습니다. 그것이 곧 개인의 생명과 자유와 재산을 보호해야 하는 국가의 기능이 되겠지요.

오명민 그렇다면 이를 위해 정부가 해야 할 일이 중요하겠군요. 국민의 생명과 자유와 재산을 보호해야 하니까요. 국방과 치안 같은 것 말입니다.

김 교수 그렇습니다. 국방과 치안은 개인의 생명과 재산을 보호하는 정부의 매우 중요한 기능입니다. 국방은 외적의 침입과 약탈로부터, 치안은 국내적 약탈로부터 개인의 생명과 재산을 보호하는 것입니다. 물론 정부의 권한 남용을 없애기 위해 민간 주도 하에 국방과 치안도 해야 한다는 주장에도 타당한 점이 있습니다.

박 사장 혹시 자유지선주의libertarianism를 말하는 것인지요?

김 교수 그렇습니다. 흔히 극단적이라고 비판합니다만, 자유지선주의에도 타당한 주장들이 많이 있습니다. 그러나 이에 대한 논의는 다음 기회로 미루겠습니다.

오명민 그런데 실제로 대부분의 국가에서는 정부가 이른바 민생을 위해 많은 일을 하고 있지 않습니까? 거기에는 그럴만한 이유가 있지 않을까요?

박 사장 대부분의 국가에서 정부가 많은 일을 하고 있는 것은 사실입니다. 또 대부분의 사람들은 정부가 그렇게 해야 한다고 생각하는 경향이 있습니다.

김 교수 그렇습니다. 그런데 정부는 국가의 기능을 수행하는 기구이지만, 정부의 운영 주체는 결국 이성의 불완전성과 자기중심성을 지닌 인간이라는 사실을 전제로 정부의 기능을 논의해야 합니다.

오명민 그래야 할 것 같습니다. 국가는 정부가 있어야 구체적 존재로 드러나고 정부는 정부를 운영하는 주체, 즉 정치인과 관료들의 존재로 말미암아 구체적 존재가 드러나니까요.

박 사장 그래야 국가나 정부에 대한 맹신, 즉 국가나 정부가 자비롭고 능력이 출중하다는 맹신에 빠지지 않을 것 같습니다.

김 교수 그렇습니다. 이제 질문은 정치인과 관료들이 정부의 기능을 잘 수행할 능력과 동기가 있느냐는 것이 될 것인데, 많은 경우 그렇지 않다는 것입니다. 즉 정부를 운영하는 주체는 사람들이므로 그들 역시 인간 이성의 한계에 따른 불완전성과 인간의 자기중심성에 따른 이기적 행위로 말미암아 정부가 해야 할 마땅한 일을 하기보다는 도리어 불완전할 뿐만 아니라 국가 구성원들을 희생삼아 자신들의 이익을 추구하는 경우도 많다는 것입니다.

오명민 그럼 이 문제를 일단 경제 활동에 국한시켜 정부가 개입하는 이유와 그에 대한 반론을 살펴보는 것이 좋겠습니다.

김 교수 일단의 경제학자들은 경제 활동과 관련하여 정부가 할 일에 대한 논거로서 보통 네 가지를 듭니다. 외부성外部性 문제, 공공재公共財 문제, 정보의 비대칭성非對稱性 문제, 자연독점自然獨占 문제입니다. 이런 사안들은 시장에 맡겨두면 자원배분이 효율적으로 이뤄지지 않는, 이른바 시장 실패가 발생하므로 공익을 위해 정부가 개입하여 교정해야 한다는 것입니다. 이와 같이 공익을 위해 정부가 경제 활동에 개입해야 한다는 주장이 규제의 공익설公益說입니다.

오명민 자세한 논의에 앞서 '시장 실패'에 대한 논의가 필요할 것 같습니다. 경제학 교과서에 자주 나오기도 하니까요.

박 사장 시장 실패라는 용어는 경제학 교과서에 자주 나오는 것이므로 차제에 개념을 분명히 하는 것이 좋겠습니다.

김 교수 그게 좋겠습니다. 그런데 뭔가의 실패나 성공을 말하기 위해서는 명시적이든 암묵적이든 그에 대한 기준이 있어야 합니다. 교과서에서 시장 실패를 말할 때의 기준은 완전한 시장입니다. 완전한 시장이란 아무런 거래비용도 없고 자원이 이동하는 데 아무런 걸림돌도 없는 시장을 말합니다. 즉 아무런 마찰이 없는 진공 상태에 비유할 수 있습니다. 그러니까 이런 완전한 시장과 비교하면 거래비용과 자원 이동에 걸림돌이 존재하는 현실의 시장은 항상 실패할 수밖에 없겠지요? 그런데 이런 비교가 적절할까요? 이와 같이 인간 세상에 존재할 수 없는 세계와 인간의 현실 세계를 비교하는 것을 열반오류涅槃誤謬, nirvana fallacy라고 합니다. 시장 실패라는 개념도 열반 오류의 하나입니다. 인간 세상이 가진 본질적 불완전성과 인간 세상에 존재할 수 있는 비효율성을 혼동하는 것인데, 비효율성은 개선할 수 있지만 불완전성은 해결할 수 없는 것이지요.

오명민 시장 실패라는 용어에 많은 문제가 있겠습니다.

김 교수 그렇습니다. 용어 사용에 신중을 기해야 합니다.

오명민 그럼 이제 외부성 문제, 공공재 문제 등에 대해 하나씩 설명해 주시지요.

김 교수 먼저 외부성 문제에 관한 것입니다. 거래 당사자가 의도하지 않게 거래에 참여하지 않은 제3자에게 편익을 주거나 비용을 유발하지만, 그에 대한 보상이나 배상을 하지 않을 경우에 외부성이 존재한다고 하는 것은 앞에서 이미 논의했지요? 전자의 경우를 외부경제라고 하고 후자의 경우를 외부불경제라고 했습니다. 따라서 공익설은 외부불경제를 제거하거나 완화하기 위해 세금을 매기고 외부경제에 대해서는 보조금을 지급할 것을 제안합니다.[1] 예를 들어 공해를 발생시키는 기업에 세금을 매기고 전염병 백신 접종을 하여 다른 사람들에게 전염하지 않도록 하는 외부경제에 대해서는 보조금을 지급하는 것입니다. 그런데 이런 제안에는 외부성으로 생기는 효과, 즉 외부효과를 유발하는 당사자와 그로 인해 이익을 보거나 피해를 입는 제3자가 왜 서로 만나 협상하지 않을까라는 질문을 하고 있지 않다는 문제가 있습니다.

박 사장 그렇다면 그들이 만나서 협상하지 않는 이유가 있다는 말씀인가요? 서로 협상하고 타협점을 찾는 것이 최선일 텐데요.

김 교수 그렇습니다. 당사자들이 협상하지 않는 이유는 그에 따른 제반 비용, 즉 탐색, 협상, 계약 등에 소요되는 여러 가지

거래비용 때문이라는 것입니다. 따라서 외부성의 경우, 세금이나 보조금으로 해결하는 방법보다는 재산권을 명확하게 하고 당사자들이 탐색하고 협상하며 또 계약하는 데 소요되는 거래비용을 낮춤으로써 더 효율적인 해결을 가져올 수 있다는 것입니다. 즉 외부성 문제에 대해 국가가 무조건적으로 개입하는 것보다는, 그러한 시장 결함의 근본적인 원인이 어디에 있으며, 그에 대한 가능한 대안이 무엇이며, 또 어떠한 대안 하에서 사회적 이득이 가장 크게 될 것인가를 검토한 다음에 교정책을 세워야 한다는 것이지요.[2]

오명민 그러니까 외부성을 교정하려면 먼저 그 원인을 파악하는 것이 중요하며, 국가의 개입이 능사가 아니라는 말씀이군요.

김 교수 그렇습니다. 그런 외부성의 문제가 역사적으로 어떤 과정을 거쳐 현재에 이르렀는가를 검토한다면 원인과 해결책에 대한 실마리를 찾을 수 있을 것입니다. 불완전하지만 이해 당사자들이 어떤 다툼과 협상을 해 왔는지를 살펴보는 것이지요.

오명민 다음으로 공공재의 경우에는 어떻습니까?

김 교수 우선 공공재에 대한 정확한 이해가 필요하겠습니다. 우리는 다음의 두 가지 특성을 가진 재화나 서비스를 공공재라고 합니다. 첫째, 그런 재화나 서비스 생산에 비용을 부담하지 않은 사람들도 그 소비를 금지하기가 불가능한 특성, 즉 비배제성non-exclusiveness의 특성을 가집니다. 둘째, 어떤 사람이 소비한다고 해서 다른 사람이 소비할 수 없거나 소비하는 데 추가적인 비용이 들어가지 않는 특성, 즉 비경합성non-rivalry의 특성을 가집니다. 비고갈성non-depletability이라고도 합니다. 국방이 적합한 예가 되겠지요. 그러니 어떤 문제가 생길 것이라고 예상됩니까?

오명민 공공재 건설에 비용은 부담하지 않고 이익만 보려고 하는 무임승차 문제가 발생하겠습니다. 그래서 사람들에게 이런저런 공공재가 필요하냐고 물으면 아니다거나 또는 실제 필요한 양보다 적게 말하는, 즉 수요가 과소 추정되는 문제가 생길 수 있겠습니다. 건설비용을 부담하고 싶어 하지 않을 테니까요.

김 교수 그렇습니다. 공공재는 무임승차의 가능성이 높아 시장에 맡기면 과소 공급에 따른 시장의 실패가 불가피하므로, 이의 효율적 공급을 위해서는 정부가 개입해야 한다는 것이 공익설의 주장이지요.

오명민 실제로 그러한가요? 예를 들어서 설명해 주시지요.

김 교수 꼭 그렇지는 않습니다. 예를 들어 한 방송국이 텔레비전의 한 채널만을 통해 방송하는데, 한 가정이 그 방송을 시청한다고 하여 다른 가정이 시청하는 데 추가적인 비용이 들어가는 것이 아니므로 이런 경우 방송은 공공재적 성격을 가집니다. 따라서 무임승차 문제가 생길 수 있겠지요? 그런데 이 경우에 텔레비전 방송국은 자신이 제공하는 시청 장치를 구입하지 않으면 시청할 수 없도록 하면 무임승차 문제가 해결됩니다. 요즈음에 케이블 TV 방송국은 그런 방법으로 무임승차 문제를 해결하고 있습니다. 따라서 이와 같이 시장이 공공재 소비로부터 특정 소비자를 배제하는 데 드는 비용을 크게 줄일 수 있고 소비자들의 수요를 상당히 정확하게 예측할 수 있다면, 시장은 사적 재화는 물론 공공재의 성격이 강하다고 하더라도 소비자들이 원하는 양만큼 충분히 공급할 수 있습니다. 이는 곧 요즈음에는 몇몇 특수한 경우를 제외하면 기술 발전으로 비배제성의 문제를 쉽게 해결할 수 있게 되었다는 것입니다.

박 사장 그럼 흔히 등대를 공공재라고 하는데, 이에 대해서는 어떻게 생각해야 할까요?

김 교수 사람들이 보통 등대를 공공재라고 생각하는 경향이 있습니다. 등대를 이용하는 항해 선박으로부터 사용료를 징수하기 어려울 뿐만 아니라 어떤 선박이 이를 이용한다고 해서 다른 선박이 이용하는 데 추가적인 비용이 들어가는 것이 아니니까요.

오명민 그럼 등대를 공공재라고 불러도 무방하지 않을까요?

김 교수 그런데 영국의 등대 역사는 정부가 등대를 공급했을 때보다 런던의 도선사협회Trinity House라는 민간단체가 공급했을 때 공급이 더 많았다는 사실을 보여줍니다.[3] 또 등대를 만든 민간단체는 그 부근을 지나는 선박으로부터 통행료를 징수하였습니다. 바다에 요금소를 설치하기 어려울 테니 항구에 정박했을 때 받았겠지요? 따라서 등대를 공공재의 예로 사용하는 것은 적절하지 않습니다.

박 사장 다음으로 경제주체들이 잘못된 의사결정을 하기 때문에 이를 막기 위해 규제를 해야 한다고 합니다. 예를 들어 노동자들의 무지를 막기 위해 노동자 보호법을 만들고, 의사, 약사 그리고 변호사 면허제를 실시하는 것 등은 모두 경제주체들을 그들의 무능으로부터 보호한다는 명목으로 정당화되어 온 것들입니다. 그렇다면 이들 규제가 실제로 경제주체들을 보호하는 역할을 하는 것인지요?

김 교수 이는 정보의 비대칭성이라는 개념에 그 근거를 두고 있습니다. 즉 비싼 정보비용이나 공개 여부 때문에 어느 한 쪽에 비해 다른 한 쪽이 훨씬 부정확한 정보를 가지거나 더 적은 양의 정보를 가지므로 시장의 실패가 발생한다는 것입니다. 중고차의 경우가 대표적 사례가 되겠지요. 정보를 수집하는 데 많은 비용이 소요된다면, 사람들은 사물을 정확하게 판단할 수 있을 만큼 충분한 정보를 가지지 못하는 경우가 많을 것입니다. 만일 생산자에 비해 소비자가 가지는 정보가 부족하고 불완전하면 생산자는 품질이 필요 이상으로 좋거나 아주 나쁜 제품을 공급할 가능성이 있을 텐데, 이 때 품질이 가격에 반영되면 소비자는 필요 이상으로 좋은 품질의 제품을 불필요하게 높은 가격을 주고 살 수도 있으며 나쁜 제품을 높은 가격으로 사는 경우도 있을 것입니다.[4] 정부에 의한 의사, 약사 그리고 변호사 등에 대한 면허증 제도는 바로 이러한 정보의 비대칭성을 해결하고자 하는 것입니다.

박 사장 일리 있는 말로 들립니다. 실제로 일어나고 있는 일이기도 하니까요.

김 교수 그렇습니다. 분명히 그런 측면이 있습니다. 소비자들의 무능이 시장에서 노정되고 있는 것은 사실이니까요. 그러나 소비자들이 단기적으로 무능하다고 하더라도 시행착오를 통해 합리적인 행동을 하는 주체로 성장하므로 정보의 비대칭성 문제가 꼭 규제로 해결돼야 할 이유는 없습니다. 더 중요한 문제는 정보의 비대칭성을 해결하기 위한 면허제 등에 바람직한 측면이 있는 것은 사실이지만, 면허제는 그로 인해 얻을 수 있는 이득을 극대화하려는 이해 당사자들에 의해 진입장벽으로 작용한다는 것입니다. 이들은 정부를 포획捕獲하여 진입장벽을 쌓고 공급을 줄여 그들의 이득을 극대화하는 것입니다. 정부를 포획한다는 것은 사로잡는다는 말인데, 예를 들어 의사 면허제가 없을 경우에는 돌팔이 의사들이 판을 칠 것이므로 환자들이 입을 피해가 막대할 것이라는 설명을 앞세워 정부에 로비하여 면허제를 시행하도록 한다는 것입니다.

오명민 그럼 정보의 비대칭성을 해결하려는 면허제가 진입장벽이 되지 않도록 하기 위해서는 자동차 운전 면허제와 같이 일정 수준에 이르는 모든 잠재적 시장 참여자들에게 진입을 허용하면 되지 않을까요?

김 교수 그렇게 하면 바람직하지만, 문제는 면허제가 시행되면 그런 일이 일어나기 어렵다는 것입니다. 이해 당사자들이 로비를 통해 막을 테니까요. 즉 운전 면허제와 같은 방식으로 면허제를 완화해야 한다는 주장이 실천되기 어렵다는 것이지요.

오명민 마지막으로 상수도, 철도, 전기, 방송처럼 생산량이 증가함에 따라 비용이 계속 하락하는 경우에 규제하지 않으면 공급 회사가 독점이 되기 때문에 규제해야 한다는 주장도 있습니다. 실제로 그런 일이 발생하는지요?

박 사장 일반적인 경제학 교과서에 자연독점이라는 제목 하에 그렇게 기술되어 있습니다. 자연독점은 한 개의 기업이 재화나 서비스의 전부를 생산하는 것이 똑같은 생산량을 두 개 또는 그 이상의 더 작은 기업들이 생산하는 것보다 더 효율적인 경우에 생긴다는 것입니다. 이는 부분적으로 생산량이 늘어날수록 생산 비용이 감소하는 현상 때문인데, 이 때 문제는 한 개의 기업이 재화나 서비스를 독점적으로 생산할 경우 독점의 횡포와 거기에 따르는 손실이 발생하고, 여러 기업이 생산하려면 중복 투자를 해야 하므로 자원이 낭비된다는 것입니다. 따라서 정부의 규제가 있어야 한다는 것이지요.

김 교수 문제는 그런 이론의 타당성이겠지요. 즉 자연독점 이론이 허구라는 것입니다. 예를 들어 보지요. 19세기 말과 20세기 초, 생산량이 증가함에 따라 비용이 감소하는, 이른바 규모의 경제가 존재한다는 산업의 기업들은 심한 경쟁에 노출되어 있었습니다. 물론 모든 기업들이 그렇듯이 이런 기업들도 경쟁을 싫어했습니다. 따라서 기업들은 공공성, 규모의 경제 등, 이런저런 이유를 들어 정부에 로비하여 독점적 지위를 확보하는 데 성공했고, 경제학자들의 협조를 얻어 그들의 독점에 대한 정당성을 사후적으로 구축하여, 이를 자연독점이라는 이름으로 포장했다는 것입니다. 그런데 예전에도 그랬지만, 특히 최근의 기술 발달과 함께 자연독점이라고 불릴 수 있는 산업은 사실상 존재하지 않습니다. 그에 대한 증거는 자연독점이라고 불렸던 산업에서도 복수複數의 기업들이 치열하게 경쟁했고, 요즈음에는 그 경쟁이 더욱 치열해지고 있다는 것입니다.[5,6]

박 사장 요컨대 공익설을 주장하는 학자들은 대부분 규제를 공공의 이익을 위하는 것으로 보았으며, 이 이론이 1950년대 후반까지 규제이론의 주류가 되어 모든 분석이 이를 기초로 이뤄졌지만, 이 이론은 정부의 개입이 시장의 실패를 교정한다는 확실한 증거를 보여주지 못한 셈이군요.

오명민 그렇다면 지금까지 살펴본 바와 같이, 이른바 시장 실패라는 이름 아래 개입하는 정부의 규제는 어떤 속성을 가졌으며 또 어떤 결과를 낳는 건가요?

김 교수 공익설을 비판하며 등장한 이론이 바로 사익설私益說인데, 이는 경제 규제는 시장의 실패를 교정하는 것이 아니라 그 규제와 관련하여 커다란 이해관계를 가진 개인이나 집단이 자원배분의 강제력coercive power을 가진 정부를 포획하여 얻어낸 것이라는 점을 주요 내용으로 합니다.[7] 그 결과 어느 한 편은 이득을 얻고 다른 한 편은 손해를 보게 되어 승자와 패자가 갈립니다. 규제 획득자와 판매자인 정당이나 정부는 이익을 얻으며 소비자 복지는 감소합니다. 또 시장 경쟁에 의해 효율적으로 이뤄질 자원배분이 왜곡됩니다.

오명민 그렇다면 현재 대부분의 나라에서 시행되고 있는 규제를 비판하는 내용이 될 것 같습니다. 구체적인 내용에 대해 말씀해 주시지요.

김 교수 우선 정부가 규제를 할 수 있는 힘의 원천에 대해 생각할 필요가 있고, 규제를 경제 문제로 다루므로 수요와 공급 이론으로 설명하는 것이 설득력이 있을 것입니다.

박 사장 규제를 하나의 서비스로 생각하면 그런 설명이 설득력을 가질 수 있겠습니다.

김 교수 정부는 자원배분에 있어 민간은 가지고 있지 않은 강제력을 가지고 있습니다. 즉 가계나 기업의 동의 없이 그들의 경제적 의사결정과 자원배분의 변경을 명령할 수 있습니다. 시장에 의한 자원배분이 아니라 정부에 의한 권위적 자원배분이지요. 도로를 만들기 위해 특정 개인이 소유하고 있는 토지를 수용하고, 관세를 매기거나 수입할당제를 실시하고, 특정 기업이 특정 산업에 진입하는 것을 허가하거나 불허하는 등, 정부는 이런저런 명분의 규제로 민간의 경제 활동에 간섭하고 있습니다.

오명민 결국 경제 규제가 가능한 이유는 정부가 가진 자원배분의 강제력 때문이군요.

김 교수 그렇습니다. 정부가 강제력을 가지고 있으므로 이해 당사자나 집단은 자신의 이익을 위해 정부의 강제력을 이용하고자 할 유인을 가지는데, 이것이 곧 규제에 대한 수요로 나타납니다. 또한 정부 구성을 주도하는 정치인들은 유권자들의 정치적 선호를 충족시켜주고 그에 대한 대가로 표를 얻어 선거에서 당선되어 직위를 차지하며, 정치인 개인과 정당의 이익을 극대화하고자 합니다. 이러한 정치 행위를 위해서는 여러 가지 자원이 필요한데, 이들은 특정 개인이나 집단에게 유리한 규제를 만들어주고 그 대가로 정치에 필요한 자원을 얻습니다.

오명민 경제 규제를 둘러싸고 로비가 이뤄지고 부정부패가 생기는 이유가 바로 거기에 있었군요. 그렇다면 규제에 대한 수요와 공급이 있다면 규제가 매매된다는 것인데, 구체적으로 어떻게 이뤄지는 겁니까? 정부가 공익을 위해 시행하는 규제를 매매 행위로 분석하는 것에 대한 비판도 있을 것 같습니다만.

김 교수 그런 비판이 있는 것은 사실입니다. 그러나 문제의 사안을 좀 더 정확하게 들여다보기 위해서는 논리적 분석 틀이 필요하겠지요?

박 사장 그렇습니다. 감정에 의존한 피상적 판단은 자주 문제의 핵심을 왜곡하게 되니까요.

김 교수 규제가 사고 팔리는 것을 알려면 우선 경제시장과 정치시장을 구분할 필요가 있습니다. 경제시장에는 물건을 사고 파는 사람, 그리고 필요한 경우에는 중개인이 참여하지요. 즉 특정 거래에 이해관계를 가진 사람들만 참여합니다. 그런데 정치시장은 이와는 다릅니다. 민주 사회에서의 정치적 의사결정은 일정한 나이 요건 등을 갖추면 모든 사람들이 유권자로 참여하는 보통선거를 통해 이뤄지며, 정치인들이 선거에서 당선되기 위해서는 유권자들의 표를 많이 얻어야 합니다. 그런데 보통선거에서는 특정 사안에 대하여 잘 아는 사람이거나 모르는 사람이거나, 그 사안에 대하여 이해관계가 있는 사람이거나 없는 사람이거나 모두 한 표를 행사할 권리를 가집니다. 즉 정치시장에는 모든 유권자들이 참여합니다. 정치시장의 이런 특징이 이해관계를 가진 사람들만 의사결정에 참여하는 경제시장과 다른 점이지요.

박 사장 그렇다면 모든 유권자들이 참여하는 정치시장에서 의사결정은 구체적으로 어떻게 이뤄집니까?

김 교수 바로 그 점이 중요합니다. 우선 어떤 특정 사안에 대해 별다른 이해관계를 가지지 않은 사람들은 의사결정의 결과에 대해 별다른 관심을 가지지 않겠지요? 그러나 그 결과에 따라 이해가 크게 엇갈리는 사람들은 여러 가지 방법을 동원하여 자신들에게 유리한 결정이 되도록 노력할 것입니다. 그렇다면 누구의 주도로 의사결정이 이뤄지겠습니까?

박 사장 의사결정에 강한 이해관계를 가진 개인이나 집단에 의해 주도될 것 같습니다.

김 교수 그렇습니다. 강한 이해관계를 가진 개인이나 집단은 자원배분에 있어 강제력을 가진 정부 또는 정당과 밀착하려는 유인을 가지게 되고, 정치인들은 그 대가로서 현재의 정치활동이나 다음 선거에 필요한 자원을 얻고자 합니다. 양자의 이해가 일치하고 거래는 흔히 정부 또는 권력을 행사하는 정치인과 이해관계자 간에 경제 정책이나 규제를 매개로 이뤄집니다. 즉 정부 정책이나 규제는 강한 이해관계를 가진 소규모 집단이 자원배분의 강제력을 가진 정부를 포획하여 획득한 것이거나, 이미 발효되어 있는 정책이나 규제도 자기 집단에 유리하게 이용되게끔 포획하는 것입니다. 소규모 집단은 정부와 정당에 정치자금, 운영비용 그리고 반대파 무마비용 등을 조달해 주고, 정부나 정당은 그 반대급부로서 그 집단에게 유리한 경제규제를 만들어주는 것이지요.

오명민 규제를 획득하는 집단이 소규모가 되는 특별한 이유가 있나요? 집단이 커지면 목소리도 커져서 이해관계를 관철하기가 더 쉬워질 것 같습니다만.

김 교수 아닙니다. 우선 집단이 커질수록 효과적으로 조직화하는 비용이 증가하고 무임승차 문제가 발생합니다. 또 규제로 얻어낸 이득을 나눠 가지게 될 때, 집단이 클수록 각자에게 돌아가는 몫이 작아집니다. 그래서 소규모 집단이 규제를 획득하는 경우가 많습니다.

오명민 그렇다면 규제의 유형에는 어떤 것들이 있습니까? 흔히 인·허가가 가장 강력한 규제라고 하던데요.

김 교수 그렇습니다. 인·허가는 경쟁이 극심하다거나 시장의 크기가 협소하다는 이유 등으로 새로운 기업이 시장에 들어오는 것을 제한하거나, 일정한 수준 이상의 자격을 갖춘 개인들만 들어오게 하는 진입장벽입니다. 재미있는 미국의 사례를 하나

들어볼까요?

오명민 그게 좋겠습니다. 예를 들어 설명하면 쉽게 이해되는 경우가 많으니까요.

김 교수 1925년 전에는 미국에서 트럭이 도시 내의 중요한 운송 수단이었습니다. 그런데 이후 도로가 확·포장됨에 따라 도시 간 화물 운송에서 트럭 운송의 비중이 증가하기 시작했고, 1930년에 이르러서는 트럭 운송이 4% 정도가 되리라고 예상됐습니다. 새로운 경쟁자를 만난 철도는 이런 위협을 일찍이 감지하였고, 트럭 운송의 성장을 막기 위해 트럭의 적재량을 제한하는 규제를 도입하도록 주 정부에 로비했습니다. 예를 들면 텍사스 주와 루이지애나 주 정부로 하여금 1개의 철도역 간 거리를 운행하는 트럭의 적재량은 14,000 파운드로 제한하고, 2개 이상의 철도역 간 거리를 운행하는 트럭의 적재량은 7,000 파운드로 제한하도록 했습니다. 즉 철도가 트럭에 비해 비교우위를 가질 수 없는 짧은 장거리에 대해서는 적재량을 높게 제한하고, 철도와 트럭이 경쟁관계에 있게 되는 긴 장거리에 대해서는 적재량을 낮게 제한하는 규제를 얻어 낸 것입니다. 경쟁관계에 있는 긴 장거리 운송에 있어 트럭 운송에 불리한 규제를 얻어낸 것이지요. 물론 규제 이유로서는 철도가 장거리 운송에 경제적이며 트럭이 많은 화물을 실으면 위험하고 도로 파손도 심하다는 것 등이 제시되었지요. 그로 인해 트럭 운송 건수가 현저하게 줄어들었습니다. 결국 소득과 부는 트럭 운송업자로부터 철도회사로 이전되고 소비자들의 선택의 폭이 제한된 것이지요.

오명민 인·허가 규제 중에서 가장 강력한 면허제는 어떤 결과를 가져오는지요?

박 사장 특정 직업이나 전문직에 종사할 수 있는 방법에는 등록제registration, 인증제certification, 면허제licensure가 있는데요, 우선 이들 간의 차이에 대해 알아보고 면허제에 대해 논의하는 것이 좋겠습니다.

오명민 의사나 변호사는 면허를 가져야 하고 공인회계사나 전문의의 경우에는 인증서가 있는 것 같은데, 그것들에 대한 것인가요?

박 사장 그렇습니다.

김 교수 등록제는 해당 정부 부서에 내가 이러이러한 사업을 한다는 신고를 하면 바로 사업을 할 수 있는 제도입니다. 등록을 하는 이유는 세금 문제를 투명하게 하고 혹시라도 범죄 등이 발생했을 경우 쉽게 추적할 수 있도록 하기 위한 것입니다. 특정 직업에 종사하는 데 번거로운 일이 별로 없겠지요?

오명민 그렇겠습니다. 그럼 인증제는 어떤 것인가요?

박 사장 예를 들자면 공인회계사 인증이나 전문의 인증 등이 그런 것들입니다.

김 교수 그렇습니다. 인증서는 이러이러한 수준의 전문성을 갖추었다는 증명서와 같은 것입니다. 따라서 인증서가 없다고 해서 특정 직업에 종사할 수 없는 것은 아닙니다. 공인회계사 인증서가 없더라도 회계 업무 직업에 종사할 수 있습니다. 문제는 인증서를 가지고 있지 않은 사람에게 회계 업무를 의뢰하는 고객이 얼마나 찾아오겠느냐는 것입니다. 잘 안 오겠지요? 따라서 인증서가 없어도 직업에 종사할 수는 있지만, 고객이 잘 찾아오지 않을 것이므로, 사실상 그 직업에 종사하는 것을 어렵게 하는 진입장벽이 됩니다.

박 사장 전문의의 경우에는 어떻습니까?

김 교수 공인회계사의 경우와 같습니다. 전문의 인증서가 없어도 의사 면허증만 있으면 의료업에 종사할 수 있습니다. 문제는 고객이 그런 의사를 믿고 얼마나 찾아올까 하는 것이겠지요. 그래서 거의 대부분의 의사들은 전문의 인증서를 취득합니다.

오명민 이제 마지막으로 면허제가 남았습니다. 인간의 생명을 다루는 의사의 경우에는 아무나 그런 일을 하도록 허용할 수 없으므로 면허제는 당연한 것이 아닐까요?

박 사장 그렇게 생각할 수 있고, 또 그런 생각에도 분명히 일리가 있다고 생각합니다만.

김 교수 크게 틀린 얘기라고 할 수는 없습니다. 아무런 의료 지식과 치료 경험이 없는 사람이 의료 행위를 해서는 안 될 테니까요.

오명민 그럼 의료와 관련하여 일정 수준 이상의 의료 지식과 기술을 갖춘 사람은 모두 의료업에 종사할 수 있도록 하면 되지 않을까요? 이를테면 국가나 전문 기관에서 주관하는 시험에 합격하면 말입니다.

김 교수 문제가 그렇게 간단하지는 않습니다. 앞의 공익설에 대한 설명에서 잠깐 언급한 바와 같이, 일단 의사 면허제가 생기면 의사들에게는 면허제에 따른 이득을 최대한 얻으려는 유인이 생기니까요.

오명민 그런 유인이 면허제를 통해 어떻게 달성될 수 있습니까?

김 교수 우선 의사들은 의사 수가 늘어나는 것을 꺼려합니다. 조금 뒤에 설명하는 바와 같이 자신들의 수입이 떨어지기 때문이지요. 그렇다고 해서 의과대학이나 의학전문대학원을 졸업한 사람이 의사 면허시험에 떨어져 의사가 되지 못하는 것을 보는 것 또한 가슴 아픈 일이지요. 같은 직업에 종사할 사람으로서 말입니다. 그래서 아마도 여러분은 의과대학이나 의학전문대학원을 졸업한 사람이 의사가 되지 못한 경우를 본 적이 거의 없을 것입니다. 그렇다면 이 경우에 효과적으로 의사 수를 제한하는 방법이 무엇일까요?

박 사장 의과대학이나 의학전문대학원의 설립과 입학 정원을 제한하면 의사의 공급을 통제할 수 있을 것 같습니다.

김 교수 그렇습니다. 그래서 의과대학이나 의학전문대학원의 설립과 정원 확대가 아주 어렵습니다. 의사들의 반대가 만만치 않으니까요.

오명민 그럼에도 불구하고 정부가 실행하면 문제가 해결되는 것 아닙니까?

김 교수 앞에서 우리는 경제 규제는 강한 이해관계를 가진 집단이 자원배분의 강제력을 가진 정부를 포획하여 획득하는 것이라고 설명했는데, 이 설명이 면허제의 경우에도 똑같이 적용됩니다. 그러니까 의학협회나 의사협회가 의사 면허제는 의료 서비스의 품질을 높이고 유지하기 위해 반드시 필요한 장치라는 점을 강조하며 정치인과 정부 관료들에게 로비한다는 것입니다. 면허제 없이 누구나 의사가 될 수 있다면 돌팔이 의사들이 판을 칠 것이라는 주장이지요. 그런 과정에서 부정한 금품이 오가는 사례가 적잖이 발생하는 사실은 여러분도 잘 알 것입니다.

오명민 그렇다면 의사 수를 제한하여 의사들이 이득을 얻는 경제 원리는 어떻게 설명할 수 있습니까? 의사 수가 줄어들면 전체 의사들의 총수입이 줄어들 것 같은데 말입니다.

김 교수 그에 대한 답은 간단합니다. 의료는 건강은 물론 생명과 직결되는 문제이므로 의료 서비스는 그 가격이 높아지더라도 수요량이 크게 줄지 않는 특성을 가집니다. 반대로 가격이 내려가더라도 수요량이 크게 늘지 않는 특성을 가집니다. 이런 경우 의료 서비스의 공급이 늘어 가격이 내려가면 총 수입은 줄어듭니다. 가격이 내려가더라도 수요량이 크게 늘지 않아 그로 인한 수입 증가 효과는 그다지 크지 않은 데 반해, 가격이 크게 떨어져 그로 인한 수입 감소 효과가 크기 때문입니다. 따라서 의료 서비스의 공급이 늘었음에도 불구하고 총수입이 줄어드는 것입니다.

박 사장 그렇다면 의사들은 공급을 제한해야 수입을 늘릴 수 있겠군요.

김 교수 그래서 위에서 설명한 바와 같이 의학협회나 의사협회에서는 의과대학과 의학전문대학원의 신설과 정원 확대를 꺼려하는 것입니다. 또한 소득이 증가하면 건강에 대한 관심이 높아져 의료 서비스에 대한 수요는 증가하는데 공급이 증가하지 않으니 환자들에게는 좋은 일이 아니지요.

오명민 그에 대해 의사들도 할 말이 있을 것 같은데요.

김 교수 앞에서 설명한 바와 같이, 의료 관련 단체들은 의료 서비스의 내용은 전문가들만 알며 소비자들은 잘 모른다는, 이른바 정보의 비대칭성 문제 때문에 자격을 엄격하게 정해 놓고, 그 자격 기준에 도달한 의사들만 의료 행위를 하도록 제한해야 한다는 주장을 펴고 있습니다. 의과대학이나 의학전문대학원의 정원이 늘어 의사 수가 늘어나면 의료 서비스의 품질 수준이 낮아질 것을 우려하는 것이지요. 환자 편에서 보면 일견 수준 높은 의료 서비스를 받을 수 있는 아주 좋은 방법인 것처럼 보입니다. 물론 전적으로 틀린 말은 아닙니다. 문제는 면허제는 반드시 진입장벽으로 작용하여 공급을 제한한다는 것입니다. 위에서 기술한 바와 같이 의학을 공부한 동업자를 면허 시험에서 떨어뜨리기는 쉽지 않지요? 따라서 아예 의과대학이나 의학전문대학원의 신설이나 정원을 제한하는 방식으로 의료 서비스 공급을 제한하는 것입니다. 이를테면 의학협회가 인정하지 않은 대학이나 의학전문대학원 출신들은 의사 면허 시험에 응시할 자격을 주지 않도록 하는 것 등입니다.

오명민 그렇다면 모든 면허제가 다 이런 특성을 가지는 것입니까?

김 교수 직종에 따라 약간의 차이가 있지만 기본 원리는 같습니다. 변호사의 경우에도 그렇습니다. 예전에는 사법고시로 제한했지만 지금은 법학전문대학원 설립과 입학 정원, 그리고 변호사 시험으로 제한하고 있습니다.

박 사장 자동차 운전면허제는 이와는 다른 것 같습니다. 도로에서 운전할 수 있는 지식과 기능을 가진 사람은 누구나 면허를 취득할 수 있으니까요.

김 교수 그렇습니다.

오명민 그렇다면 의사 수가 늘어나면 정말로 의료 서비스의 품질이 낮아질까요? 또 의료 서비스 가격은 어떻게 될까요?

김 교수 의사 수가 늘어난다고 해도 의료계가 우려하는 것처럼 의료 서비스의 품질은 떨어지지 않을 것입니다. 의사 수의 증가는 경쟁의 심화를 의미할 수 있으니까요. 경쟁에서 살아남기 위해서는 남보다 더 양질의 서비스를 낮은 가격으로 공급할 수 있어야만 합니다. 따라서 의사의 공급이 늘어나면 의사와 의료기관 간의 경쟁의 정도가 심해져 의료 서비스의 품질은 높아지고 가격은 낮아질 것입니다. 당연히 소비자의 복지수준이 높아지겠지요. 물론 의료 문제를 완화하기 위해서는 현재 낮게 책정되어 있는 의료 서비스 가격의 개편과 정보공개 등, 동시에 해결되어야 할 사항이 많습니다. 그러나 무엇보다도 중요한 것은 의료 서비스의 공급이 수요에 탄력적으로 대처할 수 있도록, 인위적인 공급 제한을 없애는 것입니다.

오명민 지금까지의 논의의 의미를 정리해보면 이렇게 되겠습니다. 우리 사회에 적정한 의사 수는 의학협회나 보건복지부가 결정할 문제가 아니며 결정할 수도 없습니다. 적정 의사 수는 수요와 공급에 의해 의료 서비스 가격과 함께 결정됩니다. 자유 시장에서 현재의 의료 서비스 가격이 낮아서 의료인이 원하는 수입을 얻지 못한다면 그 사람은 의료계를 떠날 것이며, 향후 의사가 되려는 사람들의 수도 줄어들 것입니다. 반대의 경우에는 의사가 되려는 사람들의 수가 늘어날 것입니다. 그러므로 그에 따른 의료 서비스 가격 조정과 함께 사회적으로 최적인 의사 수가 결정될 것입니다. 면허제의 문제는 이런 관점에서 개선책을 마련하는 것이 좋겠습니다. 예를 들어 의과대학이나 의학전문대학원의 설립을 원하는 모든 대학은 그렇게 할 수 있도록 허용하는 것을 포함해서 말입니다. 의료산업이라고 해서 경제 원리에서 예외일 수 없다는 것이지요.

박 사장 의료 면허제와는 다른 점이 있습니다만, 국가가 교육을 통제하는 현상은 어떻게 보아야 할까요? 실제로 한국은 중·고등학교 평준화, 정부가 주도하는 대학입시 등, 교육이 국가통제 하에 놓여 있는데요.

김 교수 교육에 대해서 논의하자면 참으로 긴 시간이 필요하므로 다음 기회로 미루는 것이 좋겠습니다만, 간단히 짚고 넘고 넘어가지요.

오명민 많은 사람들이 교육 서비스를 공공재라고 생각하는 경향이 있는데, 과연 그런가요? 앞에서 논의한 공공재의 특성에는 잘 맞지 않은 것 같습니다만.

박 사장 교육 서비스를 공공재라고 할 수는 없다고 생각합니다.

김 교수 물론 교육 서비스는 공공재가 아닙니다. 교육비는 각자가 지불해야 하고 무임승차도 할 수 없으니까요. 물론 공립학교와 사립학교 간에 교육비 차이는 있습니다만.

박 사장 그런데 공립학교가 꼭 필요한가요?

오명민 사람들이 함께 사회생활을 하는 데 필수적인 읽고 쓰고 셈할 수는 있어야 하니까 그런 것을 교육하는 공립학교가 필요하지 않을까요?

김 교수 그런 교육을 보통 3R(Reading, wRiting, aRithmetic) 교육이라고 하는데, 이를 위해 꼭 공립학교가 필요한 것은 아니지요. 사립학교에서도 얼마든지 가능하니까요. 그리고 이런 교육은 초등학교 수준에서 충분히 다 이뤄집니다.

박 사장 그런데 국·공립 중·고등학교와 국립대학교 등이 있지 않습니까?

김 교수 예전에 민간의 재력이 없거나 약했던 시절에는 국가가 학교를 설립하여 운영할 필요가 있었겠지요. 그러나 지금은 그런 시절이 아니므로 국가가 교육에 개입해야 할 이유가 없습니다. 물론 예전에도 민간교육기관이 꽤 많이 있었습니다.

오명민 국가가 교육에 개입하여 통제하면 어떤 부작용이 있어서 그런 주장을 하시는지요?

김 교수 정부가 통제하는 교육은 국정 또는 검인정 교과서 등을 통해 교육하는 내용과 학사 제도를 획일적으로 요구하므로 사람들의 다양한 교육 수요에 부응할 수 없습니다. 즉 개인들이 가진 특장과 창의력을 살리는 교육이 될 수 없다는 것이지요. 더구나 학교를 설립하는 사람들이 추구하는 이른바 건학 이념을 실현할 수 있는 기회도 박탈당하게 됩니다. 대부분의 교육 선진국의 유명 학교 중에는 사립학교가 많고, 이들은 더 나은 교육 기회를 제공하기 위해 서로 경쟁하면서 발전해 왔습니다. 가난한 학생들에 대한 장학 제도도 발전시켜왔고요.

오명민 그럼 교사 자격증도 불필요할까요?

김 교수 의료인 면허제보다 진입장벽의 강도가 센 것은 아니지만, 국가가 각 학교에서 필요로 하는 교육 내용을 잘 알 수 없는 마당에 획일적인 자격 요건을 요구할 마땅한 이유가 없다고 생각합니다. 교육 서비스의 양적 및 질적 향상을 위해서는 교육 시장에 경쟁을 촉진하는 것보다 더 나은 방법이 없습니다.

박 사장 그래서 교육에서도 정부가 손을 떼야 한다는 말씀이군요. 교육에 대한 논의가 많겠으나 이쯤에서 마무리하겠습니다.

오명민 지금까지는 인허가 규제에 대해 알아보았는데요, 다른 종류의 규제에는 어떤 것들이 있습니까?

김 교수 이외에도 규제의 종류에는 직접 보조금, 대체재와 보완재 규제, 그리고 가격 고정 등이 있습니다.

오명민 우선 대체재와 보완재에 대한 설명과 함께 그에 대한 규제를 설명해 주시기 바랍니다.

박 사장 물건 X의 가격이 올랐을 때 물건 Y에 대한 수요가 늘어나면 X와 Y는 대체재라고 합니다. 쇠고기와 돼지고기, 버터와 마가린과 같이 용도가 유사한 물건들입니다. 반면에 물건 X의 가격이 올랐을 때 물건 Y에 대한 수요가 줄어들면 X와 Y는 보완재라고 합니다. 빵과 버터 등과 같이 사람들이 함께 이용하는 물건들입니다.

김 교수 버터와 마가린은 대체재인데, 한 때 미국에서는 마가린을 판매하는 데 까다로운 걸림돌이 많았습니다. 마가린과 대체 관계에 있는 버터 회사가 마가린은 저급 식품이므로 사람들이 먹어서는 안 된다는 로비로 규제 당국을 포획한 결과였지요. 또한 빵을 많이 먹자는 캠페인이나 빵 제조 산업에 유리한 여건을 만들어 주는 규제 역시 빵과 보완적인 관계에 있는 버터 회사가 얻어낸 것이었습니다.

오명민 한국에서는 백화점이나 대형 마트에서 운행하던 셔틀버스가 2001년 헌법재판소의 판결에 의해 운행 금지된 사건이 있었는데요, 이는 택시와 일반버스 등을 의식한 대체재 규제라고 할 수 있을까요?

김 교수 그렇습니다. 헌법재판소는 2001년 백화점과 대형 마트의 셔틀버스 운행 금지를 합헌이라고 판결했습니다. 즉 백화점과 대형 마트, 그리고 이를 이용하는 고객들이 여객자동차운송사업법은 헌법이 보장하는 직업 수행의 자유(영업의 자유), 행복추구권(소비자의 권리), 평등권 등의 기본권을 침해하고, 헌법상 법치국가 원리에서 파생되는 신뢰보호 원칙에 위반되므로 위헌이라고 제기한 헌법소원 심판 청구에 대해 헌법재판소가 여객자동차운송사업법은 합헌이라는 결정을 내린 것입니다. 여기에서 우리의 논의와 관련된 여객자동차운송사업법의 내용은 자가용 운송은 무상이어야 한다는 것입니다. 물론 대형 유통업체들은 셔틀버스를 이용하는 고객들에게 운임을 부과하지 않았지만, 헌법재판소는 셔틀버스 운행비용이 이들 매점에서 판매하는 상품 가격에 전가되므로 유상 운송이라고 판단하여 셔틀버스 운행 금지가 합헌이라고 한 것이지요. 즉 여객자동차운송사업법은 합헌이고, 이 법은 자가용 운송은 무상이어야 한다는 점을 명시하고 있는데, 셔틀버스는 유상 운송 수단이므로 금지되어야 한다는 것입니다.

박 사장 그렇다면 이는 대체재 규제라기보다는 셔틀버스 운송이 유상이냐 무상이냐의 문제가 아닌가요?

김 교수 물론 그렇습니다. 그런데 셔틀버스의 유·무상 운송 여부가 셔틀버스 운행 여부를 결정하고, 이는 곧 셔틀버스와 대체 관계에 있는 택시나 일반버스, 대형 유통업체와 대체 관계에 있다고 간주되는 재래시장 등의 이해와 관련되므로 결과적으로 대체재 규제가 되는 것입니다.

박 사장 그럼 유·무상 운송에 대한 경제학적 논리는 어떤 것입니까?

김 교수 대형 유통업체에서 파는 상품의 공급곡선은 어떤 기업가가 매장을 설립하여 상품 유통 사업을 할 것인가 아니면 다른 사업을 할 것인가를 저울질 하도록 하는 기회비용에 의해 도출되며, 이 공급곡선과 소비자들의 선호와 소득 등을 반영하는 수요곡선에 의해 가격이 결정되겠지요? 그런데 대형 유통업체는 시장에서 결정된 (유통)상품 가격을 바탕으로 영업에 필요한 활동 항목 및 그에 따른 비용을 배분하여 이윤을 늘리려고 합니다. 중요한 사실은 우리가 제10장의 '비용'에서 논의한 바와 같이, 소비자들이 상품에 부여하는 가치를 반영하는 상품 가격으로부터 제반 비용이 결정된다는 것입니다. 즉 가격이 비용을 결정하는 것이지 비용이 가격을 결정하는 것이 아니라는 것입니다.

오명민 좀 어려워지는 경향이 있습니다.

김 교수 그런 측면이 있습니다. 그러나 사안에 대해 정확하게 이해하려면 독자들도 어렵더라도 좀 더 깊게 생각해 볼 필요가 있습니다. 아무튼 대형 유통업체들이 셔틀버스를 운행하여 고객을 매장으로 끌어 모으는 행위는 판매 상품에 대한 수요 증가를 통해 매출을 늘려 이윤을 늘리려는 것입니다. 공급 사정에 변화가 없다면 수요가 증가하므로 상품 가격은 당연히 올라갑니다. 그런데 더 많은 상품을 판매하기 위해서는 그에 따른 비용도 증가하는데, 이 비용은 최대로 가격 상승분까지 증가할 수 있습니다. 이는 위에서 언급한 바와 같이, 비용은 소비자들이 상품에 부여하는 가치에 의해서 결정되는 것이지, 비용이 상품의 가치를 결정하는 것이 아니라는 것을 의미합니다. 한 단위의 상품을 생산하는 데 비용이 더 들어갔다고 해서 그 상품이 소비자에게 주는 가치가 증가하는 것은 아니니까요. 셔틀버스의 경우에는 수요 증가로 오른 상품 가격의 일부가 셔틀버스 운행에 따른 비용으로 배분되는 것입니다. 따라서 셔틀버스 운행비용이 상품 가격에 전가된다는 논리는 성립하지 않습니다. 만일 이와 같이 셔틀버스를 운행함으로써 수요를 늘리려는 행위를 금지한다면 광고 등, 수요를 늘리려는 모든 행위를 금지해야 할 것입니다. 결국 모든 재화나 서비스를 얻는 데 있어서 누군가가 비용을 지불해야 한다는 점에서 무상은 없으나, 고객이 상품을 사기 위하여 지불하는 가격과 무관하게 셔틀버스 서비스를 받는다는 것은 고객의

입장에서는 무상이라고 보는 것이 타당하다고 하겠습니다. 따라서 대형 유통업체의 셔틀버스 운행을 금지하고 이를 위반하는 자는 형사 처벌하도록 한 것은, 서로 대체 관계에 있는 셔틀버스와 택시/일반버스, 그리고 대형 유통업체와 재래시장(중소유통업체)에 대해 택시/일반버스와 재래시장 쪽의 주장을 받아들인 것이 됩니다. 결과적으로 대체재 규제가 된 셈이지요. 몇 가지 기본적인 경제학적 개념을 잘못 적용하고, 대체성 정도를 과도하게 평가하여, 만들어진 공익created public interest을 위해 대형 유통업체와 소비자를 희생시킨 것입니다.

오명민 그러나 택시/일반버스, 그리고 재래시장 등도 생존에 어려움을 겪고 있는 것이 사실 아닙니까? 그렇다면 이들을 살릴 수 있는 방책에는 어떤 것이 있을까요?

김 교수 먼저 재래시장을 살리는 길은 대형 유통업체와 재래시장을 서로 대체적 관계가 아니라 보완적 관계로 인식하는 데서 출발해야 합니다. 정보통신 기술과 교통수단의 발달로 변화하는 사람들의 물품 구매 행위를 규제로 바꿀 수는 없기 때문입니다. 재래시장은 상품 구매는 물론 대형 유통업체가 제공하지 못하는 운치와 낭만 등의 요소를 결합하여 이른바 '플레이스 마케팅place marketing'으로 자리매김할 수 있을 것입니다. 홍콩의 야시장이 그런 것이지요. 또 앞으로 자가용 승용차의 보급 확대로 택시와 일반버스 등에 대한 수요도 줄어들고, 우버와 같은 새로운 형태의 운송 서비스도 등장할 것이므로 대응 전략을 마련해야 할 것입니다. 상업 환경의 변화에 맞춰 소비자들의 구매 행태가 바뀌는 것을 규제로 막을 수는 없습니다.

오명민 그럼 이와 관련하여 제4장의 자유에 관한 논의에서 잠시 미뤄두었던 대기업의 중소기업 부품 단가 후려치기에 대해서도 같은 논리에 입각하여 논의할 수 있을까요?

박 사장 참, 그 문제가 남아 있었군요? 제 기업의 경우에도 제품 가격이 오르지 않으면 부품 단가를 올려주지 못하고 있습니다만, 논리적으로 따져볼 필요가 있겠습니다.

김 교수 이 사안에 대한 논의의 요점은 원자재 가격의 상승 등으로 중소기업의 부품 제작 비용이 늘었지만 대기업이 이를 납품 가격에 반영해 주지 않아 중소기업의 채산성이 악화된다는 것인데, 이에 대해서는 두 가지 경우로 나누어 분석할 수 있습니다. 첫째, 대기업 제품에 대한 수요가 증가하면 그 제품을 만드는 데 들어가는 중소기업 부품에 대한 수요도 증가하므로 대기업의 완성 제품 가격과 부품 가격이 동시에 오르겠지요? 물론 오르는 정도는 완성 제품과 부품에 대한 각각의 수요와 공급이 반응하는 민감도에 따라 다르겠지만요. 아무튼 대기업이 부품 가격을 올려주는 데 별다른 문제가 없으며, 실제로 부품 가격은 올라갑니다. 둘째, 대기업의 완성 제품에 대한 수요는 변하지 않았지만, 다른 요인에 의해 부품을 만드는 데 들어가는 원자재나 노동 비용이 증가하여 부품 제작 비용이 올라가는 경우인데, 이 경우에 대기업은 부품의 제작 비용 상승과는 아무런 관련이 없습니다. 즉 대기업의 완성 제품에 대한 수요에 따른 가격과 비용 구조는 변하지 않았으므로 대기업으로서는 당장 부품 가격을 올려줄 수 있는 여지가 없습니다. 대기업이 납품 단가를 후려친다는 말은, 완성 제품에 대한 수요 공급 사정과 상관없이 부품 제작에 들어가는 원자재나 노동에 대한 다른 부문에서의 수요 증가 또는 공급 감소 등에 의한 비용 증가분을 부품 가격에 더해주지 않는다는 것인데, 이는 대기업과는 상관없는 일이지요. 대기업이 생산하는 완성 제품에 대한 수요나 공급에 아무런 변화가 없기 때문입니다. 부품 제작 비용이 올라 당장 비용을 감당하지 못하는 중소기업은 기술 개발로 비용을 낮추든지, 그런 부품이 아니라 다른 부품을 만들어 적절한 기업에 납품하든지, 아니면 퇴출되는 것입니다.

박 사장 그렇다면 이런 사정이 나중에라도 부품 가격에 미치는 영향은 없을까요?

김 교수 부품의 원자재나 노동 비용이 다른 요인에 의해 증가하여 시간이 지남에 따라 부품의 공급곡선이 왼쪽으로 이동하면 그 공급량이 줄어듭니다. 따라서 대기업의 완성 제품 공급도 줄어들어 그 가격도 올라갑니다. 이제 완성 제품의 가격이 올라가므로 부품 가격을 올려줄 수 있는 여지가 생기며, 실제로 부품 가격은 올라갑니다. 물론 이 경우에도 가격이 비용을 결정한다는 명제는 달라지지 않습니다. 요컨대, 대기업이 부품 가격을 후려쳐 돈을 많이 번다는 주장은 맞지 않습니다.

오명민 그럼 이제 규제 문제로 다시 돌아가서 직접 보조금과 가격 고정에 의한 규제가 남아 있는데요, 이에 대해 설명해 주시지요.

김 교수 직접 보조금은 어떤 개인이나 기업 또는 산업이 정부로부터 얻을 수 있는 지원입니다. 정부가 교육계에 제공하는 보조금, 항공우편을 담당하는 항공회사에 지급하는 보조금, 각종 설비투자 또는 기술 투자 지원금, 고용을 창출하는 중소기업에 대한 지원금 등을 들 수 있겠지요. 그러나 오늘날 직접 보조금은 그 실체가 쉽게 드러나고 규제 획득자가 늘어나면 얻을 수 있는 몫이 줄어드는 경향이 있으므로 그다지 인기 있는 형태의 규제가 아닙니다. 마지막으로 산업은 정부의 힘을 얻어 가격을 고정할 때가 있습니다. 일반적으로 어떤 산업이 경쟁을 통한 것보다 더 높은 이윤을 얻고자 할 때, 가격 고정의 수단이 이용되지요. 과거에 어떤 정유회사가 비용 절감을 통해 유류 가격을 인하하려고 했으나 다른 정유회사들의 로비로 정부가 행정지도 가격을 제시하는 바람에 좌절된 경우가 있었습니다.

오명민 지금까지의 논의 과정에서 구체적인 규제 사례가 몇

건 나왔습니다만, 특히 경제학적 개념과 관련하여 잘못된 규제의 사례를 몇 건 더 들어 설명해 주시면 이해에 도움이 될 것 같습니다.

김 교수 그게 좋겠습니다. 사례 두 가지를 말씀드리겠습니다. 라면 우지파동(가격 규제)과 대기업의 수산물 유통시장 진입 금지(진입 규제)에 관한 것입니다. 우지파동은 1989년 11월 라면 생산업체들이 비누나 윤활유 원료로밖에 사용할 수 없는 공업용 쇠기름(우지, 牛脂)을 라면 제조에 사용했다고 해서 사회적으로 커다란 물의를 일으킨 사건입니다. 당시 검찰 측의 주장은 공업용 우지로 제조한 라면은 인체에 유해할 뿐만 아니라 대기업들이 국민 건강은 생각하지 않고 부당 이득을 취했다고 판단한 것입니다. 이에 대해 관련 업체들은 문제가 된 우지는 보건사회부 기준에 합격된 식품 원료로서 인체에 무해하다고 반박했었지요. 소의 특정 부위에서 떼어낸 기름은 식용으로 사용하고 나머지는 공업용으로 사용할 뿐, 특정 부위의 기름은 먹을 수 있고 다른 부위의 기름은 먹을 수 없는 것도 물론 아니라는 것입니다. 당시 보건사회부 장관도 국회에서 한국의 라면은 라면으로서 갖춰야 할 규격에 모두 잘 맞으므로 아무런 염려 없이 먹을 수 있다고 증언했습니다. 그러나 관련 라면 업체들은 형사 입건되었고, 10년 후에 대법원으로부터 모두 무죄 판결을 받았습니다.

오명민 그럼 왜 그런 일이 생겼을까요? 원인이 있었을 텐데요.

김 교수 그렇습니다. 우지파동은 정부가 라면 가격을 규제해서 발생한 사건입니다. 당시에 라면 가격은 정부에 의해서 (행정) 규제되었는데, 대다수의 국민들, 특히 저소득층이 부담 없이 사먹을 수 있도록 하기 위해서였습니다. 라면 가격이 낮게 규제되고 있는 현실에서 라면의 품질은 당연히 떨어질 수밖에 없겠지요? 물론 사람이 먹으면 죽거나 유해한 식품은 생산돼서는 안 되겠지요. 요점은 라면 가격이 정부의 통제 아래 낮게 규제되면 라면은 비용이 적게 들어가는 방법으로 생산될 수밖에 없다는 것입니다. 손해를 보면서까지 국민건강을 생각한다는 명분 아래 고급 라면만을 생산할 기업은 없기 때문입니다. 최소한 장기적으로는 말입니다. 이처럼 우지파동은 라면 가격이 낮은 수준에 묶여 있었기 때문에 발생한 것입니다. 따라서 우지파동 같은 사건이 재발하지 않도록 하는 길은 라면 가격의 자유화가 되겠지요.

오명민 대기업의 수산물 유통시장 진입 금지 사건은 어떤 것입니까?

김 교수 대기업이 수산물 유통시장에 참여하려다 여론의 호된 질책을 받고 철회한 사건입니다. 규제 당국의 부와 유통에 대한 몰이해 때문에 문제가 된 것이지요. 특정 수산물은 어획철에 많이 잡히기 때문에 그 때에는 공급이 많아서 가격이 크게 떨어집니다. 이 때 커다란 냉동 창고를 가진 기업이 많은 양을 사서 보관한 후 어획철보다 더 희소할 때 팔면 이윤을 얻을 것입니다. 따라서 수산물을 보관하는 대형 냉동 창고를 건설할 수 있는 기업이 수산물 유통시장에 진입하려는 것은 자연스러운 이윤 동기에서 비롯된 것입니다.

오명민 그렇다면 그로 인한 생산자와 소비자의 복지는 어떻게 됩니까? 또 수산물의 연중 가격 변화 폭은 어떻게 됩니까?

김 교수 우리가 앞에서 논의한 바와 같이 부란 기본적으로 특정 물건에 소비자가 부여하는 가치이므로 추가적인 물질적 생산 없이도 부가 증가할 수 있습니다. 그러므로 상품을 상대적으로 덜 희소한 시점이나 장소에서 더 희소한 시점이나 장소로 이동시키는 것은 부의 증가를 가져온다는 점에서 생산입니다. 냉동 창고를 이용하여 덜 희소한 오늘의 자원을 더 희소한 내일로 이동시킴으로써 부를 증가시키고, 이 증가된 부를 생산, 유통, 소비 관련자들이 가진다면 그들의 복지 수준이 높아지겠지요. 어획철에 수산물 가격이 급락하지 않아 어부들에게도 이익이 되고, 기업이 공급이 많을 때 사서 적을 때 판다면 가격은 훨씬 더 안정적으로 유지되므로 소비자들은 안정된 가격으로 소비할 수 있을 것입니다. 물론 이 서비스에 대한 대가로 기업은 돈을 벌겠지요.

박 사장 그럼 이제 정부의 경제 규제에 대한 논의를 마무리해 주시지요. 특히 규제가 소비자 복지에 미치는 영향에 대해 말씀해 주시지요.

김 교수 지금까지의 논의를 마무리하겠습니다. 정부가 자원배분의 강제력을 가지는 한, 이해 당사자들이 시장에서 경쟁을 통해 얻을 수 있는 이익보다 정부를 포획하여 얻을 수 있는 이익이 더 큰 경우가 많습니다. 따라서 이들은 조직적인 움직임으로 정부 규제를 획득하려고 합니다. 이 때 이득을 보는 이들은 정부에 대한 로비 활동을 통해 자신들의 요구 사항을 관철시켜 규제를 획득하는 이해 당사자들과 규제를 판매하여 대가를 얻는 정부나 정당이 됩니다. 그리고 규제로 인해 손해를 보는 집단은 그러한 규제를 사지 못한 이해 당사자들과 소비자들이 됩니다.

오명민 그렇다면 정부가 경제에 개입하는 목적이 소비자를 보호하려는 의도인 경우는 없습니까?

김 교수 많은 규제가 그런 의도로 발효됩니다. 그러나 정부 규제는 의도한 좋은 효과보다는 의도하지 않은 나쁜 효과를 낳는 경우가 더 많다는 데 문제가 있습니다. 정부가 좋은 의도를 가지고 규제한다고 하더라도, 정부의 시장 개입은 오히려 시장의 효율적 운행을 방해하고 결국 소비자가 선택할 수 있는 폭을 축소시키고 비용 부담을 가중시키게 되니까요. 정부는 사람들이 원하는 것이 무엇인지를 잘 알 수 없기 때문입니다. 따라서 소비자를 보호하고 복지를 증진시키는 것은 정부 규제가 아니라 소비자들이 시장에서 선택할 자유를 누릴 수 있는 기회를 보장하는 것입니다. 기업의 생존이 정부의 의사결정이나 정책에 의해 좌우되지 않고 시장 경쟁 속에서 소비자들에 의해 결정될 때 경제 발전은 물론 소비자 복지가 증가하게 됩니다.

오명민 이렇게 보면 정부가 할 일은 별로 없어 보입니다만.

김 교수 그렇습니다. 정부는 국민의 사유 재산을 지키기 위해 외부의 침입을 막고 국내 치안을 잘 유지하는 일 정도에 집중하면 될 것입니다. 정부가 구체적 목적을 가지고 경제에 개입할수록 사람들이 오랜 기간 동안 살아오면서 만들어진 질서가 파괴되고 국민의 삶은 번거롭고 궁핍하게 됩니다.

박 사장 그러니까 경제규제는 정부가 가진 자원배분의 강제력에 그 원천이 있으므로 이러한 정부의 권한을 축소하고 민간의 영역을 확대하는 것만이 규제의 양산을 막을 수 있고 각종 규제로 인한 폐해와 부정부패를 근본적으로 척결하는 길이 된다는 말씀이군요. 정부가 가진 자원배분의 강제력을 대폭 축소하거나 없애면 시장에 남는 것은 경쟁뿐이며, 경쟁으로 인한 이득은 궁극적으로 일반 소비자들에게 돌아가게 된다는 얘기가 되겠습니다.

오명민 그런데 앞에서 말씀드린 바와 같이, 국가의 존재는 다분히 추상적이지 않습니까? 그 실체가 손에 잘 잡히지 않는다는 점에서 말입니다.

김 교수 그렇습니다. 이 점에서 대해서는 앞에서 이미 설명했습니다만, 반복하자면 이렇습니다. 우선 국가의 기능을 수행하는 정부가 개인의 생명과 자유와 재산을 보호하는 일을 가장 중요한 기능으로 해야 한다는 점에 대해서는 이론의 여지가 없을 것입니다. 그런데 국가는 그 실체가 잘 잡히지 않는 추상적인 것입니다. 국가는 그 기능을 수행하는 정부가 있어야 구체성을 띠고, 정부는 그 안에서 일하며 행동하는 개인들을 상정할 때 구체적인 존재로 드러납니다. 따라서 결국 국정과 국사를 처리하는 주체는 정부 구성을 주도하는 정당 등의 정치 집단에 속하는 사람들입니다.

오명민 그렇다면 국가의 방향과 성패를 좌우하는 주체는 유권자들과 정치 집단에 속하는 개인들이겠군요.

김 교수 그렇습니다. 집단이나 사회에서 실제로 행동하는 주체는 개인들이니까요. 그래서 정치인이나 정부 관료들에 대한 분석도 개인에 대한 분석과 다르지 않습니다. 즉 자원은 희소하고 인간은 자기중심적이며 함께 모여 산다는 점을 전제로 분석해야 한다는 것이지요.

오명민 지금까지의 논의가 아주 유익했습니다. 아직도 부족한 부분이 많지만 경제에 대한 이해를 크게 높이는 계기가 되었습니다.

박 사장 저는 실제로 기업을 운영하고 있습니다만, 이번 논의가 제가 하는 일이 무엇인지를 실감하고 생각해볼 수 있는 기회가 되었습니다.

김 교수 지금까지 우리가 오랜 시간에 걸쳐 아주 광범위한 경제 사안들에 대해 방담으로 진행했는데, 그런 사안들에 대한 이해를 한결 높일 수 있었다니 참으로 유익한 기회가 되었다고 생각합니다. 고맙습니다.

맺음말

인간이 역사적으로 크고 작은 대가를 치르고 쟁취해 온 자유와 평등의 사회를 보존하는 길은 사람들이 지적으로 깨어나는 것이다. 이는 곧 사람들이 자유와 평등, 도덕과 법, 정의와 소유 등의 개념을 바탕으로 움직이는 인간 세상의 이치를 이해하고 그에 걸맞은 관觀을 가져야 함을 의미한다. 인간 행동의 결과로 나타나는 경제 현상에 대해서도 감정과 단견이 아니라 사고할 수 있는 논리적 틀을 갖춰야 비전을 가진 유능한 개인이 될 수 있다. 그래야 인기 영합주의에 휘둘리지 않는 유권자가 될 수 있고 민주 사회의 지속을 보장할 수 있다.

그러나 일반인들이 경제의 운행 원리를 이해하는 일은 상당히 어려워 보인다. 우선 일반인들이 눈에 보이지도 않고 손으로 만질 수도 없어 머릿속에서 이해해야 하는 경제 현상에 대한 분석틀을 갖추기 어렵고, 그나마 그런 틀을 가르치는 현대 경제학이 인간 세상에는 수학적 함수 관계가 없음에도 불구하고 대부분의 경제 현상을 수리 모형으로 다룸으로써 가공의 세상을 묘사하는 경우가 많기 때문이다. 이에 더하여 수렵·채취 시대에 형성된 문화적 인식 구조로는 현대와 같이 복잡하고 유기적이며 대규모로 돌아가는 세상 이치에 대해 공감하기 어렵기 때문이다. 그래서 일반인들의 경제 현상에 대한 이해를 돕는 데에는 많은 어려움이 있다.

그럼에도 불구하고 개인의 생명과 자유와 재산을 보존하는 올바른 국가와 정부를 건설하기 위해서는 투표와 여론을 통해 정치 행위를 하는 사람들이 지적으로 깨어나도록 설득하는 일을 중단할 수 없다. 인간 세상과 경제 현상을 이해하기 위한 지적 작업은 한 사회를 떠받치는 사상적 토대를 구축하는 것인바, 이는 곧 개인이 먹고 사는 생존의 문제이자 한 사회의 존속을 결정하기 때문이다.

머리말에 쓴 한 구절을 여기에 다시 쓴다. 인간은 자기애가 강한 존재로서 남에게 설득당하는 것을 마땅찮아 한다. 어느 누구도 한 개인의 머릿속 이해와 가슴속 공감을 일치시키는 주체가 되기 어렵다. 그래서 자신을 설득하는 주체는 오직 자신일 뿐이다. 인간 세상의 운행 이치와 경제 현상을 이해하고 그에 따라 행동하는 것은 자신의 생존과 사회 존속을 위한 필수 요건이다. 저자는 이 책을 사람들이 자기 자신을 설득하는 자료로 사용하기를 희망한다.

1. 자유로운 교환의 이익

1 무역 당사국들은 각각 비교우위의 물건은 수출하고 비교열위의 물건은 수입한다.

4. 자원의 희소성, 인간의 자기중심성 및 군거성, 자유

1 Berlin(1969) "Two Concepts of Liberty" 참조.

2 Hume(1951) Book III, Part II, Sect. II 참조.

5. 도덕 규칙, 법 규율, 정의, 소유

1 Hayek(1960) Chap. 10 참조.

2 이는 밀J. S. Mill이 일찍이 그의 『대의정부론』에서 제안한 바 있다.

3 Reybrouck 지음, 양영란 옮김, 『국민을 위한 선거는 없다』 제3장과 시오노 나나미 지음, 정도영 옮김, 『바다의 도시 이야기: 베네치아공화국 1천년의 메시지. 상』 제5장 참조. 영어의 투표지 ballot은 이탈리아어 ballotta에서 유래한 것이다.

7. 경쟁

1 Mises(1949) 참조.

2 Tawney(1938) 참조.

3 Hayek(1978) 참조.

9. 가격의 의미와 결정

1 수요demand란 소비자가 특정 물건을 구매하려는 사전적 의지를 나타내는 스케쥴을 의미한다. 또 수요량quantity demanded이란 특정 가격에서 소비자가 구매하고자 하는 양을 말한다. 수요의 법칙이란 다른 물건과 비교한 특정 물건의 상대 가격이 올라가면 특정 물건에 대한 수요량이 줄어들고 상

대 가격이 내려가면 수요량이 늘어난다는, 즉 상대 가격과 수요량 간에는 역逆의 관계가 있다는 법칙이다. 그렇다면 하나의 사례로서 "왜 품질 좋은 오렌지는 생산지보다는 멀리 떨어진 도시에서 더 발견하기 쉬울까?" 수요의 법칙을 이용하여 답을 찾아보자. 생산지에서의 품질 좋은 오렌지 가격을 P_H, 품질 낮은 오렌지 가격을 P_L, 품질 수준에 상관없이 오렌지를 도시로 이동하는 데 들어가는 운송비용을 T라고 하면, 생산지에서 품질 좋은 오렌지의 품질 낮은 오렌지에 대한 상대 가격은 P_H/P_L이며 도시에서의 상대 가격은 $(P_H+T)/(P_L+T)$이다. 이제 양자의 크기를 비교해보면 전자가 후자에 비해 더 크다. 즉 품질 좋은 오렌지의 상대 가격은 도시에서보다 생산지에서 더 높다는 것이다. 따라서 품질 좋은 오렌지는 생산지에서보다 도시에서 상대적으로 더 많이 수요되어 도시로 운송되므로 이들을 도시에서 발견하기가 더 쉬운 것이다. 운송비용의 발생으로 양 지역에서의 상대 가격이 달라지기 때문에 생기는 현상이다. 여기에서 생산지와 도시 소비자들의 소득과 품질 좋은 오렌지와 품질 낮은 오렌지 간의 선호는 같다고 가정하고 있지만, 이 가정을 완화해도 분석 결과에는 영향을 미치지 않는다. 가난한 나라의 사람들이 고급 자동차를 수입하는 현상, 집에서 멀리 떨어진 곳으로 소풍갔을 때 고급 음식을 먹는 현상, 외국에 출장 갔을 때 고급 선물을 사들고 오는 현상 등도 모두 상대 가격 변화에 따른 수요의 법칙으로 설명할 수 있다. 한편 공급supply이란 판매자가 물건을 판매하려는 사전적 의지를 나타내는 스케쥴을 의미한다. 또 공급량quantity supplied이란 특정 가격에서 판매자가 판매하고자 하는 양을 말한다. 공급의 법칙이란 다른 물건과 비교한 특정 물건의 상대 가격이 올라가면 특정 물건의 공급량이 늘어나고 상대 가격이 내려가면 공급량이 줄어든다는, 즉 상대 가격과 공급량 간에는 정正의 관계가 있다는 법칙이다.

10. 비용

1 Buchanan(1999) 참조.

14. 주식회사

1 Demsetz(1967) 참조.

15. 자본가, 기업가, 경영자

1 Rothbard(2001) Chap. 6~8 참조.

2 물론 미래에 완성되는 물건을 팔아 얻은 수입에는 노동자의 임금, 토지 소유자의 임대료, 기업가의 이윤이 함께 포함되어 있다.

16. 기업

1 Coase(1937), Hart and Moore(1990) 참조.

2 경제학에서는 어떤 행동을 하기 어려운 상황을 비용이 높은 상황이라고 표현한다. 따라서 어떤 행동이 불가능하다는 것은 비용이 매우 크다는 것을 표현하는 것이다.

3 Jeon and Kim(2004) 참조.

4 Roe(1994) 참조.

5 Roe(2003) 참조.

19. 정부의 기능과 역할

1 이를 제안한 경제학자는 영국의 피구Arthur C. Pigou이다.

2 Coase(1960) 참조.

3 Coase(1974) 참조.

4 이를 역선택逆選擇, adverse selection의 문제라고 한다.

5 미국의 사례. "이 나라(미국)의 하나 또는 복수의 유틸리티 산업에서 경쟁을 경험하지 않은 도시는 거의 없다. 1887년 한 해에만 뉴욕시에서 6개의 전기조명 회사들이 설립되었다. 1907년 45개의 전기조명 회사들이 시카고에서 영업할 법적 권리를 가지고 있었다. 1895년 이전에 미네소타 주 덜루스Duluth에서는 5개의 전기조명 회사가, 1906년 펜실베이니아 주 스크랜튼Scranton에서는 4개의 조명회사가 서비스를 공급했다. … 19세기 후반 이 나라에서 가스 산업은 경쟁이 일상적인 상황이었다. 1884년 이전에는 6개의 경쟁 회사들이 뉴욕에서 운영되었다. … 경쟁은 일반적이었고 전화 산업에서는 특별히 지속적이었다. … 대도시들 중 볼티모어, 시카고, 클리블랜드, 콜럼버스, 디트로이트, 캔자스시티, 미니애폴리스, 필라델피아, 피츠버그, 세인트루이스에는 1905년에 적어도 2개의 전화 서비스 업체들이 있었다." Demsetz(1968) 참조.

6 규모의 경제로 인해 둘 이상의 기업이 생산하는 것보다 한 기업이 생산하면 비용이 더 낮아지므로 결국 한 기업만이 남게 되었을 때, 규제를 하지 않으면 상품의 가격 및 생산량은 독점 수준에서 결정된다는 논리는 타당하지 않다. 특정 시장의 집중도로써 가격과 생산량이 경쟁적인지 아닌지를

판별할 수 없기 때문이다. 즉 생산에서의 규모의 경제가 판매시장에서의 독점 가격을 의미한다는 논리는 타당성이 없다. 경쟁 입찰의 예를 들어 보자. 경쟁 입찰에서 경쟁은 입찰자의 수에 의존하는 경향이 있지만, 생산에 있어서 규모의 경제가 입찰자의 수를 줄인다는 것은 논리적 타당성이 없으므로 규모의 경제가 있다는 사실과 입찰 참여자의 수와는 독립적이다. 따라서 입찰 참여자의 수가 많고 이들 사이의 담합이 실질적으로 어렵다면 낙찰 가격은 단위 생산 비용에 가깝게 될 것이다. 입찰에서 경쟁을 결정하는 요인은, 낙찰이 이뤄진 후 생산이 행해질 때 이에 참여하는 기업의 수를 결정하는 요인과 다르다. 규모의 경제가 의미하는 바는 공급량이 증가할수록 단위 생산 비용이 낮아져 응찰가격이 낮아진다는 것을 나타낼 뿐, 이 가격이 얼마나 경쟁적인지에 대해서는 전혀 말하는 바가 없기 때문이다.

7 사익설은 시카고대학교 교수를 역임한 스티글러George J. Stigler 박사가 정립한 이론이며, 그는 이 공로로 1982년에 노벨 경제학상을 수상했다.

참고문헌

김영용, 『기업! 그 본질을 바로 알자』, 프리이코노미스쿨, 2014.

김영용, 『경제 현상의 경제학적 이해』, 전남대학교출판문화원, 2019.

김영용, 『민주국가는 당신의 자유를 지켜주는가』, 자유주의시리즈 77, 자유기업원, 2021.

Aristoteles, 『Ethica Nicomachea』, 강상진·김재홍·이창우 옮김, 『니코마코스 윤리학』, 도서출판 길, 2001.

Berlin, Isaiah, 『Liberty』, Oxford University Press, 1969, 박동천 옮김, 『자유론』, 아카넷, 2006.

Buchanan James M. 『Cost and Choice: An Inquiry in Economic Theory』, Liberty Fund, 1999.

Coase, Ronald H., "The Nature of the Firm," *Economica*, 1937, pp.386-405.

Coase Ronald H., "The Problem of Social Cost,", *Journal of Law and Economics* 3, October 1960, pp.1-44.

Coase, Ronald H., "The Lighthouse in Economics," *Journal of Law and Economics*, October 1974, pp.357-76.

Demsetz, Harold, "Toward a Theory of Property Rights," *American Economic Review*, May 1967, pp.347-59.

Demsetz, Harold, "Why Regulate Utilities?" *Journal of Law and Economics*, April 1968, pp.55-65.

Foss Nicolai J. and Peter G. Klein, 『Organizing Entrepreneurial Judgment: A New Approach to the Firm』, Cambridge University Press, 2012.

Frank, Robert H., 『The Economic Naturalist: In Search of Explanations for Everyday Enigmas』, Basic Books, 2007.

Friedman, Milton, 『Bright Promises, Dismal Performance: An Economist's Protest』, Thomas Horton and Daughters, 1983.

Friedman, Milton & Rose, 『Free to Choose』, Avon Books, 1979, 민병균·서재명·한홍순 옮김, 『선택할 자유』, 자유기업원, 2003.

Friedman, Milton, 『Capitalism and Freedom』, University of Chicago Press, 1962, 심준보·변동렬 옮김, 『자본주의와 자유』, 청어람미디어, 2007.

Hart, Oliver D. and John Moore, "Property Rights and the Nature of the Firm," *Journal of Political Economy* 98(6), 1990, pp.1119-58.

Hayek, Friedrich A. von, 『The Constitution of Liberty』, University of Chicago Press, 1960. 김균 옮김, 『자유헌정론 I, II』, 자유기업센터 1997.

Hayek, Friedrich A. von, 『Law, Legislation, and Liberty, Volume 1: Rules and Order』, University of Chicago Press 1973.

Hayek, Friedrich A. von, "The Meaning of Competition," Chapter 5 in 『Individualism and Economic Order』, The University of Chicago Press, 1948.

Hayek, Friedrich A. von, "Competition as a Discovery Procedure," Chapter 12 in 『New Studies in Philosophie, Economics and the History of Ideas』, 1978.

Hayek, Friedrich A. von, 『Prices and Production』, Augustus M. Kelly, Publishers, 1967[1931].

Heyne, Paul, 『Microeconomics』, Macmillan Publishing Company, 1991.

Hillman, Robert W., "Limited Liability in Historical Perspective," *Washington and Lee Law Review* 54(2), 1997, pp.613-27.

Hume, David, 『A Treatise of Human Nature』, Reprinted from the original edition in three volumes and edited, with an analytical index, by L. A. Selby-Bigge, M.A., Oxford University Press, 1951[1739], 김성숙 옮김, 『인간이란 무엇인가』, 동서출판사, 1994.

Jeon, Yoong-Deok and Young-Yong Kim, "Conglomerates and Economic Calculation," *Quarterly Journal of Austrian Economics*, Spring 2004, pp.53-64.

Khanna, Tarun and Krishna Palepu, "Why Focused Strategies May be Wrong for Emerging Markets," *Harvard Business Review*, July-August 1997, pp.41-51.

Khanna, Tarun and Krishna Palepu, "The Right Way to Restructure Conglomerates in Emerging Markets," *Harvard Business Review*,

July-August 1999, pp.125-34.

Kirzner, Israel M., "Competition and Monopoly," in 『Competition and Entrepreneurship』, Chapter 3, University of Chicago Press, 1973.

Knight, Frank, H., 『Risk, Uncertainty, and Profit』, University of Chicago Press, 1971.

Locke, John, 『Second Treatise of Government』, Watchmaker Publishing, 1921, 남경태 옮김, 『시민정부론』, 효형출판, 2012.

McNulty, Paul J., "Economic Theory and the Meaning of Competition," *Quarterly Journal of Economics* 82, 1968, pp.639-56.

Mill, John S., 『Considerations on Representative Government』, London: Parker, Son, and Bourn, 1861, 서병훈 옮김, 『대의정부론』, 아카넷, 2012.

Mises, Ludwig von, 『Human Action: A Treatise on Economics』, Ludwig von Mises Institute, 1998[1949], 민경국·박종운 옮김, 『인간행동』, 지식을 만드는 지식, 2011.

Mises, Ludwig von, 『Planning for Freedom: Let the Market System Work』, edited and with a forward by Bettina Bien Greaves, Liberty Fund, 2008.

Mises, Ludwig von, "Economic Calculation in the Socialist Commonwealth," Ludwig von Mises Institute, 1990[1920].

Morck, Randall K. eds., 『A History of Corporate Governance around the World』, University of Chicago Press, 1994.

Pelzman, Sam, “Toward a More General Theory of Regulation,” *Journal of Law and Economics*, August, 1976.

Pipes, Richard, 『Property and Freedom』, Vintage Books, A Division of Random House, Inc. New York, 2000, 서은경 옮김, 『소유와 자유』, 자유기업원, 2008.

Roe, Mark J., 『Strong Managers, Weak Owners: The Political Roots of American Corporate Finance』, Princeton University Press, 1994.

Roe, Mark J., 『Political Determinants of Corporate Governance』, Oxford University Press, 2003.

Rothbard, Murray N., 『Man, Economy, and State: A Treatise on Economic Principles』, Ludwig von Mises Institute, 2001 [1962], 전용덕·김이석 옮김, 『인간, 경제, 국가』, 자유기업원, 자유주의시리즈63, 2006.

Rothbard, Murray N., 『America's Great Depression』, BN Publishing, 2008.

Rothbard, Murray N., 『The Ethics of Liberty』, New York University Press, 2002.

Rothbard, Murray N., 『For a New Liberty: The Libertarian Manifesto』, Ludwig von Mises Institute, 2006[1973], 권기봉·정연교·정혜영·한학성 옮김, 한국문화사, 2013.

Stigler, George J., “The Theory of Economic Regulation,” *Bell Journal of Economics and Management Science*, Spring 1971, pp.1-21.

Stigler, George J.,『The Citizen and the State: Essays on Regulation』, University of Chicago Press, 1975.

Tocqueville, Alexis de,『Mémoire sur le paupérisme』, translated by Seymour Drescher,『Memoir on Papuerism: Does public charity produce an idle and dependent class of society?』, 김영란·김정겸 옮김,『빈곤에 대하여』, 에코리브르, 2014.

Tocqueville, Alexis de,『Democracy in America I, II』, Alfred A. Knopf, Inc. 1945, 임효선·박지동 옮김,『미국의 민주주의 I, II』, ㈜도서출판 한길사, 1997.

부록 1. 최고 가격과 최저 가격의 효과

1. 최고 가격

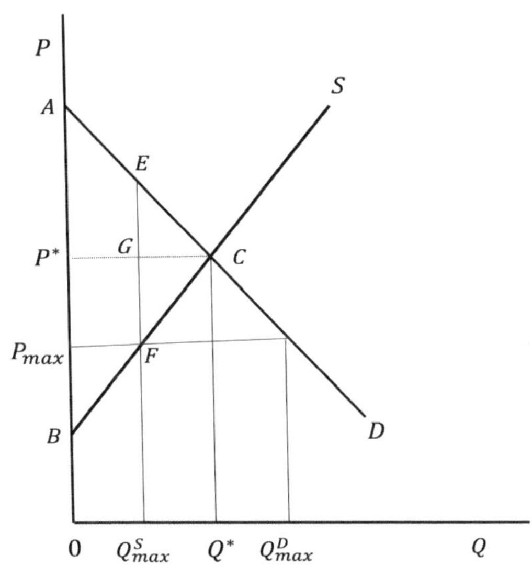

그림 1. 최고 가격

2. 최저 가격

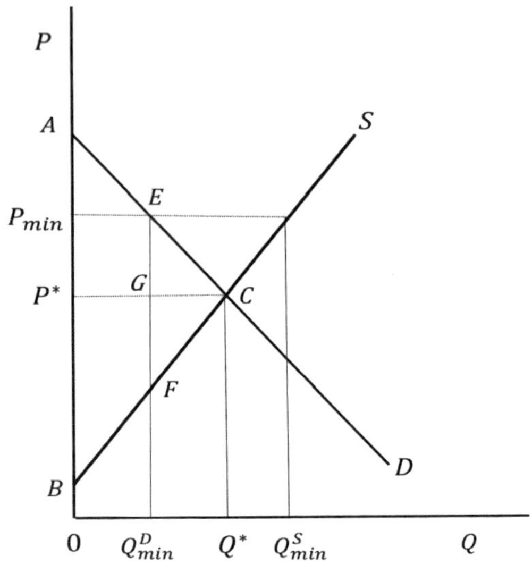

그림 2. 최저 가격

부록 2. 주택에 대한 수요와 공급

1. 주택 분양가 상한제의 효과

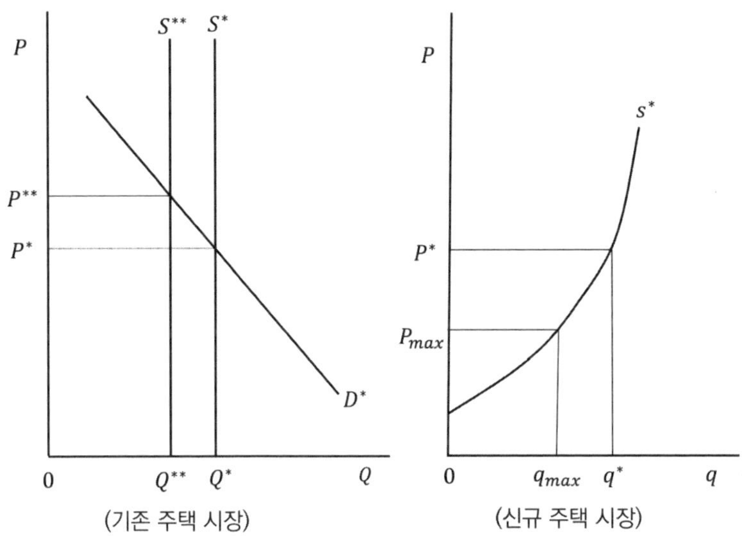

그림 3. 주택 분양가 상한제의 효과

2. 수요 감소의 효과

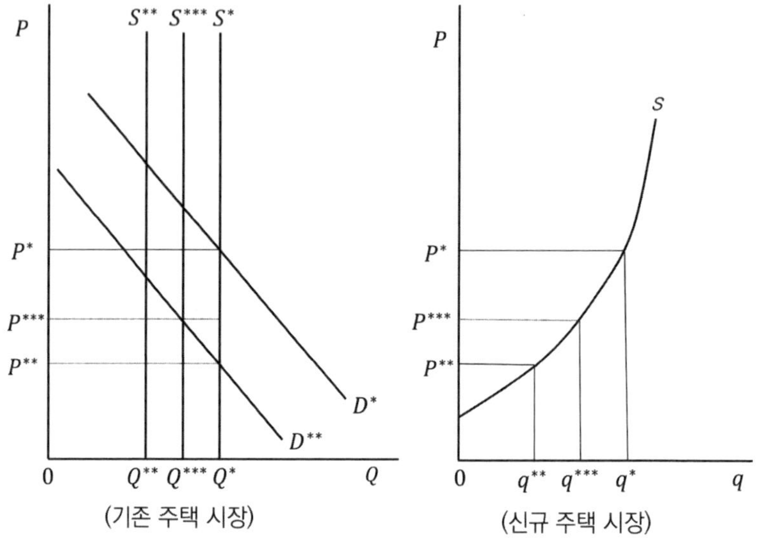

그림 4. 수요 감소의 효과

3. 공급 증가의 효과

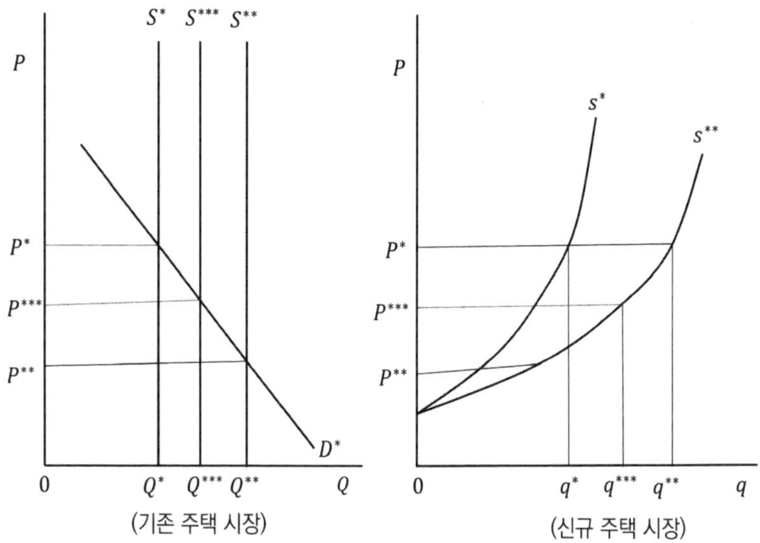

그림 5. 공급 증가의 효과

찾아보기

ㅇ

ㅈ

ㅊ

ㅋ

ㅌ

ㅍ

ㅎ

기타